完全攻略
英檢初級

Spark 星火英语

文法及練習

國中文法大全
必勝問題
＋
全解全析

Good English grammer

109

General English Proficiency TEST

星火記憶研究所　馬德高　著

U0080301

山田社
Shar Tian She

想要成功，學會英語可以省下 10 年功。

想知道老外都在想什麼？想得到外國的技術支援，

學測想加分，想加薪，

想看懂原文書、電影、影集、雜誌，

想從歐美國家找 know how，

想到國外旅行，

是你的目標！

英檢考試權威助陣，權威文法，就是這麼威！《完全攻略英檢初級文法 109－國中文法大全》**內容包括了國中程度所有文法，也就是全民英檢初級必考所有文法。**書中用 2D 圖表讓你一次看到所有文法，用 3D 模式讓你理解所有文法內容。也就是利用「廣度」宏觀文法，及「深度」掌握細節，來奠定你厚實的應考實力、增強運用能力，讓考試如虎添翼。

本書特色：

▲ 名師幫你寫的，核心筆記

筆記① 「英語文法速成表」初級英檢文法全部重點，一覽無遺。

筆記② 「秒記文法心智圖」圖解文法考點，像拍照一樣，一看就會。

筆記③ 「巧學妙記」將文法規律融入口訣，學文法就像唱歌一樣。

筆記④ 「用法辨異」掃清盲點，突出易混點，易學易記。

筆記⑤ 「快閃！丟分陷阱」整理分析典型錯誤，以準確理解英語，從而拿到高分的金鑰匙。

筆記⑥ 「幫你歸納」以一帶十，不僅歸納學過的，同時也拓展新的文法。

▲ 圖解記憶─千言萬語不如看一張圖

抽象的語言描述與活潑的插圖解釋，哪個效果更好？結果不言而喻。本書收錄了漫畫圖片，不管是幫助記憶文法，或記憶用法辨異，還是進行近義辨析，說明都妙趣橫生，一目了然，增強記憶效果。

▲ 版面「一條線配置」，學習多樣化

本書用一條線將「正文」與「補充說明」區隔開來，版面清晰明瞭，學習豐富多樣，有助加深文法記憶。

- 先學習左邊的正文，第二遍再配合著右邊補充說明學習。
- 透過補充知識理解每一個文法。
- 利用右邊的空白處，寫上屬於自己的小筆記，例如：融會貫通後的整理，考試小技巧等。

▲ 道地例句，立馬勝出

那句鼓勵我、感動我的句子，原來就是這麼說。由於例句大多來自英美等國家最新的文學作品、報刊、生活會話，既能完美呈現出語言的規律，又能幫助每位考生學到純正、道地的口語和書面英語。因此，本書可以增長文法知識，也可以儲備最道地的英語，讓你考試立馬勝出。

▲ 必勝練習，直擊考點，全解全析

每單元的最後都附上「實戰練習」，幫你歸納各類考試題型，並統整常考文法概念。最後並作了直擊考點的解題分析，讓你面對考試更有信心，最後，輕鬆取得英檢合格證照。

本書也是考高中、托福、多益 100%必考文法。

☐ Chapter 5 連接詞

連接詞是用來連接單字與單字、片語與片語、句子與句子，並表達它們之間的具體關係的詞。連接詞是一種虛詞，雖然有意義，但在句中不能單獨作成分，只起連接作用。

讀書計劃☐／☐

☐ Chapter 6 形容詞

任何事物都有它自己的特徵，用來描述這些事物的特徵的詞就是形容詞。形容詞表示人或事物的屬性和特徵，起到修飾、限制和說明名詞的作用。形容詞的位置不一定都放在名詞的前面。大多數的形容詞有原級、比較級和最高級。

讀書計劃☐／☐

☐ Chapter 7 副詞

副詞是表示行為或狀態的特徵的字。在句中屬於修飾性詞類，可以修飾動詞、形容詞或其他副詞的字，也可以修飾全句、子句、片語等。副詞可表示時間、地點、程度、方式等概念，多作副詞，也可以作限定詞、主詞補語或受詞補語。副詞也有原級、比較級和最高級之分。

讀書計劃☐／☐

☐ Chapter 8 冠詞

英語中，名詞前面常會出現 a, an 或 the，用來幫助指明名詞的意義，這三個詞被稱為冠詞。冠詞是虛詞，是名詞的一種標誌，它不能脫離名詞而獨立存在，不能在句中單獨作成分。

讀書計劃☐／☐

目錄

☐ Chapter 13 動狀詞

動狀詞包括不定詞、動名詞、現在分詞和過去分詞。它們沒有人稱和數的變化，在句中不能作為動詞使用，但還保有動詞的特點，也就是可以有自己的受詞、副詞和邏輯主詞等。

讀書計劃☐／☐

☐ Chapter 14

句子成分和句子種類、結構

構成篇章的基本單位是句子，每個句子都是由字或片語組成的，這些字或片語就是句子成分。

按照使用目的和交際功能，句子可以分為敘述句、疑問句、祈使句和感歎句；按照語法結構，句子可以分為簡單句、併合句和複合句。

讀書計劃☐／☐

☐ Chapter 15

it 的用法和 there be 句型

it 常表示人以外的動物或物品，通常翻譯為「它」。there be 句型主要用以表達「某處／某時有某人／某物」，其基本句型為「there be ＋某物或某人＋某地或某時」。

讀書計劃☐／☐

☐ Chapter 16

主詞和述語的一致

述語動詞在人稱、數及意義等方面要和作主詞的名詞、代名詞以及相當於名詞的字保持一致，這叫做主詞和述語的一致。

讀書計劃☐／☐

目錄

Contents

▲ 「秒記文法心智圖」圖解文法考點，一看就會！

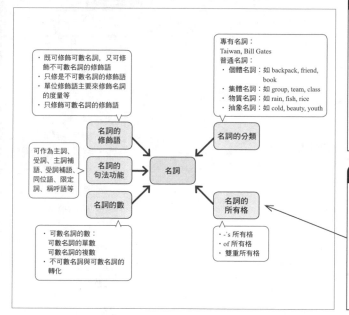

心智圖

用一張 3D 心智圖瞬間就能把握每一章的脈絡，理清各項文法的內在關係。也就是運用組織力及思維整合的能力，來提升學習效率。

分類

利用一條線一個關鍵字，讓你瀏覽摘要，鑽讀細節，可以幫助增進大腦記憶，還可以把自己的心得註記在心智圖上。

▲ 「座右銘＋圖表」記憶法，以一點見百點！

座右銘

每課都有一句含該課文法的座右銘，可以激勵自己，可以加深學習！

圖表說明

以圖表整理出複雜不易歸納、不易理解的文法。讓你順利記住重點和難點問題，同時培養概括、歸納和比較的能力。

Motto【座右銘】

Life never stands still: if you don't advance you recede.
生命不息，不進則退。

表示人、事物、動物、地點等的名稱，或抽象概念的詞叫做名詞。根據名詞所表達事物的具體內涵及形式，名詞有很多不同的分類，有自己的數、格等變化。通常分類如下：

分 類			定 義	舉例說明
專有名詞			人、地、物、機構、節日等特有的名稱	Obama （歐巴馬） Taipei （台北） Monday （星期一）
可數名詞	個體名詞		某類人、事、物中的個體的名稱	panda （熊貓） student （學生） apple （蘋果） ruler （尺子）
				family （家庭）

9

▲ 「一條線配置」給你多樣化學習法

補充

版面「一條線配置」。主要內文旁加入「注意一下」、「特別強調」、「巧學妙記」、「失分陷阱」等補充說明，這樣把複雜的文法，加以凝煉和壓縮，將可以加大你的大腦儲存量，並加深對文法記憶。

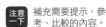補充需要提示、參考、比較的內容。

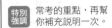常考的重點，再幫你補充說明一次。

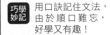用口訣記住文法，由於順口難忘，好學又有趣！

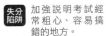加強說明考試經常粗心、容易搞錯的地方。

插圖

書中的漫畫圖片，不管是幫助記憶文法，或記憶用法辨異，還是進行近義辨析，都讓你好學好懂，增強記憶效果。

▲ 舉一反三、易學易記！

延伸

本書加入「延伸學習」「幫你歸納」、「用法辨異」、「常用必備」等小單元，讓複雜的文法脈絡清晰，點撥盲點、難點，易學易記！

Extension【延伸學習】

依據結構，名詞還可以分為單詞名詞和複合名詞。單詞名詞由單個名詞組成；複合名詞由兩個以上的單詞所組成的。常用的複合名詞有：

birthday（生日）　　　　passer-by（過路人）　　　　greenhouse（溫室）
headmaster（校長）　　　swimming pool（游泳池）　　blackboard（黑板）
haircut（理髮）　　　　takeaway（外賣）

24

考題演練

■（一）高中入試考古題：Choose the correct answer.（選擇正確的答案）

(1) —I'm going to the supermarket. Let me get you some fruit.
　　—OK. Thanks for your _____.
　　A. offer 　　　　**B.** information 　　**C.** message 　　**D.** order

(2) —Mrs Black, could you give me some advice on how to write an application letter?
　　—With pleasure. Remember that the letter should be written in the formal _____.
　　A. value 　　　　**B.** style 　　　　**C.** effect 　　　　**D.** mood

(3) The doctor told me to eat more _____ because it's good for my health.
　　A. orange 　　　**B.** vegetables 　　**C.** ice cream 　　**D.** fish

(4) There are two _____ and three _____ on the table.
　　A. apple; banana 　**B.** apples; banana 　　　　　　　**C.** apples; bananas

(4) —I hear you run for half an hour every day.
　　—Right, we have to. It is one of the _____ in our school.
　　A. rules 　　　　**B.** plans 　　　　**C.** hobbies 　　　**D.** choices

(6) I'm so hungry. Please give me _____ to eat.
　　A. three breads 　　　　　　　　　　**B.** three pieces of bread

解答

辛苦了！測驗結束，先對答案吧！

解題

每題都有直擊考點的解題分析，題目中暗藏了哪些「失分陷阱」還做特別提示，讓你掌握答題技巧！做完題目，配合內文再復習一遍，就能融會貫通。

（答案・解說）①

■ (1) **A** (2) **B** (3) **D** (4) **C** (5) **A** (6) **B** (7) **C** (8) **B**
(9) **D** (10) **A**

(1) 題意：「我要去超市。我給你帶些水果吧。」「好的。謝謝你的提議。」offer「提議」，符合題意。information「信息」；message「口信」；order「順序」，所以答案是 A。

(2) 題意：「布萊克夫人，您能就如何寫求職信給一些建議嗎？」「我很樂意。記得寫信時用正式文體。」style「文體；風格」，符合題意。value「價值」；effect「影響」；mood「心情；語氣」，所以答案是 B。

(3) 題意：「醫生告訴我要多吃魚肉，因為這有利於我的健康。」根據生活常識可以知道，在四個選項中，有利於健康的飲料和食物有 orange「柳橙汁」、vegetables「蔬菜」和 fish「魚肉」；orange 為「柳橙汁」意思時不和 eat 搭配，vegetables 是複數可數名詞，但句中的主詞是 it，所以只能選 fish，所以答案是 D。

(4) 題意：「桌上有兩個蘋果和三個香蕉。」apple 和 banana 都是可數名詞，前邊都有大於一的基數詞修飾，所以用複數形式。它的複數形式都是直接在後面加 -s，所以答案是 C。

(5) 題意：「聽說你們每天跑步半小時。」「是的，我們不得不跑。這是我們學校的規定之一。」rule「規定」，符合題意。plan「計畫」；hobby「愛好」；choice「選擇」，所以答案是 A。

▲ 「英語文法速成表」 初級英檢文法全部重點， 一覽無遺。

使用方法①

可以當作課前預習
和課後復習的重點
整理表。

在每次進入課程之
前，將速成表配合
每課心智圖預習一
下，進入課程後會
更得心應手；課後
一有時間，就翻開
速成表隨時複習，
加深記憶！

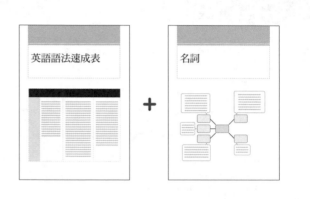

使用方法②

把 13 頁～20 頁「英
語法速成表」剪下
來，並固定在一起。
輕巧、好攜帶，想
背！就從包包拿出
來背！

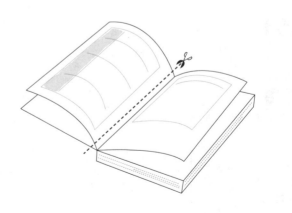

英語語法速成表

冠詞

類別	不定冠詞 (a, an)	定冠詞 (the)	零冠詞
用法	1. 表示泛指意義。 2. 表示數量「一」。 3. 表示類指意義。 4. 表示單位量詞的「每」。 5. 用在同源受詞前。 6. 用在表示具體意義的抽象名詞前。	1. 特指上文提到過的或談話雙方都知道的人或事物。 2. 表示類指意義。 3. 用在表示自然界中獨一無二的事物的名詞前。 4. 用在姓氏的複數前表示該姓氏的全家人或夫婦倆。 5. 用在最高級和序數詞前。 6. 用在某些形容詞前表示同一類人或抽象概念。 7. 用在表示演奏的西洋樂器的名詞前。 8. 用在「the +比較級…,the +比較級…」結構中。 9. 用在方位名詞前。	1. 泛指的物質名詞、抽象名詞前。 2. 泛指的名詞複數前。 3. 表示季節、月份、日期的名詞前。 4. 表示交通方式的 by 後接的名詞前。 5. 表示三餐、球類運動的名詞前。 6. 表示學科、語言的名詞前。 7. 表示獨一無二的職位、頭銜且作主詞補語、受詞補語、同位語的名詞前。 8. 名詞前有某些限定詞時。 9. 名詞單數相對應使用時。

名詞

名詞的所有格	-'s 所有格	一般在詞尾加 -s'；以 -s 或 -es 結尾的名詞加 -'；複合名詞在最後面加 -'s；兩者共同擁有某物，在最後一個名詞後面加 -'s；分別擁有則在每個名詞後面加 -'s。
	of 所有格	of + 無生命的名詞（有時也用有生命的名詞）
	雙重所有格	1. 名詞+ of + -'s 所有格 / 名詞性物主代詞 2. 表示「某人多個…中的一個或幾個」
名詞的修飾語	只修飾可數名詞	(a) few, many, several, a (large) number of, a good/great many
	只修飾不可數名詞	(a) little, much, a good/great deal of, a large amount of, a bit of
	二者皆可修飾	some, any, lots of, a lot of, plenty of, a quantity of, masses of

形容詞、副詞的比較等級

等級	原　級	比較級	最高級
常用句型	1. as +形容詞 / 副詞原級 + as 2. not so/as +形容詞 / 副詞原級+ as	1. 形容詞 / 副詞比較級+ than... 2. 形容詞 / 副詞比較級+ and +形容詞 / 副詞比較級 3. the +形容詞 / 副詞比較級…, the +形容詞 / 副詞比較級… 4. the +形容詞比較級+ of the two...	1. the +形容詞／副詞最高級+比較範圍 2.one of/among the +形容詞最高級+名詞複數
常用修飾語	quite, too, very, rather, pretty, fairly, a little, just, almost, nearly, 倍數, 分數等	much, even, still, yet, (by) far, a lot, a great deal, a little, a bit, rather, 倍數, 分數等	(by)far, much, nearly, almost, 序數詞等

動詞的時態和語態

形式 時間		一　般		進　行		完　成
現在	主動語態	1. be(am/is/are) 2. 實義動詞原形或實義動詞第三人稱單數形式	主動語態	am/is/are +現在分詞	主動語態	have/has +過去分詞
現在	被動語態	am/is/are +過去分詞	被動語態	am/is/are + being + 過去分詞	被動語態	have/has been +過去分詞
過去	主動語態	1.was/were 2. 實義動詞過去式	主動語態	was/were +現在分詞	主動語態	had +過去分詞
過去	被動語態	was/were +過去分詞	被動語態	was/were + being + 過去分詞	被動語態	had been +過去分詞
未來	主動語態	shall/will/be going to/be to/be about to +動詞原形	主動語態	shall/will + be +現在分詞	主動語態	shall/will + have + 過去分詞
未來	被動語態	shall/will/be going to/be to/be about to + be +過去分詞	被動語態	shall/will + be + being +過去分詞	被動語態	shall/will + have been +過去分詞
過去未來	主動語態	should/would +動詞原形	主動語態	should/would + be + 現在分詞	主動語態	should/would + have +過去分詞
過去未來	被動語態	should/would + be + 過去分詞	被動語態	should/would + be + being +過去分詞	被動語態	shall/would + have been +過去分詞

主述一致

原則	語法一致原則	就近一致原則	意義一致原則
用 法	1. and, both...and 連接的並列成分作主詞，述語一般用複數；and 連接的兩個單數主詞指同一人或物，述語用單數。 2. each 或由 some-, any-, no-, every- 構成的複合不定代名詞作主詞，述語用單數。 3. more than one..., many a... 作主詞，述語用單數。 4. 主詞後有 with, together with, except, but, as well as 等引起的片語時，述語的數與片語前的名詞一致。 5. glasses(眼鏡), trousers, shoes 等作主詞時，動詞用複數；如果它們前面用了 a pair of/...pairs of，述語的數取決於 pair 的單複數。	1. or, either...or..., neither...nor..., not only...but also... 等連接的並列成分作主詞時。 2. There be 句式。	1. 表示時間、度量、距離等的複數形式的名詞短語作主詞，述語一般用單數。 2. 複數形式單數意義的詞作主詞，述語用單數，如 maths。 3. 集合名詞作主詞，視為整體述語用單數，側重各個成員述語用複數。 4. some, any, all, the rest 分數或百分數等作主詞時，述語要與它們所指代的名詞的數一致。

句子類型

敘述句	肯定形式	1. 主詞＋述語… 2. 主詞＋連繫動詞＋主詞補語…
	否定形式	1. 直接在 be 動詞、助動詞或情態動詞後加 not。 2. 在實義動詞前加助動詞再加 not。 3. no, never, seldom, hardly, nobody 等否定詞也可構成否定式。
疑問句	一般疑問句	1. Be＋主詞＋主詞補語…？　2. 助動詞／情態動詞＋主詞＋述語動詞…？
	特殊疑問句	由特殊疑問句 who, whom, whose, what, when, where, why, how 等引導。
	選擇疑問句	1. 一般疑問句＋or＋供選擇部分＋其他？ 2. 特殊疑問句＋or＋供選擇部分＋其他？
	反意疑問句	敘述句，be 動詞／助動詞／情態動詞＋代詞？
祈使句	基本結構	動詞原形（be 或實義動詞）＋其他部分。
	否定形式	在句首加 don't，有時也可在句首加 never 構成。
	強調形式	將祈使句的主詞表示出來，用來強調或者在句首加 do。
感歎句	由 what 引導	What(+ a/an) +形容詞+名詞（＋主詞+述語）！
	由 how 引導	1. How（＋形容詞／副詞）＋主詞＋述語！ 2. How +形容詞＋a/an +名詞＋主詞＋述語！
	其他類型	敘述句、疑問句、祈使句表達感情時，句末用感嘆號，表示感歎。

受詞子句

從屬連接詞	that	that 在受詞子句中沒有實際意義，只起引導子句的作用，一般說來可以省略。
	whether/if	whether/if「是否」，引導受詞子句常放在 know, ask, care, wonder, find out 等之後。一般情況下兩者可以通用，但引導介系詞後的受詞子句或和 or not 直接連用時只用 whether。
連接代名詞	which, what, who, whom, whatever, whoever, whomever, whichever	1. 連接代名詞和連接副詞引導子句一般表示疑問意義，但有時也表示陳述意義。 2. 連接代名詞和連接副詞後的受詞子句要用陳述語序。
連接副詞	how, why, where, when	

關係子句

關係詞		先行詞	在子句中的成分	
關係代名詞	who	指人	主詞、受詞	1. 作受詞的關係代名詞 whom 也可以用 who 代替，但是 who 不用在介系詞後。 2. 關係代名詞在子句中作受詞時常可省略，但緊跟在介系詞後的關係代名詞不能省略，也不可用 that 和 who。
	whom	指人	受詞	
	whose	指人或物	限定詞	
	that	指人或物	主詞、受詞	
	which	指物	主詞、受詞	
關係副詞	when	指時間	時間副詞	這些關係副詞都可以用「介系詞＋which」代替。
	where	指地點	地點副詞	
	why	指原因	原因副詞	

副詞子句

種　類	引 導 詞	位　置
時間副詞子句	when, while, as, after, before, since, till, until, as soon as	置於句首、句中或句尾。
地點副詞子句	where, wherever	置於句首、句中或句尾。
原因副詞子句	because, as, since	置於句首或句尾。
目的副詞子句	in order that, so that, so	置於句首或句尾。
結果副詞子句	so, so that, so...that..., such...that...	一般置於句尾。
條件副詞子句	if, unless, as long as	置於句首或句尾，有時還可以置於主詞和述語之間。
讓步副詞子句	though, although, even though, even if, whatever, whichever, whoever, whomever, whosever, whenever, wherever, however, no matter who/what...	置於句首或句尾，有時也置於句中。
比較副詞子句	as, than	一般置於句尾。
方式副詞子句	as, as if, as though	一般置於句尾，有時也置於句中。

直接引語與間接引語

時態的變化	時態需要變化	1. 一般現在式→一般過去式 2. 一般過去式→過去完成式 3. 現在進行式→過去進行式 4. 一般未來式→過去未來式 5. 現在完成式→過去完成式 6. 過去完成式→過去完成式
	時態不需要變化	1. 直接引語中有確定的過去時間時。 2. 只著眼於轉述事實，而不側重轉述動作先於轉述動作的時間時。 3. 所轉述的動作或狀態說話時仍在繼續，並對此加以強調時。 4. 所轉述的是自然現象、科學真理、名言警句等，並對此加以強調時。
時間副詞的變化		1. now 現在→ then 那時 2. today 今天→ that day 那天 3. this evening 今晚→ that evening 那晚 4. yesterday 昨天→ the day before 前一天 5. yesterday morning 昨天早晨→ the morning before 前一天早晨 6. last night 昨天晚上→ the night before 前一天晚上 7. two days ago 兩天前→ two days before 兩天前 8. next week 下週→ the next week/the following week 第二週 9. tomorrow 明天→ the next day/the following day 第二天 10. the day before yesterday 前天→ two days before 兩天前 11. the day after tomorrow 後天→ in two days' time/two days after 兩天後
指示代名詞的變化		1. this → that 2. these → those
地點副詞的變化		here → there
方向性動詞的變化		1.bring → take 2. come → go
句式的變化	敘述句	that 引導的受詞子句。
	一般疑問句或反意疑問句	if/whether 引導的受詞子句。
	特殊疑問句	原疑問詞作連接詞引導的受詞子句。
	選擇疑問句	if/whether...or... 引導的受詞子句。
	祈使句	變成不定式作受詞補語。
		變成 suggest/advise that...(＋ should) ＋ ... 結構。
	感歎句	what, how 或 that 引導的受詞子句。

名詞

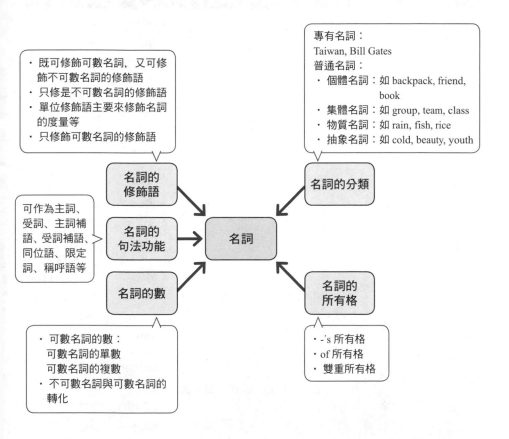

專有名詞：
Taiwan, Bill Gates
普通名詞：
- 個體名詞：如 backpack, friend, book
- 集體名詞：如 group, team, class
- 物質名詞：如 rain, fish, rice
- 抽象名詞：如 cold, beauty, youth

- 既可修飾可數名詞，又可修飾不可數名詞的修飾語
- 只修是不可數名詞的修飾語
- 單位修飾語主要來修飾名詞的度量等
- 只修飾可數名詞的修飾語

可作為主詞、受詞、主詞補語、受詞補語、同位語、限定詞、稱呼語等

名詞的修飾語

名詞的句法功能

名詞的數

名詞

名詞的分類

名詞的所有格

- 可數名詞的數：
  可數名詞的單數
  可數名詞的複數
- 不可數名詞與可數名詞的轉化

- -'s 所有格
- of 所有格
- 雙重所有格

Motto 【座右銘】

Life never stands still: if you don't advance you recede.

生命不息，不進則退。

　　表示人、事物、動物、地點等的名稱，或抽象概念的詞叫做名詞。根據名詞所表達事物的具體內涵及形式，名詞有很多不同的分類，有自己的數、格等變化。通常分類如下：

分　類			定　義	舉例說明
專有名詞			人、地、物、機構、節日等特有的名稱	Obama （歐巴馬） Taipei （台北） Monday （星期一）
普通名詞	可數名詞	個體名詞	某類人、事、物中的個體的名稱	panda （熊貓） student （學生） apple （蘋果） ruler （尺子）
		集體名詞	同種類的人、物等的集合體的名稱	family （家庭） class （班級） police （警察） team （團隊）
	不可數名詞	物質名詞	沒有一定的形狀、大小的物質、材料的名稱	water （水） tea （茶） glass （玻璃） paper （紙）
		抽象名詞	性質、情感、狀態、動作、概念等抽象的名稱	danger （危險） love （愛） weather （天氣） heat （熱度）

1 名詞的分類

🔴 T-01

分成專有名詞與普通名詞。

A

專有名詞
◄◄◄

專有名詞的第一個字母必須大寫，而且前面通常不加冠詞a, an, the等。它一般沒有複數。

❶ 表示人名

☐ Gina（吉娜）　　　　☐ Mr. Black（布萊克先生）
☐ President Obama（歐巴馬總統）　☐ Bill Gates（比爾・蓋茨）

注意一下　尊稱或頭銜字首也要大寫

人名的前面如果有尊稱或頭銜，它的第一個字母也要大寫。如：Mr.（先生）、President(總統)等。

❷ 表示地名、國名

☐ Taiwan（台灣）　　　☐ Shanghai（上海）
☐ Hong Kong（香港）　☐ France（法國）

❸ 表示江、和、海、山峰名

☐ the Atlantic Ocean（大西洋）
☐ the Yangtze River（長江）
☐ Himalayas（喜馬拉雅山）
☐ Sun Moon Lake（日月潭）

注意一下　加冠詞的專有名詞

有些專有名詞前面仍然要加冠詞，如：the Atlantic Ocean（大西洋）。

❹ 表示團體、機構和報刊

☐ United Nations（聯合國）　☐ NBA（全美籃球協會）
☐ the WTO（世界貿易組織）　☐ Reuters（路透社）
☐ Harvard University（哈佛大學）

特別強調　何時大寫, 何時小寫

專有名詞也有例外, 可以加冠詞、介詞成為詞組。這時冠詞、介詞等的第一個字母一般不大寫;也可以將專有名詞(詞組)的所有字母都大寫。

・Gone with the Wind《飄》
・GONE WITH THE WIND
・the Olympic Games（奧林匹克運動會）
・THE OLYMPIC GAMES

❺ 表示時間

☐ January（一月）　　☐ Friday（星期五）
☐ February（二月）　☐ Sunday（星期天）

❻ 表示節日

☐ Christmas Day（耶誕節）　☐ Mother's Day（母親節）
☐ Children's Day（兒童節）　☐ New Year's Day（新年）

B

普通名詞

專有名詞以外的名詞就是普通名詞。普通名詞是表示同種類的人、事、物或一個抽象的名稱。它進一步又可以分為個體名詞、集合名詞、物質名詞和抽象名詞。普通名詞第一個字母不需要大寫。

❶ 個體名詞

☐ backpack（背包）
☐ pencil case（鉛筆盒）
☐ teacher（老師）
☐ actor（男演員）
☐ friend（朋友）
☐ elephant（大象）
☐ telephone（電話）
☐ book 書

❷ 集合名詞

☐ group（組）
☐ team（隊）
☐ cattle（牛）
☐ family（家庭；家人）
☐ army（部隊）
☐ police（員警）
☐ people（人，人們）
☐ class（班級）

❸ 物質名詞

☐ air（空氣）
☐ rice（大米）
☐ wind（風）
☐ water（水）
☐ fish（魚肉）
☐ wood（木材）
☐ milk（牛奶）
☐ coffee（咖啡）

❹ 抽象名詞

☐ cold（冷）
☐ beauty（美）
☐ life（生活）
☐ youth（青春）
☐ success（成功）
☐ temperature（溫度）
☐ strength（力量）
☐ news（消息）

注意一下 **個體名詞需跟限定詞連用**

個體名詞有單數和複數之分。使用時一般需要跟各種限定詞連用，限定詞是用來限定個體名詞的詞義。

· Have you found your child?（你找到你的孩子了嗎?）

注意一下 **指結合體的集合名詞作複數**

集合名詞如果是指結合體的構成份子，就要用單數形作複數。

· My family are all well.（我家人都很好。）

補充一下 **物質名詞不加 a, an**

物質名詞是不可數名詞，沒有複數，不加 a, an 等，表示總稱時不加 the。

· We can't live without water.（沒有水不能生存。）

補充一下 **抽象名詞不加 a, an**

抽象名詞也是不可數名詞，沒有複數，不加 a, an 等，表示總稱時不加 the。

· It's a good news. (x)（那是一個好消息。）
· It's good news. (O)（那是一個好消息。）

Extension【延伸學習】

依據結構，名詞還可以分為單詞名詞和複合名詞。單詞名詞由單個名詞組成；複合名詞由兩個以上的單詞所組成的。常用的複合名詞有：

birthday（生日）
headmaster（校長）
haircut（理髮）
passer-by（過路人）
swimming pool（游泳池）
takeaway（外賣）
greenhouse（溫室）
blackboard（黑板）

---

2 名詞的數

> 英語中，可以計算數量的名詞叫可數名詞，不可以計算數量的名詞叫不可數名詞。

表示「一個」用可數名詞的單數形式，表示「兩個或兩個以上」用複數形式。一般名詞的複數形式是在單數名詞後面加-s或-es。另外，表示不可數名詞的量，一般都用單位詞來表示，也就是「冠詞（a/an）或數詞＋單位詞＋of＋名詞」。

A 可數名詞的數

❶ 單數可數名詞

單數可數名詞的前面一般要用a/an來修飾，表示「一個」「一本」「一張」「一隻」等意義。

- **a** student （一個學生）
- **an** egg （一個雞蛋）
- **a** heavy box （一個重盒子）
- **an** old house （一座老房子）

a boy　a girl　a dog

❷ 複數可數名詞

複數可數名詞表示「兩個」「三本」「四張」「十隻」等意義。

ⓐ 複數可數名詞的規則變化

① 一般在單數名詞字尾後面加 -s，在無聲子音後面讀 [s]；在有聲子音或母音後面讀 [z]。複數形式不加表示「一個」的 a/an。

- book—book**s** [bʊks] （書）
- coat—coat**s** [kots] （外衣）
- brother—brother**s** [ˋbrʌðɚz] （兄弟）
- dog—dog**s** [dɔgz] （狗）

boys　　girls　　dogs

② 以 [s]、[z]、[ʃ]、[ʒ]、[tʃ]、[dʒ] 等音素結尾的名詞後面要加 -es，如果詞尾是字母 e，就只加 -s, -es 讀 [ɪz]。

- class—class**es** [ˋklæsɪz] （班）
- nose—nose**s** [ˋnozɪz] （鼻子）
- dish—dish**es** [ˋdɪʃɪz] （菜；碟）
- box—box**es** [ˋbɑksɪz] （盒子）
- watch—watch**es** [ˋwɑtʃɪz] （手錶）
- bridge—bridge**s** [ˋbrɪdʒɪz] （橋）
- house—house**s** [ˋhaʊzɪz] （房子）

③ 以「子音＋o」結尾的詞多數情況下加 -es, 讀作 [z]；以「母音＋o」結尾的單數
名詞（也包括外來詞、縮寫詞）一般加 -s, 讀作 [z]。

- potato—potato**es** [pə`tetoz]（馬鈴薯）
- hero—hero**es** [`hɪroz]（英雄）
- tomato—tomato**es** [tə`metoz]（番茄）
- radio—radio**s** [`redɪˌoz]（收音機）
- zoo—zoo**s** [zuz]（動物園）
- video—video**s** [`vɪdɪˌoz]（錄影）
- photo—photo**s** [`fotoz]（照片）

 o 結尾的單數

以 o 結尾的單數名詞變
複數時加 -es。

- Heroes and Negroes
  like to eat potatoes
  and tomatoes.（英雄
  和黑人們愛吃馬鈴薯
  和番茄。）

④ 以 f 或 fe 結尾的名詞, 先將 f 或 fe 變成 v, 再加上 -es。-ves
讀作 [vz]。

- thief—thie**ves** [θivz]（小偷）
- knife—kni**ves** [naɪvz]（刀子）
- half—hal**ves** [hævz]（一半）
- leaf—lea**ves** [livz]（樹葉）
- wife—wi**ves** [waɪvz]（妻子）
- life—li**ves** [laɪvz]（生命）
- shelf—shel**ves** [ʃɛlvz]（架子）
- wolf—wol**ves** [wʊlvz]（狼）

 f 或 fe 結尾

例外, 有時以 f 或 fe 結
尾的詞變複數時, 直接
加 -s 就可以了。有時兩
種形式都可以。

- safes（保險箱）
- scarfs/scarves（圍巾）

 巧學妙記 以 f 或 fe 結尾的詞變複數時，直接將 f 或 fe 變成 -ves

A **thief** and his **wife** cut a **wolf** into **halves** with a sharp **knife**.
One **half** is hidden in the **leaves** and the other on the **shelf**.
（小偷和妻子拿刀去砍狼, 一刀砍兩半, 結束其生命。一半藏在樹葉裡, 另一半放
在架子上。）

⑤ 以「子音＋y」結尾的詞, 先將 y 變為 i 再加 -es, -ies 讀作 [ɪz]；
以「母音＋y」結尾的詞, 直接加 -s, 讀作 [z]。

- baby—bab**ies** [`bebɪz]（嬰兒）
- city—cit**ies** [`sɪtɪz]（城市）
- factory—factor**ies** [`fæktərɪz]（工廠）
- day—day**s** [dez]（日子）
- toy—toy**s** [tɔɪz]（玩具）
- way—way**s** [wez]（方法）

 y 結尾的專有名詞

以 y 結尾的專有名詞直
接加 -s。

- Marys
- Henrys

 母音結尾的詞加 -s

以「母音 (-ay, -ey, -oy,
-uy)＋y」結尾的詞, 要
直接加 -s。常考喔!

⑥ 以 th 結尾的詞, 一般加 -s。子音或短母音 + ths 時, 讀作 [θs]; 長母音 + ths 時讀作 [ðz]。

- death [dεθ]—deaths [dεθs]（死亡）
- mouth [maʊθ]—mouths [maʊðz]（嘴）

ⓑ 單數名詞變成複數名詞的不規則變化

① 改變內部母音。

- man—men （男子）
- woman—women （婦女）
- foot—feet （腳）
- tooth—teeth （牙齒）
- goose—geese （鵝）
- gentleman—gentlemen （先生）
- policeman—policemen （警察）
- chairman—chairmen （主席）
- businessman—businessmen （商人）

② 詞尾發生變化。

- child—children （兒童）
- ox—oxen （公牛）

③ 單複數同形。

- sheep （綿羊）
- deer（鹿）
- percent（百分比）
- yuan（元）

one deer
two deer

④ 表示「某國人」的名詞, 以 -ese 或 -ss 結尾的, 單複數形式相同；以 -man 結尾的, 多變 -man 為 -men；以 -an, -ian 結尾的, 直接加 -s。

- a Chinese—two Chinese（兩個中國人）
- a Japanese—three Japanese（三個日本人）
- a Swiss—four Swiss（四個瑞士人）
- an Englishman—two Englishmen（兩個英國人）
- a Frenchman—two Frenchmen（兩個法國人）
- an American—four Americans（四個美國人）
- an Australian—three Australians （三個澳大利亞人）
- a European—two Europeans（兩個歐洲人）

 注意一下 th 的讀音

例外, 有時 th 讀音 [θ]不變。有時兩種形式都可以。
- month [mʌnθ] — months [mʌnθ]（月）
- truth—truths [truθ]（事實）

補充一下 詞尾 s, es 的發音

詞尾 s, es 的發音, 跟一般現在式第三人稱單數的 s, es 發音一樣。

 注意一下 「德國人」的複數形

German「德國人」的複數形式是直接加 -s。
- a German— two Germans

 巧學妙記 各國人的複數形式

中國、日本和瑞士,
複數不需加 -s;
英國、法國、荷蘭人,
要把 man 變成 men;
-an, -ian 各國人,
後面直接加 -s。

⑤ 複合名詞的複數形

　複合名詞的複數形通常是將其中主要字改成複數。

- passer-by—passer**s**-by（過路人）
- mother-in-law—mother**s**-in-law（岳母）
- bookworm—bookworm**s**（書蟲）
- girl student—girl student**s**（女學生）

特別強調 man 或 woman 的複合名詞

以 man 或 woman 構成的複合名詞，前後兩個名詞都要改成複數。

- woman doctor— women doctors （女醫生）
- man writer— men writers（男作家）

⑥ 某些集合名詞如果是指一個單位、機構或被視為一個整體時，用作單數；如果表示這個群體的所有人時，通常用作複數。

T-02 • **The family is** not large.

　（這個家庭不大。）〔指家庭這個整體〕

- **The family are** all music lovers.

　（這家人都是音樂愛好者。）〔指家庭中的成員〕

注意一下 表示學科的名詞

有些表示學科的名詞，雖是以 s 結尾，但那是單字本身詞尾是 s，所以仍然屬於單數名詞。

- maths（數學）
- politics（政治）
- physics（物理學）

(!) **Induct** 幫你歸納	常用的此類集合名詞	
audience（觀眾）	couple（夫婦）	government（政府）
class（班級）	enemy（敵人）	group（組）
team（隊）	family（家庭；家人）	public（公眾）

⑦ 有些名詞經常或只用複數形式。

- chopsticks（筷子）
- clothes（衣服）
- compasses（圓規）
- glasses（眼鏡）
- jeans（牛仔褲）
- pants（褲子）
- scissors（剪刀）
- shorts（短褲）
- socks（短襪）
- stockings（長襪）
- trousers（褲子）
- scales（天平）

特別強調

● **不用具體數字修飾，也不加 a, an**

　這類名詞不能用具體的數字進行修飾，也不能加不定冠詞 a, an，但可以用 a pair of, two pairs of, many 等來修飾。

- She took **a pair of scissors** and cut the string.
（她拿了一把剪刀，把繩子剪斷了。）
- Last week I bought **many** beautiful **clothes** online.
（上週我在網路上買了許多漂亮的衣服。）

⑧ 有的名詞表示不同含義時，它相應的複數形式也不相同。

○ people 意思是「人，人們」時，是集合名詞，只用作複數；意思是「民族」時，單數是 people，複數是 peoples。

- About **100 people** were present.
  （大約有 100 人出席。）
- Africa is made up of **many peoples**.
  （非洲由許多民族所組成。）

○ fish 表示魚的種類時，複數形式是 fishes；表示條數時，複數形式是 fish。

- I keep **three fishesin** the fishbowl.
  （我在魚缸裡養了三種魚。）
- I caught **a fish/three fish**.
  （我捕到了一條 / 三條魚。）

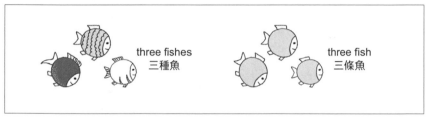

three fishes
三種魚

three fish
三條魚

○ penny 指硬幣的個數時，複數形式是 pennies；指面值時，複數形式是 pence。

- I have only **a few pennies** in my pocket.
  （我口袋裡只有幾枚一便士的硬幣。）
- The pencil costs **75 pence**.
  （這支鉛筆賣 75 便士。）

○ works 表示「工廠」時，單複數同形；表示「著作」時，單數形式是 work，複數形式是 works。

- a gas works（一個煤氣工廠）—two gas works（兩個煤氣工廠）
- a work（一部作品）—three works（三部作品）

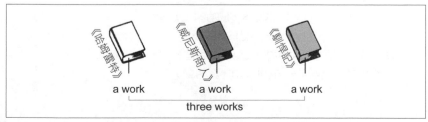

a work

a work

a work

three works

B

不可數名詞與可數
名詞的轉化

◀◀◀

❶ 可轉化為可數名詞的物質名詞

　　ⓐ 有些物質名詞在表達「一陣」「一場」等具體意義時，可以轉化成可數名詞。

- wind（風）—a wind（一陣風）
- rain（雨）—a rain（一場雨）
- tea（茶）—a tea（一杯茶）
- beer（啤酒）—a beer（一杯啤酒）
- coffee（咖啡）—a coffee（一杯咖啡）
- glass（玻璃）—a glass（一個玻璃杯）
- chicken（雞肉）—a chicken（一隻小雞）
- fish（魚肉）—a fish（一條魚）
- orange（柳橙汁）—an orange（一個柳橙）
- room（空間）—a room（一個房間）

失分陷阱 空間還是房間

room 是 空 間；a room 是
一個房間。可數名詞跟
不可數名詞的意義跟用
法，也是考試官愛用的
陷阱，要多注意喔!

　　ⓑ 有些物質名詞變為複數形式後，表達特殊的含義。

□ rains（大量的雨水）　　　　□ waters（大片水域）
□ woods（森林）　　　　　　　□ sands（沙灘）
□ winds（陣風）　　　　　　　□ seas（海域）
□ times（時代）　　　　　　　□ glasses（眼鏡）

❷ 可轉化為可數名詞的抽象名詞

　　抽象名詞表示具體的事物時，就變成了可數名詞，可以被a, an修飾，也可以有複
數形式，表示「某種人或事」。

- surprise（驚訝）—surprise（令人感到驚訝的人或事物）
- beauty（美）—beauty（美人或美麗的事物）
- failure（失敗）—failure（失敗的人或事物）
- success（成功）—success（成功的人或事物）
- pity（遺憾）—pity（令人遺憾的人或事物）
- danger（危險）—danger（令人感到危險的人或事物）
- invention（發明）—invention（發明物）

❸ 可以轉化成可數名詞的專有名詞

　　專有名詞一般被視為不可數名詞，但有時也可以成為可數名詞，這時候可以由 a, an修飾或用複數形式。

- How I wish to be **a Newton**!
  （我多麼想成為像牛頓一樣的人物啊！）
- There're **two Marys** in our class. I often confuse them.
  （我們班有兩個人都叫瑪麗，我經常認錯。）
- Are **the Smiths** coming to our party tonight?
  （史密斯夫婦今晚要來參加我們的聚會嗎？）

 # 名詞的修飾語　　　●T-03

A
只修飾可數名詞的
修飾語

◄◄◄

☐ few（很少幾個，幾乎沒有）	☐ a couple of（兩個）
☐ a few（有幾個）	☐ many a（很多）
☐ several（有幾個）	☐ a number of（若干）
☐ many（很多）	☐ a great / large number of（許多）

- **Few people** would agree with this.
  （很少人會同意這種想法。）

B
只修飾不可數名詞
的修飾語

◄◄◄

☐ little（很少，幾乎沒有）	☐ a good/great deal of（很多）
☐ a little（有一點）	☐ a bit of（有一點）
☐ much（很多）	☐ a large amount of（大量的）

- I have **little time** to do it.
  （我沒多少時間來做這件事。）

C

既可以修飾可數名詞，又可以修飾不可數名詞的修飾語

要表示不可數名詞，大概、不確切的數量時，要用下列的單字或片語來表示。

□ some（一些）
□ a lot of（很多）
□ lots of（很多）
□ plenty of（充足的）
□ enough（足夠的）

□ most（大多數的）
□ hardly any（幾乎沒有）
□ all（全部的）
□ the rest of（剩下的）

- You needn't hurry. There's **plenty of** time.
  （你不必著急，時間還很充裕。）

D

單位修飾語主要用來修飾名詞的度量、容積、形狀、集體及部分等

要具體表示不可數名詞的數量時，要用容器等的單位詞來表示。

- a pair of eyes（一雙眼睛）
- a pair of glasses（一副眼鏡）
- a pair of trousers（一條褲子）
- a pair of shoes（一雙鞋）
- a pair of gloves（一副手套）
- a pair of pants（一條褲子）
- a piece of furniture（一件傢俱）
- a bit of advice（一點意見）
- a bit of bread（一點麵包）
- an article of clothes（一件衣服）

- a team of players（一組選手）
- a metre of cloth（一米布）
- a cup of tea（一杯茶）
- a row of trees（一排樹）
- a pile of stones（一堆石頭）
- a basket of eggs（一籃子雞蛋）
- a grain of sand（一粒沙子）
- a gust of wind（一陣風）
- a crowd of people（一群人）
- a group of children（一群孩子）

Extension【延伸學習】

一些可數名詞也可以加容器等的單位詞來表示數量。

如：**a box of** pens（一盒筆）。

 失分陷阱 一點意見的 advice

advice 是不可數名詞，一點意見要用「a bit of advice」，考試常用「a bit of advices」來干擾喔。

4 名詞的所有格

● T-04

名詞的所有格表示名詞之間的所屬關係，表達方式有二：一種是在名詞後加上「's」，這種表示所有格形式叫「's 所有格」；一種是「名詞＋ of ＋名詞」的結構，構成「of 所有格」。

A
表示有生命物的
「's 所有格」

「's」所有格形式是構成名詞所有關係最常用的形式，它主要用在表示有生命物的名詞所有格。

❶ 「's」所有格的構成

名詞特徵	構成方式	示　例
有生命物的單數名詞	在字尾加「's」	**Mike**'s father（邁克的父親） **Jeff's** baseball（傑夫的棒球）
有生命物的複數名詞	以 s 結尾的在字尾加「'」	the **teachers**' room（教師的房間） my **parents**' hometown（我父母的故鄉）
	不以 s 結尾的在字尾加「's」	the **children**'s books（孩子們的書）
幾個人共同擁有的名詞	只在最後一個詞後加「's」	Mary and **Kate**'s room（瑪麗和凱特的房間）〔共有〕
每個人各自擁有的名詞	在每個名詞後加「's」	**Jane**'s and **Tom**'s books（簡的書和湯姆的書）〔不共有〕

❷ 「's」所有格的用法

ⓐ 一般用在表示人或其他有生命物的名詞之後，意為「…的」。

• What's your **mother**'s favourite colour?
（你媽媽最喜歡什麼顏色？）
• The **elephant**'s trunk is very long.
（大象的鼻子很長。）

 失分陷阱 共有還是各自所有

「Mary and Kate's room」（瑪麗和凱特的房間）是共有；「Mary's room and Kate's room」（瑪麗的房間和凱特的房間）是各自所有。考試時，要看清楚題目，辨別清楚喔！

33

ⓑ 有時為了避免重複, 也可以單獨使用「's」所有格, 它的作用在句子中相當於名詞。

- —Whose cap is it, then?
  （那麼, 這是誰的帽子？）
- —It's **Sally**'s.（是莎莉的。）
- Today's temperature is higher than **yesterday**'s.
  （今天的氣溫比昨天的〈氣溫〉高。）

ⓒ 有些表示無生命事物的名詞, 如時間、距離、團體、機構、國家、城市、季節、太陽、月亮、大地、江河、海洋等名詞, 也可用「's」所有格。

- Have you read **today**'s news?
  （你看到今天的新聞了嗎？）
- It's about five **minutes**' walk.
  （大約步行 5 分鐘的路程。）
- I bought 20 **dollars**' worth of books.
  （我買了價值 20 美元的書。）
- The **plane**'s engine is in a good condition.
  （這架飛機的發動機狀況良好。）

ⓓ 表示店鋪、醫院、學校、住宅及公共建築時, 「's」所有格後面一般不出現它所修飾的名詞。

- at the **teacher**'s (office)（在老師的辦公室）
- at the **doctor**'s (office)（在診所）
- at the **bookseller**'s (store)（在書店）
- at **Clark**'s (home)（在克拉克家裡）

ⓔ 用來構成各種節日。

- April **Fool**'s Day（愚人節）
- **Children**'s Day（兒童節）
- **Teachers**' Day（教師節）
- **Women**'s Day（婦女節）
- New **Year**'s Day（新年）
- **Mother**'s Day（母親節）

B

表示無生命物的
of 所有格

◀◀◀

❶ 表示無生命物的所有關係, 一般用「名詞＋of＋名詞」的結構。

- Tom and I will meet at the gate **of** the school.
  （湯姆和我將在學校大門口碰面。）
- There's something wrong with the engine **of** the car.
  （汽車引擎出現故障。）

❷ 有時也表示人或其他有生命的名詞的所有格。

- When in trouble, I usually ask for the advice **of** my parents.
  （遇到麻煩時，我通常會去請教父母的意見。）
- That's the opinion **of** my friends, not mine.
  （那是我朋友們的意見，不是我的。）

❸ 地名、交通工具名以及與人的活動有關的無生命物，可以用 of 所有格，也可以用「's」所有格。

- This is a photo **of** Peter. = This is **Peter**'s photo.
  （這是一張彼得的照片。）
- The author **of** the book is a famous dancer. = The **book**'s author is a famous dancer.
  （這本書的作者是一位知名的舞蹈家。）

c

雙重所有格

當冠詞、數詞、不定代名詞或指示代名詞（如a, two, some, a few, this, that, these, those）等詞與名詞所有格，共同修飾一個名詞時，要用雙重所有格，也就是用「of+s'所有格或名詞性所有格代名詞」表示所有關係。

- Some friends **of my sister**'s will join us in the game.
  （一些我妹妹的朋友將和我們一起玩遊戲。）
- a book **of Mary**'s
  （瑪麗的一本書）
- a blouse **of mine**
  （我的一件襯衣）

特別強調

- 雙重所有格主要用來表示全體中的一部分。
  - a friend of Susan's（強調蘇珊不只有一位朋友）
  - Susan's friend（強調與蘇珊是朋友關係）

- of 前的名詞是 photo, picture 等時，雙重所有格與 of 所有格表示的意義就不一樣了。我們來比較一下：
  - a picture of Mr Black's（布萊克先生多張照片中的一張）
  - a picture of Mr Black（布萊克先生本人的照片）

常用 to 表示所有格的詞

- the key **to** the door（這道門上的鑰匙）
- the answer **to** the question（這個問題的答案）
- the bridge **to** the knowledge（通向知識的橋樑）
- the way **to** the park（去公園的路）
- the exit **to** the building（這座大樓的出口）
- the entrance **to** the supermarket（這個超市的入口）

巧學妙記 **用 to 表示所有格的詞**

鑰匙、答案、橋和路，出、入口的所有格用 to。

5 名詞的用法 T-05

名詞在句中可以作主詞、受詞、主詞補語、受詞補語、同位語、稱呼語、限定詞、副詞等。

A

作主詞

- **Tom** is very happy today.（湯姆今天很高興。）
- **People** will live to be 200 years old.（人類將活到 200 歲。）

B

作受詞

- Let's play **soccer**.
  └──→做動詞的受詞
  （我們來踢足球吧。）
- The boy is standing under the **tree**.
  └──→作介系詞的受詞
  （男孩正站在樹下。）

C

作主詞補語

- Her mother is a bank **clerk**.（她媽媽是一名銀行職員。）
- He became a **modal**.（他成為一名模特兒。）

D

作受詞補語

◄◄◄

- Don't call me **Lucy**.
 └───→受詞補語
 （不要叫我露西。）
- John is elected our **monitor**.（約翰獲選為我們的班長。）
 └───→主詞補語

E

作同位語

◄◄◄

- My classmate, **Zhou Cheng Horng**, has a pet, too.
 （我的同學周正宏也有一隻寵物。）

F

作稱呼語

◄◄◄

- **Mom**, I'm home.（媽媽，我回來了。）
- Welcome, **kids**! Glad to meet you.（歡迎光臨，孩子們！很高興見到你們。）

G

作限定詞

◄◄◄

- The **science** lab is behind the library.（科學實驗室在圖書館後面。）
- My mother is an **English** teacher in a university.
 （我母親是大學的英語教師。）

H

作副詞

◄◄◄

- Wait a **moment**, please.（請等一下。）

考題演練

■ （一）高中入試考古題：Choose the correct answer.（選擇正確的答案）

(1) —I'm going to the supermarket. Let me get you some fruit.
—OK. Thanks for your _____.
A. offer   B. information   C. message   D. order

(2) —Mrs Black, could you give me some advice on how to write an application letter?
—With pleasure. Remember that the letter should be written in the formal _____.
A. value   B. style   C. effect   D. mood

(3) The doctor told me to eat more _____ because it's good for my health.
A. orange   B. vegetables   C. ice cream   D. fish

(4) There are two _____ and three _____ on the table.
A. apple; banana   B. apples; banana   C. apples; bananas

(4) —I hear you run for half an hour every day.
—Right, we have to. It is one of the _____ in our school.
A. rules   B. plans   C. hobbies   D. choices

(6) I'm so hungry. Please give me _____ to eat.
A. three breads   B. three pieces of bread
C. three pieces of breads   D. three piece of bread

(7) There are many _____ at the foot of the hill.
A. cow   B. horse   C. sheep

(8) _____ is celebrated on September 10th.
A. National Day   B. Teachers' Day
C. Dragon Boat Festival   D. Spring Festival

(9) Cici enjoys dancing. It's one of her _____.
A. prize   B. prizes   C. hobby   D. hobbies

(10) —I have great _____ in learning maths and I'm so worried. Could you help me?

—Sure. I'd be glad to.

A. trouble   B. interest   C. joy   D. fun

■（二）模擬試題：Choose the correct answer.（選擇正確的答案）

(1) This is not my dictionary. It's _____. She lent it to me this morning.

A. my sister   B. my sisters   C. my sister's   D. my sisters'

(2) —Taking a walk in the evening is a good _____.

—So it is. It keeps us healthy.

A. habit   B. hobby   C. rule   D. favour

(3) —What can I do for you, sir?

—Two _____, please.

A. cups of tea   B. cups tea   C. cup of tea   D. cup tea

(4) Tom is new in Taipei. Maybe he needs a _____ for sightseeing.

A. watch   B. ticket   C. notebook   D. map

(5) —How many_____ of waste paper have you collected?

—Only three.

A. bag   B. pieces   C. box   D. drops

(6) Jason likes the _____ of the cake. It is a heart.

A. colour   B. size   C. smell   D. shape

(7) —What would you like to drink, _____ or coffee?

—Coffee, please.

A. fruit   B. tea   C. meat   D. bread

(8) In our school there are fifty-five_____.

A. women teachers   B. woman teachers

C. women teacher   D. woman's teacher

(9) Uncle Wang bought two _____ yesterday.

    A. watchs   **B.** watch's   **C.** watch   **D.** watches

(10) It is said that two _____ and three _____ are going to visit our school next week.

    A. Germans; Japaneses   **B.** Germany; Japan

    C. Germanys; Japans   **D.** Germans; Japanese

(11) —Forget your _____ , and smile to your life.

    —OK, I will. Thank you for your advice.

    A. trouble   **B.** chance   **C.** success   **D.** happiness

(12) _____ are going to come to my home tonight if they are free.

    A. My brother two friends   **B.** My brother of two friends

    C. Two my brother's friend   **D.** Two friends of my brother's

(13) —What would you like?

    —We'd like two _____ and four _____.

    A. bottles of oranges; hamburger   **B.** bottles of orange; hamburgers

    C. orange; hamburger   **D.** orange; hamburgers

(14) The letter from my uncle was short. There wasn't _____ news.

    A. many   **B.** a few   **C.** much   **D.** few

(15) Many farmers have got lots of _____ and got much money by selling the _____.

    A. cow; beef   **B.** cows; beef   **C.** cow; beefs   **D.** cows; beefs

答案・解說 ①

(1) **A** (2) **B** (3) **D** (4) **C** (5) **A** (6) **B** (7) **C** (8) **B**
(9) **D** (10) **A**

(1) 題意:「我要去超市。我給你帶些水果吧。」「好的。謝謝你的提議。」offer「提議」,符合題意。information「信息」;message「口信」;order「順序」,所以答案是 A。

(2) 題意:「布萊克夫人,您能就如何寫求職信給我一些建議嗎?」「我很樂意。記得寫信時用正式文體。」style「文體;風格」,符合題意。value「價值」;effect「影響」;mood「心情;語氣」,所以答案是 B。

(3) 題意:「醫生告訴我要多吃魚肉,因為這有利於我的健康。」根據生活常識可以知道,在四個選項中,有利於健康的飲料和食物有 orange「柳橙汁」,vegetables「蔬菜」和 fish「魚肉」;orange 為「柳橙汁」意思時不和 eat 搭配,vegetables 是複數可數名詞,但句中的主詞是 it,所以只能選 fish,所以答案是 D。

(4) 題意:「桌上有兩個蘋果和三個香蕉。」apple 和 banana 都是可數名詞,前邊都有大於一的基數詞修飾,所以用複數形式。它的複數形式都是直接在後面加 -s,所以答案是 C。

(5) 題意:「聽說你們每天跑步半小時。」「是的,我們不得不跑。這是我們學校的規定之一。」rule「規定」,符合題意。plan「計畫」;hobby「愛好」;choice「選擇」,所以答案是 A。

(6) 題意:「我好餓,請給我三片麵包吃。」bread 是不可數名詞,表示它的數量必需借助 piece 等單位詞,而且單位詞有複數變化,所以「三片麵包」應該用 three pieces of bread,所以答案是 B。

(7) 題意:「山腳下有許多羊」。從 many 可以知道空格處應該用複數可數名詞,sheep 的單複數是同形的,符合題意。其餘兩項都是單數可數名詞,所以答案是 C。

(8) 題意:「9 月 10 日慶祝教師節。」根據常識可以知道,9 月 10 日是教師節。National Day「國慶日」;Dragon Boat Festival「端午節」;Spring Festival「春節」,所以答案是 B。

(9) 題意:「西西喜歡跳舞。這是她的嗜好之一。」one of 後面跟複數可數名詞,表示「…之一」,排除 A、C;hobby「嗜好、愛好」,符合題意。prize「獎品」,所以答案是 D。

(10) 題意:「我學數學陷入了困境,我很著急。你能幫我嗎?」「當然,我很樂意幫忙。」have trouble in doing sth.「做某事有困難」,符合題意。interest「興趣」;joy「高興;樂事」;fun「娛樂;樂趣;有趣的經歷」,所以答案是 A。

1
名詞

答案・解說②

■ (1) **C** (2) **A** (3) **A** (4) **D** (5) **B** (6) **D** (7) **B** (8) **A**
(9) **D** (10) **D** (11) **A** (12) **D** (13) **B** (14) **C** (15) **B**

(1) 題意：「這不是我的詞典，是我姐姐的。她今天早上借給我的。」由最後一句中的 she 可以知道，sister 用單數；此處指「我姐姐的詞典」，應該用「's」所有格，且 dictionary 在上文已經提到過，為了避免重複，可以省略，所以選 C。

(2) 題意：「晚上散步是一個好習慣。」「確實是。這樣可以使我們保持健康。」habit「習慣」，符合題意。hobby「嗜好、愛好」；rule「規則」；favour「恩惠，幫助；支持」，所以答案是 A。

(3) 題意：「先生，您需要什麼？」「請來兩杯茶。」tea 是不可數名詞，它的數量可以用「數詞＋單位詞＋ of ＋不可數名詞」來表達，由空格前的 two 可以知道，單位詞 cup 應該用複數形式，所以答案是 A。

(4) 題意：「湯姆剛剛來到台北。也許他需要一張地圖來參觀遊覽。」由 new 和 sightseeing 可以知道，map「地圖」符合題意。watch「手錶」；ticket「票」；notebook「筆記本」，所以答案是 D。

(5) 題意：「你撿了多少張廢紙？」「只有 3 張。」paper 意為「紙」時是不可數名詞，可以用 bag, piece, box 等單位詞來修飾；根據空格前面的 many 可以知道應該用複數可數名詞，所以選 B。D 項 drop 是「滴」的意思，不可以用來修飾 paper。

(6) 題意：「傑生喜歡這個蛋糕的形狀。它是心形的。」由第二句中的 heart 可以知道，空格處應該填 shape「形狀」。colour「顏色」；size「大小」；smell「嗅」，所以答案是 D。

(7) 題意：「你想喝些什麼，茶還是咖啡？」「請給我咖啡。」由 drink 可以知道空格處是飲料，tea「茶」，符合題意。fruit「水果」；meat「肉」；bread「麵包」，所以答案是 B。

(8) 題意：「我們學校有 55 位女教師。fifty-five 後面應該用名詞的複數，排除 C、D。woman 作限定詞時，要隨著它所修飾的名詞的數來跟著變化，排除 B，所以答案是 A。

(9) 題意：「王叔叔昨天買了兩支表。」由 two 可以知道，用 watch 的複數形式 watches，所以答案是 D。

(10) 題意：「據說，兩個德國人和三個日本人下週會來我們學校參觀。」表示「德國人」用 German，複數形式是 Germans；表示「日本人」用 Japanese，複數形式是 Japanese，所以答案是 D。

(11) 題意：「忘記你的煩惱，笑著面對生活。」「好的，我會的。謝謝你的建議。」trouble「煩惱，麻煩」，符合題意。chance「機會；可能性」；success「成功」；happiness「高興；幸福」，所以答案是 A。

⑿　題意：「如果我哥哥的兩位朋友今晚有空，他們就會來我家。」「我哥哥的兩位朋友」可以表述為 two friends of my brother's 或 two of my brother's friends，所以選 D。

⒀　題意：「你們想要什麼？」「我們想要兩瓶柳橙汁和四個漢堡。」orange 意思是「柳橙汁」時為不可數名詞，「兩瓶柳橙汁」應該用 two bottles of orange 來表達；orange 還可以意為「柳橙」，是可數名詞；hamburger 意思是「漢堡」，是可數名詞，它的複數形式是 hamburgers，所以答案是 B。

⒁　題意：「我叔叔的來信很短，裡面沒有多少消息。」news「消息；資訊」是不可數名詞，本題中只能用 much 來修飾。many, a few 和 few 都只能修飾複數可數名詞，所以答案是 C。

⒂　題意「很多農民飼養了許多牛，他們透過賣牛肉賺了許多錢。」cow 是可數名詞，它的複數形式是 cows；beef 是不可數名詞，沒有複數形式，所以答案是 B。

代名詞

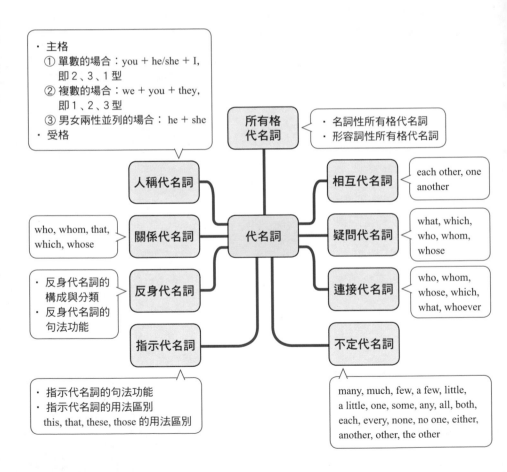

- 主格
  ① 單數的場合：you + he/she + I,
    即 2、3、1 型
  ② 複數的場合：we + you + they,
    即 1、2、3 型
  ③ 男女兩性並列的場合： he + she
- 受格

所有格代名詞
- 名詞性所有格代名詞
- 形容詞性所有格代名詞

人稱代名詞

相互代名詞
each other, one another

who, whom, that, which, whose

關係代名詞

代名詞

疑問代名詞
what, which, who, whom, whose

- 反身代名詞的構成與分類
- 反身代名詞的句法功能

反身代名詞

連接代名詞
who, whom, whose, which, what, whoever

指示代名詞

不定代名詞

- 指示代名詞的句法功能
- 指示代名詞的用法區別
  this, that, these, those 的用法區別

many, much, few, a few, little, a little, one, some, any, all, both, each, every, none, no one, either, another, other, the other

代名詞就是代替名詞的字。代名詞在英語中使用很頻繁，那是為了避免第二次重複提到同樣的名詞，同時也讓句子看起來更為簡潔，所以用代名詞來代替這些名詞。大部分的代名詞具有名詞和形容詞的功能。

根據代名詞在句中的意義、特徵及功能，可以分為下列九種：

種　類	舉例說明
人稱代名詞	**I** have two elder sisters. （我有兩個姐姐。）
所有格代名詞	This is **my** favourite song. （這是我最喜愛的一首歌。）
反身代名詞	You should do your homework **yourself**. （你應該自己完成家庭作業。）
指示代名詞	Kate likes **that** picture very much. （凱特非常喜歡那張畫。）
疑問代名詞	**Which** book is yours? （哪本書是你的?）
不定代名詞	I study English **every** day. （我每天都學英語。）
相互代名詞	We should help **each other**. （我們應該相互幫助。）
關係代名詞	The boy **who** is singing is our monitor. （正在唱歌的男孩是我們的班長。）
連接代名詞	Can you tell me **what** I should do next? （你能告訴我下一步該做什麼嗎?）

人稱代名詞

T-06

英語中表示「我（們）」、「你（們）」、「他（們）」、「她（們）」、「它（們）」的詞稱為人稱代名詞。人稱代名詞有人稱、性別、單複數及格位的變化。

A

人稱代名詞的種類

數	單 數		複 數	
人稱 　　格	主格	受格	主格	受格
第一人稱	I（我）	me（我）	we（我們）	us（我們）
第二人稱	you（你）	you（你）	you（你們）	you（你們）
第三人稱	he（他）	him（他）	they（他/她/它們）	them（他/她/它們）
	she（她）	her（她）		
	it（它）	it（它）		

- I saw **her** with **them. They** were playing games.
  （我看到她和他們在一起。他們在玩遊戲。）
- I had wanted to come early, but **I** was late.
  （我本想早點來的，但卻遲到了。）

B

人稱代名詞的指代

人稱代名詞主要用來指示人、動物或事物。選用什麼人稱代名詞，主要取決於所指的名詞、片語或子句，並且在單複數和性別上要跟它保持一致。

- I have many new friends. **They** are all nice to me.
  （我有許多新朋友。他們對我都很好。）〔指代 friends〕
- I love my school. **It** is very big.
  （我喜歡我的學校。它佔地遼闊。）〔指代 school〕

第一、二、三人稱

第一人稱指「說話的人」，如：I, we；第二人稱指「聽話的人」，如：you；第三人稱指「被提到的人事物」，如：she, it。

主格 I 都要大寫

主格 I 無論是在句中的哪個位置都一定要大寫。

確認一下

it 的用法詳見第 15 章《it 的用法和 there be 句型》

C

人稱代名詞的用法

人稱代名詞分主格和受格，主格形式在句中作主詞或主詞的補語等；受格形式在句中作介系詞的受詞或動詞的受詞。另外，口語中常用受格作主詞補語。

◀◀◀

- **She** will find a job in another city.（她要在另一個城市找一份工作。）
  ┗━▶作主詞，用主格

- I chose Mary, but she didn't agree to go with **me**.
                        作介系詞受詞，用受格◀━┛
（我選擇了瑪麗，可是她不願意跟我一起去。）

- Miss Scott taught **her** an English song.（斯科特小姐教了她一首英文歌。）
  ┗━▶作動詞的受詞，用受格

- Who is knocking at the door?（誰在敲門？）

- It's **I/me**.（是我。）
  ┗━▶作主詞補語

D

人稱代名詞的排列順序

如果有兩個以上的人稱代名詞作主詞時，習慣上排列的順序是：

◀◀◀

❶ 單數的順序…①you, ②he/she, ③I（人稱上是：2、3、1型）

- **You, Tom and I** will go to Canada next month.
（下個月，你、湯姆跟我將去加拿大。）〔有禮貌的表現〕

- **He and I** are both good at swimming.
（他和我都很會游泳。）〔有禮貌的表現〕

- **You and he** must be there at 7 o'clock.
（你和他必須在 7 點鐘到達那裡。）
〔you 離說話者較近，he 離說話者較遠〕

❷ 複數的順序…①we, ②you, ③they（人稱上是：1、2、3型）

- **We and they** want to see you.（我們和他們都想見你。）

- **We, you and they** are all students.
（我們、你們和他們都是學生。）

❸ 男女兩性並列的順序…① he, ② she

- **He and she** don't agree with me.（他和她不同意我的看法。）

失分陷阱 between you and me

如果人稱代名詞作介系詞受詞時，要用受詞形式，例如「It's between you and me.」（那是你跟我之間的事）。陷阱選項常用「you and I」而「I」是主格形式，是錯誤的，要小心喔！

巧學妙記 代名詞的排列順序

單數並列 2、3、1，
複數並列 1、2、3，
若把錯誤責任擔，
第一人稱最當先。

Extension【延伸學習】

如果是在承認過失，承擔責任時，一般是把第一人稱的 I（me）或 we（us）放在第一位。

I and he are to blame for the accident.（我和他應當為這起事故負起責任。）

We, you and they have all made mistakes.（我們、你們和他們都犯了錯誤。）

2 所有格代名詞

表示所有關係的代名詞稱為所有格代名詞，是人稱代名詞的屬格形式，表示「所有」。

A

所有格代名詞的分類

與人稱代名詞一樣，所有格代名詞也分第一人稱、第二人稱和第三人稱，每個人稱分單數和複數。所有格代名詞分為形容詞性所有格代名詞和名詞性所有格代名詞兩種。

數	單 數		複 數	
性 人稱	形容詞性所有格代名詞	名詞性所有格代名詞	形容詞性所有格代名詞	名詞性所有格代名詞
第一人稱	my（我的）	mine（我的）	our（我們的）	ours（我們的）
第二人稱	your（你的）	yours（你的）	your（你們的）	yours（你們的）
第三人稱	his（他的） her（她的） its（它的）	his（他的） hers（她的） its（它的）	their （他／她／它們的）	theirs （他／她／它們的）

B

所有格代名詞的用法

❶ 形容詞性所有格代名詞

形容詞性所有格代名詞相當於形容詞，在句中主要作限定詞，放在名詞前面。它們的人稱、單複數和性別，取決於它們所指的名詞或代名詞。

- **My** work is interesting but kind of dangerous.
  （我的工作有趣但有點危險。）

- Thank you for **your** last letter.
  （謝謝你寫給我的上一封信。）

- But some people don't like **his** new look.
  （但是有些人不喜歡他的新形象。）

- They want to communicate better with **their** kids.
  （他們想和孩子們有更好的交流。）

 加 own 表示強調

形容詞性所有格代名詞後面可以加 own，也可以構成 of one's own 表示強調。

- This is your own fault.（這是你自己的過錯。）
- I'd like a computer of my own.（我想要一台屬于自己的電腦。）

48

Extension【延伸學習】

以下固定片語中, 形容詞性所有格代名詞是不可缺少的:

- all one's life (某人一生, 終生)
- change one's mind (某人改變主意)
- lose one's life (某人喪生)
- take one's time (某人不著急, 慢慢來)
- with one's help (在某人的幫助下)
- do one's homework (做某人的作業)
- do/try one's best (盡某人最大的努力)
- lose one's way (某人迷路)
- hold one's breath (某人屏住呼吸)
- make up one's mind (某人下定決心)
- to one's surprise (使某人感到驚奇的是)
- on one's way to (在某人去…的路上)

❷ 名詞性所有格代名詞

名詞性所有格代名詞相當於名詞, 不能用在名詞前面作限定詞, 但可以作主詞、受詞、主詞補語, 或與of連用作限定詞。它們的形式取決於它們所指的名詞或代名詞。只有在上下文已經指明是誰的東西時, 才可以用名詞性所有格代名詞。功用是為了避免重複。

- We both have black hair, although my hair is shorter than **hers**.
  ↳相當於 her hair, 作受詞
  （我們兩個都有一頭黑髮, 雖然我的頭髮比她短。）
- Are those books **yours**, Daniel?
  ↳相當於 your books, 作主詞補語
  （丹尼爾, 那些書是你的嗎？）
- One day last year, a friend **of mine** said that she would like to help me out.
  ↳與 of 連用, 作限定詞
  （去年的某一天, 我的一位朋友說她願意幫助我。）

> **注意一下** 形容詞性及名詞性所有格代名詞的區別
>
> 「形容詞性所有格代名詞＋名詞」可用名詞性所有格代名詞代替。
> - This is her hat.＝ This hat is hers. （這是她的帽子。）
>
> 比較:形容詞性所有格代名詞 her 後面必須接名詞; 名詞性所有格代名詞 hers 後面不可以接名詞。

> **巧學妙記！** 所有格代名詞的用法
> 形容詞性能力差, 自己不能來當家,
> 句中常把限定詞作, 後面要把名詞加。
> 名詞性的能力強, 自己獨來又獨往,
> 句中可作多成分, 主、受、補都能當。

3 反身代名詞

表示動作回到執行者本身，用來加強語氣，表示「我（們）自己」、「你（們）自己」、「他/她/它（們）自己」的代名詞叫做反身代名詞。也就是同一個句子中主詞跟受詞是同一個人的時候，受詞要用反身代名詞。在人稱、單複數和性別上要保持一致。

A
反身代名詞的構成與分類

第一、二人稱的反身代名詞由形容詞性所有格代名詞加-self或-selves構成，第三人稱的反身代名詞，由人稱代名詞的受格加-self或-selves構成。

數 ＼ 人稱	第一人稱	第二人稱	第三人稱
單數	myself （我自己）	yourself （你自己）	himself /herself / itself （他 / 她 / 它自己）
複數	ourselves （我們自己）	yourselves （你們自己）	themselves （他 / 她 / 它們自己）

B
反身代名詞的用法

❶ 作動詞的受詞

表示動作返回到發出者，主詞和受詞是同一個或同一些人或物。

- What would you do if you cut **yourself** by accident?
  （如果你意外割傷自己，你該怎麼辦？）
- The Class 1, Grade 3 students enjoyed **themselves** very much. （三年一班的學生們過得非常愉快。）

❷ 作介系詞的受詞

常與某些介系詞一起搭配。

- I think I should be allowed to make decisions for **myself**.
  （我認為我應該自己做決定。）
- I get angry with **myself** when I get bad marks.
  （當我考試成績不好時，我會生自己的氣。）

❸ 作主詞補語

常接在be, feel, seem等聯繫動詞後面。

- Peter doesn't seem **himself** today.
  （彼得今天看起來不太舒服。）

 巧學妙記 反身代名詞的用法

反身代名詞莫亂用，能作句中受(詞)、補(語)、同(位語)。
主詞、限定詞不能用，固定搭配要記清。

 注意性、數一致的問題

反身代名詞必須跟它相對應的先行語(名詞或代名詞)在人稱和數保持一致。因此，忽略「性、數一致的問題」，常是失分的陷阱喔！

❹ 作同位語

一般具有強調作用，表示強調「本人、自己」，在句中的位置也比較靈活。

- I **myself** cooked it.
（我自己做飯。）
- The thing **itself** is not important.
（事情的本身並不重要。）

常用必備
一般常用的含反身代名詞的片語

- teach oneself（自學）
- dress oneself（打扮自己）
- help oneself to（自取所需〈如吃、喝〉）
- enjoy oneself（過得愉快）
- learn sth. by oneself（自學）
- speak/talk to oneself（自言自語）

- be oneself（〈人〉處於正常狀態;身心自在）
- by oneself（單獨, 獨自地）
- say to oneself（心中暗想）
- for oneself（親自, 為自己）
- devote oneself to（致力於）
- come to oneself（恢復知覺）

4 指示代名詞

T-09

指示代名詞是用來指明特定的人或事物的代名詞，表示「這個（些）」、「那個（些）」。常用的指示代名詞有 this, that, these, those 等。

A

指示代名詞的句法功能

指示代名詞與定冠詞和人稱代名詞一樣，都具有指定的含義。它們所指的對象取決於說話者和聽話者共同熟悉的語境。指示代名詞在句中可以作限定詞、主詞、受詞和主詞補語。

- What does **this** word mean?（作限定詞）
（這個詞是什麼意思？）
- **This** is Bill. Is **that** Robert speaking?（作主詞）
（我是比爾，你是羅伯特嗎？）
- I love these games but I don't like **those**.（作受詞）
（我喜歡這些遊戲，但不喜歡那些。）
- What I like is **this** not **that**.（我所喜歡的是這個，而不是那個。）
（作主詞補語）

指示代名詞的用法
區別
◀◀◀

❶ 分近指代名詞跟遠指代名詞。

this, these是近指代名詞；that, those是遠指代名詞。

this	複數是 these	指時間或空間上離說話者較近的人或事物
that	複數是 those	指時間或空間上離說話者較遠的人或事物

- **This** present is for her and **that** one is yours.
  （這個禮物是她的，那個是你的。）

- I don't like **these** books. Could you please show me **those** ones?
  （我不喜歡這些書。能不能把那些拿給我看一下?）

❷ 避免重複

that, those常常用來代替前面已經提過的名詞。that指不可數名詞或特定的單數可數名詞；those指特定的複數可數名詞。但this, these沒有這種代替的用法。

- The weather of Okinawa is quite similar to **that** of Taipei.
  代替 the weather◀┄┄┄┘
  （沖繩的天氣和台北很相似。）

- The umbrella you bought is cheaper than **that** I bought.
  代替 the umbrella◀┄┄┄┘
  （你買的這把傘比我買的那把便宜。）

- The computers made in Taiwan are as good as **those** made in Germany.
  └┄→代替 the computers
  （台灣產的電腦和德國產的一樣好。）

❸ 代替作用

　　this, that也可以代替前面提過的句子或句字裡的一部份。this指即將要發生或將要提到的事情；that指剛剛提到的或已經完成的事情。

- They played like **this**: six students stand in a row in front of the class.
  └──→指將要提到事
  （他們是這樣玩遊戲的：6 名學生在同學們的前面站成一排。）

- —Do you want to go to the movies?
  （你想去看電影嗎？）

- —**That** sounds good.
  └──→指剛剛提到的事
  （好啊！）

❹ 打電話時

　　常用this介紹自己是誰, 用that詢問對方是誰。

- Hello. **This** is John Scott. Who is **that** speaking?
  （喂, 我是約翰·斯科特。你是哪位？）

特別強調

- 指示代名詞作主詞或限定詞時, 可以指事物也可以指人, 但作受詞或補語時只能指事物, 不能指人。

  That is my father. (那是我的父親。)〔作主詞, 指人〕

  He is going to marry **this** woman. (他要和這個女人結婚。)〔作限定詞, 指人〕

  Jack often talks about **that**. (傑克經常談論那件事。)〔作受詞, 指事物〕

- 第二次提到指示代名詞所指的人或事物時, 通常用人稱代名詞來代替。

  This is my sister. **She** is studying in Harvard University.

  （這是我姐姐, 她在哈佛大學學習。）

  —Is **that** your cap? (那是你的帽子嗎?)

  —No, **it** isn't. (不, 不是。)

Extension 【延伸學習】

• **聽話的人附近的** that

　在聽話的人附近的東西, 也可以用 that 來表示。

- That's a nice jacket, Mike. Where did you get it?
  （那件夾克真漂亮, 麥克你在哪裡買的?)

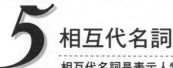

5 相互代名詞

T-10

相互代名詞是表示人物之間的相互關係，主要有 each other, one another，意思是「互相，相互」。

相互代名詞在句中不能作主詞，只能作受詞。each other 主要用在兩者之間，one another 主要用在三者或三者以上。each other 和 one another 的所有格形式是 each other's 和 one another's。

- We often help **each other/one another** when in trouble.
（遇到麻煩時，我們時常互相幫助。）
- Jeffrey and I often write e-mails to **each other**.
（我和傑佛瑞經常互傳電子郵件。）
- We said hello to **one another**'s/**each other's** family.
（我們向彼此的家人問好。）

6 不定代名詞

T-11

沒有明確地指某個或某些人事物的代名詞，叫做不定代名詞。

大多數的不定代名詞既可用作名詞，又可用作形容詞。它們可以用來代替或修飾不確定的人事物，或表示不確定的數量。

A

不定代名詞的分類

分　類	句法功能	舉例說明
作形容詞	作限定詞	every, other, no
作名詞	作主詞、主詞補語或受詞	anybody, anyone, somebody, someone, everyone, everybody, nobody, no one, anything, everything, something, nothing, others, the others, one, none
兼具形容詞跟名詞	作主詞、主詞補語、受詞、同位語或限定詞	(a) little, much, another, each, neither, either, (a) few, both, many, several, all, any, some, such, the other

B

不定代名詞的用法

◀◀◀

❶ many, much 的用法

區別點 代名詞	意 義	用 法	句法功能	與 of 搭配
many	許多，大量	修飾或代替複數可數名詞	作主詞、受詞、主詞補語或限定詞	of 後面是特定的名詞或代名詞
much		修飾或代替不可數名詞		

- I know **many** who would not agree with you.
  └──→作受詞，代替複數可數名詞
  （我知道有很多人不同意你的意見。）
- He didn't have **many** friends.
  └──→作限定詞，修飾複數可數名詞
  （他沒有很多朋友。）
- Is there **much** water in the bottle?
  └──→作限定詞，修飾不可數名詞
  （瓶子裡有很多水嗎？）
- I don't eat **much** for lunch.
  └──→作受詞，代替不可數名詞
  （我午飯吃得不多。）
- **Many of** the students work hard at their lessons.
  （許多學生都很努力學習。）
- **Much of** her money was spent on books.
  （她把許多錢都花在買書上了。）

many, (a) few, many a,
a (large / great) number of

much, (a)little,
a great/good deal of

Some, a lot of,
lots of, plenty of

不可數

不可數

可 數 複

可 數 複

❷ few, a few, little, a little 的用法

代名詞 ＼ 區別點	意　義	句法功能	用　法	與 not 連用	與 quite 連用	與 only/just 連用	與 of 搭配
few	幾乎沒有（否定）	作主詞、受詞、主詞補語、限定詞	修飾或代替複數可數名詞	不可			of 後為特指的名詞複數或 them, you, us
a few	有幾個（肯定）			not a few 相當多	quite a few 許多	only/just a few 很少	
little	幾乎沒有（否定）	作主詞、受詞、主詞補語、限定詞	修飾或代替不可數名詞	不可			of 後為特指的不可數名詞或 it
a little	有一點（肯定）			not a little 很多	quite a little 許多	only / just a litte 很少	

- There were **few** students in the classroom after class.
  └──→作限定語，修飾複數可數名詞
  （下課後教室裡只剩幾個學生了。）
- **A few of** them know the whole thing.
  └──→與 of 連用
  （他們當中有幾個人知道事情的完整經過。）
- —Can you give me some ink?
  （你能給我一些墨水嗎？）
- —Sorry, I have **little**.
  └──→作受詞，代替不可數名詞
  （對不起，我也幾乎沒有了。）
- Don't worry. We have **a little** time left.
  └──→作限定語，修飾不可數名詞
  （不要著急，我們還有一點時間。）
- Every year, I send out many cards, but receive **only a few**.
  （每年我都寄出許多賀卡，但只會收到寥寥幾張。）
- —Can you speak Chinese?（你會說中文嗎？）
- —**Only a little**.（只會說一點。）
- I've made **not a few** good friends here.
  （我在這裡交了許多好朋友。）
- I'm sorry to give you **not a little** trouble.
  （真抱歉給你添了這麼多的麻煩。）

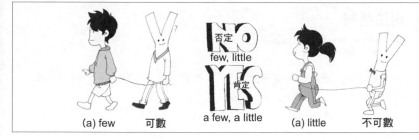

(a) few　可數　a few, a little　(a) little　不可數

否定 few, little
肯定 a few, a little

❸ one 的用法

ⓐ 主詞、受詞或主詞補語。

　　one可以指人也可以指物，在句中作主詞、受詞或主詞補語。

- The **one** in the red coat is my sister.
　　　└──→作主詞
　（穿紅色外套的那位是我姐姐。）

- I've visited a lot of zoos in my life, and I have never seen **one** I like or **one** that is suitable for animals to live in.
　　　　　　　　　　　　　　　　　　└──→作受詞
　（我一生中參觀過很多動物園，但從沒看過一個讓我喜歡、或者適合動物居住的。）

- Your answer is a good **one**.
　　　　　　　　　　└──→作主詞補語
　（你的回答很好。）

ⓑ 有自己的限定詞

　　one（s）可以有自己的限定詞，可以跟the, this, that, these 或those等詞連用，表示特指某（些）人事物。

- I don't like this cell phone, **the one** you just showed me.
　（我不喜歡這支手機，就是你剛才給我看的那一支。）

- This picture looks better than **that one**.
　（這張照片看起來要比那張好。）

ⓒ 所有格形式

　　one的所有格形式是one's，反身代名詞是oneself。只有當one作主詞的時候，句中才能使用one's和oneself。

- **One** must find **one's** own way to make a living.
　（一個人一定要找到自己謀生的手段。）

- **One** should not live for **oneself** alone.
　（一個人不應該只為自己活著。）

注意
一下　**one 跟 ones**

one 只能用來代替前面已經出現過的同類單數可數名詞，以避免重複；ones 代替複數可數名詞。

- I have two brothers, and he has <u>one</u>.
　（我有兩個兄弟，他有一個。）
　〔代替 one brother〕

- I don't like blue shirts. I like white <u>ones</u>.
　（上我不喜歡藍色的襯衫，我喜歡白色的。）
　〔代替 shirts〕

補充
一下　**其中之一的 one of**

「one of＋複數形名詞」指特定群體中的某一個，表「其中之一」。

- Tokyo is <u>one of</u> the biggest cities in the world.
　（東京是世界最大的都市之一。）

用法辨異
one, that those, it 的用法區別

★ one 指單數可數名詞, 用來替代前面提到過的人事物, 這人事物是同類中的一個, 也就是同名異物, 表示泛指, 相當於「a/an +名詞」。

- The coat is too small for me. I want a big **one**.
  (這件外套我穿太小。我想要件大的。)〔one 指 coat, 但不是同一件〕

★ that 用來替代同名異物的單數可數名詞或不可數名詞, 表示特指;複數是 those。

- The coat you bought is better than **that** I bought.
  (你買的外套比我買的好。)〔that 指可數名詞 coat, 但不是同一件〕

- The weather here is hotter than **that** in Malaysia in summer.
  (夏天這裡的天氣比馬來西亞的熱。)〔that 指不可數名詞 weather, 但不是同一地區的〕

★ it 指單數可數名詞或不可數名詞, 它指的人或物就是前面提到過的人或物本身, 也就是同名同物。

- My aunt bought a new coat and gave **it** to me as a gift.
  (我姑媽買了一件新外套,並把它當作禮物送給了我。)〔it指前面提到過的coat,是同一件〕

❹ some, any 的用法

代名詞 區別點	some	any
意義	一些, 某些;某一個	一些, 某些;任何一個
用法	作主詞、受詞、限定詞	
肯定句	表示「一些」、「某個」	表示「任何一個」
否定句	一般不用在否定句	代替 some 表示「一些」
疑問句	希望得到對方肯定的回答	代替 some 表示「一些」
條件句	表示說話者的肯定語氣	代替 some 表示「一些」
與 of 搭配	表示「其中的一些」	表示「其中的任何一個」
修飾或代替複數可數名詞	述語動詞用複數	述語動詞用複數
修飾單數可數名詞	表示「某一個」	表示「任何一個」
修飾或代替不可數名詞	述語動詞用單數	述語動詞用單數

- I can see **some** cups on the table.
  └──→用在肯定句
  （我可以看到桌子上有些杯子。）
- Do you have **any** books written by Lu Xun?
  └──→用在疑問句
  （你有沒有任何魯迅寫的書？）
- If he has **any**, let me know.
  └──→用在條件句
  （如果他有的話，告訴我。）
- Would you like **some** more milk?
  └──→希望得到肯定的回答
  （你想再要來點牛奶嗎？）
- May I ask you **some** questions?
  └──→希望得到肯定的回答
  （我可以問你一些問題嗎？）
- He is taller than **any** other boy in our class.
  └──→表示任何一個
  （他比我們班其他任何一個男生來得高。）
- **Some** person is asking to see you.（有個人要求見你一面。）
  └──→表示某一個

❺ all, both 的用法

區別點 代名詞	意　義	句法功能	用　法	與 of 搭配
all	指三者或三者以上的人或事物，意為「都」	作主詞、受詞、主詞補語、同位語或限定詞	修飾或代替不可數名詞或可數名詞	後接「of(+限定詞)+名詞／代名詞」
both	表示「（兩者）都」	作主詞、受詞、限定詞、同位語等	作主詞時述語動詞用複數形式；作同位語時位在實義動詞之前，係動詞、助動詞或情態動詞之後；在簡略答語中，both 不能放在句末	後接「of(+限定詞)+名詞／代名詞」

- **All** is getting along well.（一切進展順利。）
  └──→作主詞
- He likes **all of them**.（他喜歡他們所有人。）
  └──→與 of 搭配作受詞
- **All** knowledge comes from practice.
  └──→作限定詞
  （所有的知識源自於實踐。）
- That's **all**.（結束了，完了。）
  └──→作主詞補語
- My brothers **both** like playing football.
  └──→作同位語
  （我的兩個兄弟都喜歡踢足球。）
- **Both of my parents** are teachers.（我父母都是老師。）
  └──→與 of 搭配作主詞

❻ each, every 的用法

代名詞 \ 區別點	意 義	句法功能	用 法	與 of 搭配
each	表示「每個」（強調個體）	作主詞、受詞、同位語或限定詞	修飾或代替單數可數名詞，可以用在兩者之間，也可以用在三者或三者以上的場合；作主詞時述語動詞用單數。	後接「of (+限定詞)+名詞 / 代名詞」
every	表示「每個」（整體描述）	只能作限定詞	用在三者或三者以上的場合，後接單數可數名詞，述語動詞用單數。	不可與 of 搭配

- **Each of them** knows the whole thing.
  └→與 of 搭配作主詞
  （他們每個人都知道事情的全部經過。）
- Grandma had a talk with **each of us**.
  └→與 of 搭配作受詞
  （奶奶跟我們每一個人都談過話。）
- We **each** have our own textbook.
  └→作同位語
  （我們每人都有自己的課本。）
- **Each** child has an apple, big or small.
  └→作限定詞
  （每個孩子都有一個蘋果，有的大，有的小。）
- **Every** student needs to be careful with their studies.
  └→作限定詞
  （每個學生都必需認真學習。）
- Almost **every** one knows the news.
  └→作限定詞
  （幾乎每個人都知道這個消息。）

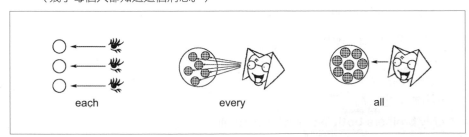

| each | every | all |

60

❼ none, no one 的用法

代名詞 \ 區別點	指 代	可數與不可數	回答 how many/ how much	回答 who	與 of 搭配
none	指人或物	既可以指單數可數名詞，又可以指不可數名詞	○		後接「of（＋限定詞）＋名詞/代名詞」
no one	常指人	只用在指單數可數名詞		○	不可與 of 搭配

- English is the first language in **none of** these countries.
  （英語在這些國家皆非第一外語。）
- I need some money but there is **none** at hand.
  （我需要一些錢，但兩手空空。）
- **None of** us has/have that book.
  （我們誰也沒有那本書。）
- —Who can find the right way to the cinema?
  （誰能找到去那家電影院的正確路線？）
- —**No one**.
  （沒人〈能找到〉。）
- —**How many** of you have been to Dubai?
  （你們有多少人去過杜拜？）
- —**None**.
  （一個也沒有。）
- —**How much** coffee is left?
  （還剩下多少咖啡？）
- —**None**.
  （一點也沒有。）

❽ either, neither 的用法

區別點 代名詞	意　義	句法功能	用　法	與 of 搭配
either	兩者中的任何一個，肯定意義	作主詞、受詞、限定詞	可以指人或物，修飾或代替單數可數名詞	後接「of（＋限定詞）＋名詞／代名詞」
either	兩者中任何一個都不，全部否定			

- The little girl can write with **either** hand.
  └┈┈┈→作限定詞
  （這小女孩用哪隻手寫字都行。）
- We've made two plans for this camp, and **either** is practical.
  作主語←┈┈┈┘
  （我們已經為這次的露營擬定了兩種計畫，而且兩種都可行。）
- **Neither** window faces the east.（兩扇窗戶都不朝東。）
  └┈┈┈→作限定詞
- **Neither** of us likes singing.
  └┈┈┈→與 of 搭配，作主語
  （我們倆都不喜歡唱歌。）

 either, each, all
答案是 either 的題目，常喜歡用 each（每個，兩者之間）、all（都，三者或三者以上）來作陷阱，所以要弄清楚語境裡的信息，跟是具有肯定意義還是否定意義。

 用法辨異
部分否定與完全否定

★ both 與 not 連用時，表示部分否定，意為「兩者並非都…」；neither 表示全部否定，意為「兩者都不…」。

- **Not both** Mike and Judy are high school students.
  =**Both** Mike and Judy are **not** high school students.
  （邁克和裘蒂並非都是高中生。）
- **Neither of** Mike and Judy is high school student.
  （邁克和裘蒂都不是高中生。）

★ all 與 not 連用時，表示部分否定，意為「並非所有都…」；表示全部否定時用 none，意為「所有都不…」。

- **All** the ants do **not** go out for food.
  （並不是所有的螞蟻都出去找食物。）
- **None of** us understand German.
  （我們都不懂德語。）

❾ another, other, the other 等的用法

代名詞 \ 區別點	意　義	用　法
another (another one/ two/three...)	泛指三者或三者以上的一個, 意為「別的, 另一個(兩個/ 三個…)」	可以單獨使用, 也可以修飾 可數名詞
other	泛指另外的或其他的人或物, 意為「其他」	修飾複數可數名詞或不可數 名詞
others	泛指三者或三者以上的人或物 中的「另一些」	單獨使用或常與 some 連用
the other (the other one / two / three...)	特指兩者中的一個,　意為「另 一個(兩個/三個)」	可以單獨使用, 也以可修飾複 數可數名詞或常與 one 連用
the others (＝ the other+ 複數可數名詞)	特指一定範圍內, 其餘的人或 物, 意為「其餘那些」	只能單獨使用

- This book isn't interesting. Would you please show me **another (one)**?
  （這本書沒意思。你能拿另一本給我看嗎？） 泛指另一個

- I need **another three hours** （=three other hours） to finish the work.
  another ＋基數詞＋可數名詞
  （我還要三個小時才能完成這項工作。）

- There are **other** ways to do this exercise.（還可以用一些其他方式做這個練習。）
  泛指另外的, 修飾複數可數名詞

- I have had some of it and I'll have **other** bread tomorrow.
  泛指另外的, 修飾不可數名詞
  （我已經吃了一些麵包, 留一些明天吃。）

- Some of the questions are hard; **others** are easy.
  泛指另一些, 跟 some 連用
  （這些問題有些很難, 有些容易。）

- It is hard to tell the twin brothers one from **the other**.
  特指兩者中的另一個
  （這對雙胞胎兄弟很難分辨誰是誰。）

- He takes two courses this term. One is English, and **the other** is
  與 one 連用
  physics. （他這個學期修兩門課。一門是英語, 另一門是物理。）

- Some students are reading in the classroom, and **the others** are
  running on the playground.
  特指其餘的人
  （一些學生在教室裡看書, 其他學生在操場上跑步。）

❿ 複合不定代名詞的用法

由some-, any-, every-, no-與one, -body, -thing構成的不定代名詞稱為複合不定代名詞。

some-	someone	somebody	something
any-	anyone	anybody	anything
every-	everyone	everybody	everything
no-	no one/none	nobody	nothing

ⓐ 表示某物的複合不定代名詞

    something意為「某事物」，一般用在肯定句中。而疑問句、否定句及條件句中常用anything。但something也可以用在請求的疑問句中，表示希望得到對方肯定的回答；anything也可以用在肯定句中，意為「任何事物」。everything意為「一切」；nothing意為「沒有什麼」。

- She'll be able to do **something** for you.
  （她能夠為你做一些事。）
- Would you like **something** to drink?
  （你想喝點東西嗎？）
- Is there **anything** I can do for you?
  （我能為你做些什麼嗎？）
- We can't decide **anything** now.
  （我們現在不能決定任何事情。）
- Money isn't **everything**.
  （金錢並不等於一切。）
- There is **nothing** in the room.
  （房間裡什麼也沒有。）

 注意一下 not...anything =nothing

not...anything 跟 nothing 意思一樣。
- He didn't say anything.
  =He said nothing.（他什麼都沒有說。）

 失分陷阱 nothing 跟 noboday 不接 not

nothing 跟 noboday 已經含有否定的意思了，所以不再接 not 的。
- Nobody didn't knows the answer.〔×〕
- Nobody knows the answer.〔○〕（沒有人知道答案。）

ⓑ 表示人的複合不定代名詞

　　somebody和someone的意義相同，都表示「某人」，一般用在肯定句中。而否定句及疑問句中通常用anybody或anyone。 somebody和someone也可以用在問句中，表示希望得到對方肯定的答覆；anybody和anyone也可以用在肯定句中，表示「任何人」。everybody和everyone意義相同，表示「人人，每人」，和not連用表示部分否定；nobody表示「沒有人」。

- **Somebody** said that you would go abroad.
  （有人說你要出國了。）
- Are you expecting **someone** this afternoon?
  （你今天下午是不是在等什麼人？）
- Does **anybody** live on the island?
  （這個島上有人住嗎？）
- I didn't know **anybody** in the class.
  （這個班級我誰也不認識。）
- **Anybody** can come here.
  （任何人都能到這裡來。）
- It's not easy to win the love of **everyone**.
  （贏得每個人的愛是不容易的事。）
- **Everybody** can't take part in the discussion.
  （並非每個人都可以參與討論。）
- **Not everyone** can work out this problem.
  （不是所有人都能解出這道題目。）
- **No one/Nobody** knows where she is from.
  （沒人知道她從哪裡來。）

 用法辨異

everyone 與 every one 的區別

★everyone 意為「每人，人人」，只指人，不指物，後面不能跟 of 片語連用；every one 意為「每個」，既可指人也可指物，後面可以跟 of 片語連用。

- **Everyone** can take part in the sports meeting.
  （每個人都可以參加運動會。）〔指人〕
- **Every one** of them wants to be a volunteer.
  （他們每個人都想當志願者。）〔指人〕
- **Every one** of the eggs is bad.
  （每個雞蛋都是壞的。）〔指物〕

7 疑問代名詞

用來發問「何人」、「何物」、「何者」等代名詞，構成特殊疑問句的，叫做疑問代名詞，主要包括 who（誰），whom（誰），whose（誰的），what（什麼），which（哪一個）等。

A 疑問代名詞的分類

疑問代名詞分主格、受格和屬格，在句中所作的成分也不相同。疑問代名詞的分類跟用法如下表：

形式		用法	主詞	受詞	主詞補語	限定詞
指人	主格	who	∨	∨	∨	
	受格	whom		∨		
	屬格	whose	∨	∨	∨	∨
指物	which（也可指人）		∨	∨		∨
	what		∨	∨	∨	∨

B 疑問代名詞的用法

❶ who, whom 的用法

who和whom都表示「誰」。who可以作主詞、受詞或主詞補語。whom在句中只能作受詞，作動詞受詞或介系詞受詞，但不直接跟在介系詞後面的時候，可用who來代替。

- **Who** will attend the meeting?
  （誰將參加這場會議？）
- **Who / Whom** are you waiting for?
  （你在等誰？）
- **Who** is the old man?
  （那個老人是誰？）
- **Who** lives at your home?
  （誰住在你家？）

 只能用 whom, 不能用 who

在介系詞後面作介系詞受詞時，只能用whom，不能用 who。
- To <u>whom</u> is she writing?
  （她在給誰寫信？）

 Who is...?

who「誰」用在詢問人，一般放在句首。常用「Who is...?」（…是誰呢?）這一句型。Who is 經常用縮約形 Who's。

66

❷ whose 的用法

　　whose表示「誰的」, 既可放在名詞（可數名詞單、複數和不可數名詞）前, 作限定詞；也可單獨使用, 作主詞補語或受詞等。

- **Whose** wallet is on the floor?（誰的錢包掉在地板上？）
  └─→作限定詞, 修飾單數可數名詞
- **Whose** kites are these?（這些風箏是誰的？）
  └─→作限定詞, 修飾複數可數名詞
- **Whose** money is this?（這是誰的錢？）
  └─→作限定詞, 修飾不可數名詞
- **Whose** are these books?（這些書是誰的？）
  └─→作主詞補語
- **Whose** do you like best?（你最喜歡誰的？）
  └─→作受詞

❸ which 的用法

　　which意為「哪一個, 哪一些」, 不僅可以指人也可以指物, 不僅可以指單數可數名詞, 也可以指複數, 還可以指不可數名詞。在句中作主詞、受詞、限定詞等, 可以跟of片語連用。

- **Which** is the best clothing store?（哪一家是最好的服飾店？）
  └─→作主詞
- **Which** do you like best?（你最喜歡哪一個？）
  └─→作受詞
- **Which** movies will win awards?（哪些電影能得獎？）
  └─→作限定詞

❹ what 的用法

　　what意為「什麼」, 可以單獨使用, 也可以放在名詞前, 不僅可以指代或修飾不可數名詞, 也可以指代或修飾單數或複數可數名詞。在句中可以作主詞、受詞、主詞補語或限定詞。

- **What** should I do?（我應該怎麼做？）
  └─→作受詞
- **What** will happen without electricity?（如果沒有電會發生什麼事呢？）
  └─→作主詞
- **What** channel do you like to watch best?（你最喜歡看什麼頻道的節目？）
  └─→作限定詞
- **What** are your parents?（你父母從事什麼工作？）
  └─→作主詞補語

用法辨異

which 和 what 的區別

★ which 的詢問有選擇範圍的限制；what 的詢問沒有選擇範圍的限制或選擇範圍較大。

Which colour is the new sweater, **green or blue**?
（新毛衣是什麼顏色的, 是綠色還是藍色?）

What colour is the new sweater?（新毛衣是什麼顏色的?）

★ 詢問職業：「What be ＋主詞？」或「What do/does/did ＋主詞＋ do ？」

- **What's** your father?
  （你父親是做什麼的？）

- **What do** you do for a living?
  （你是做什麼的?）

★ 詢問性格或天氣狀況：What be ＋主詞＋ like?

- One of the twin sisters is very active. **What is** the other **like**?
  （這對雙胞胎姐妹一個很活潑，另一個怎麼樣？）

- **What is** the weather **like** in your country in spring?
  （你們國家春天的天氣怎麼樣?）

★ 詢問外貌、長相： What do/does/did ＋主詞＋ look like?

- I have never met her. **What does** she **look like**?
  （我從未見過她。她長得怎麼樣?）

★ 徵求對方意見、詢問對方的情況：What / How about...?

- **What about** having a coffee? （喝杯咖啡怎麼樣?）

連接代名詞

連接代名詞指連接主詞子句、受詞子句、主詞補語子句和同位語子句的代名詞。連接代名詞是由疑問代名詞充當的，用來引導各種子句，並在子句中作一定的成分。常用的連接代名詞主要有 who, whom, whose, which, what, whoever, whomever, whosever, whichever, whatever。（詳見第 17 章《受詞子句》）

關係代名詞

關係代名詞 who, whom, whose, that, which 用來引導限定詞子句。（詳見第 19 章《關係子句》）

考題演練

(1) The banana pie tastes delicious. Could I have another _____ ?
    A. one   **B.** it   **C.** this   **D.** that

(2) —The teachers in that school speak either English or French, or even

    _____ .

    —That's so cool!
    A. all   **B.** both   **C.** neither   **D.** none

(3) —Where did you go for your winter vacation?

    —My family went to Paris. _____ had a great time.
    A. He   **B.** She   **C.** We   **D.** They

(4) —I'm thirsty now. Could I have _____ hot water?

    —OK. Here you are.
    A. any   **B.** some   **C.** little   **D.** no

(5) —I prefer speaking to listening in English learning.

    —Oh, really! I think you should be good at _____ of them.
    A. both   **B.** neither   **C.** some   **D.** all

(6) —_____ is her daughter?

    —The girl on the right wearing blue jeans.
    A. Who   **B.** What   **C.** Which   **D.** Where

(7) I'm talking to you, Jack. Please listen to _____ carefully.
    A. me   **B.** mine   **C.** you   **D.** yours

(8) George reads the newspaper every morning. That's _____ habit.
    A. he   **B.** him   **C.** his   **D.** himself

(9) —Hi, Jim! Is this your bike or Mary's?

    —It's mine, not _____ .
    A. her   **B.** him   **C.** his   **D.** hers

(10) —Who teaches _____ painting?

—Nobody, I teach _____.

A. your; mine   **B.** your; my   **C.** you; myself   **D.** you; me

■（二）模擬試題：Choose the correct answer.（選擇正確的答案）

(1) Where is your mother? I can't find _____ anywhere.

     A. she   **B.** her   **C.** he   **D.** him

(2) —Oh! I came in a hurry and forgot to bring some food.

—Never mind. You can have _____.

     A. us   **B.** ours   **C.** you   **D.** yours

(3) Hi, Jason. Come in. Make _____ at home.

     A. yourself   **B.** us   **C.** yourselves   **D.** you

(4) I met an old friend of _____ on _____ way home.

     A. mine; my   **B.** my; I   **C.** mine; I   **D.** my; my

(5) _____ of us has an English-Chinese dictionary.

     A. Every   **B.** Both   **C.** Each   **D.** All

(6) _____ of the twins went to watch Peking Opera last Sunday. They were staying at home all that day.

     A. Either   **B.** Both   **C.** Neither   **D.** One

(7) She always thinks of _____ more than herself.

     A. other   **B.** others   **C.** the other   **D.** the others

(8) —Would you like some tea?

—Yes. Just _____.

     A. a few   **B.** few   **C.** a little   **D.** little

(9) We don't have enough nurses to look after the patients. At least _____ are needed.

     A. ten another nurses   **B.** more ten nurses

     C. other ten nurses   **D.** another ten nurses

(10) —Do you know _____ this dicitonary belongs to?

—Let me see. Oh, it's _____.

     A. whose; me   **B.** who; me   **C.** whose; mine   **D.** who; mine

(11) I have got many collections of snow globes. You may take _____ if you like.

    A. either   **B.** one   **C.** it   **D.** none

(12) _____ hands make light work.

    A. Many   **B.** Much   **C.** Few   **D.** Little

(13) —Do you want tea or coffee?

    —_____. I really don't mind.

    A. None   **B.** Either   **C.** Neither   **D.** All

(15) —Do you know Lin Shuhao and Yi Jianlian?

    —Yes, they are _____ basketball players from NBA.

    A. all   **B.** both   **C.** neither   **D.** none

(15) —Mum, could you please buy a dog for me?

    —Sure. But you must take good care of _____.

    A. one   **B.** that   **C.** it   **D.** this

答案・解說 1

(1) **A** (2) **B** (3) **C** (4) **B** (5) **A** (6) **C** (7) **A** (8) **C**
(9) **D** (10) **C**

(1) 題意：「香蕉派嘗起來很好吃。我能再吃一塊嗎？」one 代替同名異物的單數可數名詞，表泛指，符合題意。it 代替同名同物單數可數名詞；this 通常用作指示代名詞；that 代替同名異物單數可數名詞或不可數名詞，表特指。

(2) 題意：「那所學校的老師不是說英語，就是說法語，甚至兩種語言都會說。」「真酷！」根據第一句中的 speak either English or French 和 or even 可以知道，空格處要填 both「（兩者）都」。all「（三者或三者以上）都」；neither「（兩者）都不」；none「沒有一個；全無」。

(3) 題意：「你們去哪裡過寒假呢？」「我們全家去了巴黎。我們玩得很愉快。」答句中的 my family 意為「我們全家人」，表示複數，所以後面的句子主語用第一人稱複數的代名詞 we。

(4) 題意：「我現在口渴了。我能喝點熱水嗎？」「好的，給你。」some 用在肯定句，或表示希望得到肯定回答的一般疑問句中，本題的「請求給一些熱水」符合後一種情況，所以 B 項是正確答案。

(5) 題意：「在英語學習中我喜歡說更甚於聽。」「哦，真的！我認為你兩者都應該很擅長。」上一句提到了 speaking 和 listening 兩者，所以 both「（兩者）都」符合題意。neither「（兩者）都不」；some「一些」；all「（三者或三者以上）都」。

(6) 題意：「哪一個是她的女兒？」「右邊穿藍色牛仔褲的那個。」由答句可以知道，本題要問的是「哪一個」，which 表示在一定範圍內進行選擇，符合題意。

(7) 題意：「我正和你談話呢，傑克。請認真聽我說。」空格處缺少受詞，而且根據句意可以知道這個受格人稱代名詞跟前一句的主詞 I 一致，所以用 me。mine「我的」；you「你；你們」；yours「你的；你們的」。

(8) 題意：「喬治每天早上看報紙。那是他的習慣。」名詞 habit 前面需要用形容詞性的所有格代名詞作限定詞，所以選 C。

(9) 題意：「嗨，吉姆！這是你的自行車還是瑪麗的？」「是我的，不是她的。」根據疑問句中的 your bike or Mary's（Mary's bike）及答句中的 mine 可以知道，選名詞性所有格代名詞 hers。

(10) 題意：「誰教你畫畫？」「沒人，我是自學的。」第一個空格作 teach 的受詞，用人稱代名詞的受格；第二個空格作 teach 的受詞，且主詞的動作返回到自己身上，用反身代名詞。

答案・解說②

■ (1) **B** (2) **B** (3) **A** (4) **A** (5) **C** (6) **C** (7) **B** (8) **C**
(9) **D** (10) **D** (11) **B** (12) **A** (13) **B** (14) **B** (15) **C**

(1) 題意:「你媽媽在哪裡?我到處都找不到她。」find 是動詞,後面要跟人稱代名詞的受格,代指 mother 用 her。

(2) 題意:「哦!我來得太匆忙,忘記帶吃的了。」「沒關係,你可以吃我們的。」名詞性所有格代名詞 ours 相當於 our food,可以作 have 的受詞。

(3) 題意:「你好,傑生。進來吧,別客氣。」make oneself at home 意為「別客氣,別拘束」。空格處要填入代名詞代指聽話者 Jason,所以用反身代名詞 yourself。

(4) 題意:「我在回家的路上遇到我的一個老朋友。」「名詞 +of+-'s 所有格或名詞性所有格代名詞」是雙重所有格形式,所以第一個空格應用 I 的名詞性所有格代名詞 mine;on one's way home 意為「在某人回家的路上」,是固定搭配,所以第個二空格要用形容詞性所有格代名詞 my。

(5) 題意:「我們每個人都有一本英漢詞典。」every, each 意為「每一」,each 可以跟 of 連用,但 every 不可以。both 意為「(兩者)都」;all 意為「(三者或三者以上)都」;如果用 both 或 all,述語動詞應該用 have。

(6) 題意:「上週日,雙胞胎兩人都沒去看京劇。他們整天都待在家裡。」由後一句可以知道,the twins 都沒有去看京劇,neither「(兩者)都不」,符合題意。either「(兩者中的)任何一個」;both「(兩者)都」;one of 表示多個中的一個。

(7) 題意:「她總是關心別人勝於她自己。」others 意為「別人;其他人」,代指 other people,符合題意。other 不能單獨使用;the other 意為「(兩者中的)另一個」;the others 意為「(一個整體中的)其他人或物」。

(8) 題意:「你想來點茶嗎?」「好的,只要一點。」tea 是不可數名詞,不能用 few 或 a few 來代替;little 意為「沒多少」,表示否定的含義,不符合題意,所以選 C。

(9) 題意:「我們沒有足夠的護士來照顧這些病人。至少還需要十名護士。」「另外十名護士」可以用 ten more nurses 或 another ten nurses 表示。

(10) 題意:「你知道這部詞典是誰的嗎?」「讓我看一下。哦,是我的。」受詞子句用陳述語序,而且連接詞在子句中作 belong to 的受詞,第一個空格用 who;第二個空格作主詞補語,且表示事物,所以用名詞性所有格代名詞。

(11) 題意：「我收藏了許多雪球。如果喜歡，你可以拿去一個。」one 代替單數可數名詞，指同類事物中的一個，符合題意。either 指兩者中的任何一個；it 指上文提到的同一事物；none 表示三者或三者以上的全部否定。

(12) 題意：「人多好辦事。」many「很多」，可以修飾複數可數名詞，符合題意。much 和 little 修飾不可數名詞；few 雖然可以修飾複數可數名詞，但表示否定意義，與題意不符。

(13) 題意：「你想喝茶還是咖啡？」「都可以，我真的不介意。」either 表示兩者中的任何一個，符合題意。none 表示對三者或三者以上的全部否定；neither 表示對兩者都否定；all 表示對三者或三者以上的全部肯定。

(14) 題意：「你知道林書豪和易建聯嗎？」「知道，他們兩個都是 NBA 籃球運動員。」they 指林書豪和易建聯，表示「兩者都」用 both。all「（三者或三者以上）都」；neither「（兩者）都不」；none 表示三者或三者以上都不。

(15) 題意：「媽媽，你給我買隻小狗好嗎？」「好，但是你必須好好照顧牠。」it 指同名同物的單數可數名詞，符合題意。one 指同名異物的單數可數名詞，表示泛指；that 指同名異物單數可數名詞或不可數名詞，表示特指；this 也是表示特指的指示代名詞，但 that 指遠處，this 指近處。

數詞

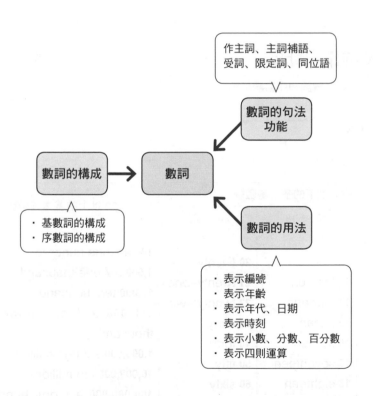

　　表示數目多少或順序先後的詞叫數詞。數詞分為基數詞和序數詞兩種。基數詞表示數目或數量的多少，序數詞表示順序或等級。

數詞的構成

數詞分為基數詞和序數詞兩種。

A

基數詞的構成

◀◀◀

100 以下的基本基數詞			100 以上的基本基數詞
1 ～ 12	13 ～ 19	20 ～ 90	
1 one			**100** a / one hundred
2 two		**20** twenty	**1,000** a / one thousand
3 three	**13** thirteen	**21** twenty-one	**10,000** ten thousand
4 four	**14** fourteen	**22** twenty-two	**100,000** a / one hundred thousand
5 five	**15** fifteen	**30** thirty	**1,000,000** a / one million
6 six	**16** sixteen	**40** forty	**10,000,000** ten million
7 seven	**17** seventeen	**50** fifty	**100,000,000** a / one hundred million
8 eight	**18** eighteen	**60** sixty	**1,000,000,000** a / one billion (a / one thousand million)
9 nine	**19** nineteen	**70** seventy	
10 ten		**80** eighty	
11 eleven		**90** ninety	
12 twelve			

❶ 1 ~ 12 的基數詞是特殊的獨立單字。

❷ 13 ~ 19 的數字都以 -teen〔tin〕結尾，是基數詞 3 ~ 9 後面添加 -teen 所構成的。但需要特別注意 thirteen, fifteen, eighteen 的寫法。

❸ 20 ~ 90 之間的整十位數的基數詞都是以 -ty 結尾，是基數詞 2 ~ 9 後面添加 -ty 所構成的。但需要特別注意 twenty, thirty, forty, fifty, eighty 的寫法。

❹ 21 ~ 99 之間的非整十位數的基數詞，要在十位跟個位之間加連字元「 - 」。如 twenty-one, twenty-two, ninety-nine 等。

❺ 注意讀的時候，百位和十位之間、百位和個位之間要讀 and。

　• 201 讀作：two hundred and one
　• 123 讀作：a/one hundred and twenty-three
　• 978 讀作：nine hundred and seventy-eight

❻ 英語中沒有「萬」和「億」

　　英語中沒有「萬」和「億」，只有「百（hundred）」「千（thousand）」「百萬（million）」「十億（billion）」。英語中表示「萬」時用 10 千，如 forty thousand「四萬」。表示「億」時需用 100 百萬來表示，如 two hundred million「兩億」。

特別強調

● 基數詞 hundred, thousand, million, billion 表示確定的數目時不用複數，如 two hundred, three thousand；如果它的後面加名詞時，名詞需要用複數，如 five hundred students。它們表示不確定的數目時要用複數，而且要和 of 連用，如 thousands of「數以千計的，成千上萬的」。

❼ 每三位數加「,」或空格

　　1,000 以上的數字，從右向左數，每三位數加「,」或空格；第一個「,」或空格前是 thousand，第二個「,」或空格前是 million，第三個「,」或空格前是 one thousand million 或 one billion，然後每一節按百、十、個的順序讀出。

巧學妙記　基數詞的構成
1 至 12 分別記,
13 至 19 都帶 -teen,
整十尾碼用 -ty,
連字號用於幾十幾,
百位以上 and 連。

巧學妙記　多位基數詞的讀法
從右至左三逗開,
一逗千，二逗百萬,
三逗就是十萬萬,
從左向右分節讀,
每節就按百十個。

1
2
3
4
5
6
7
8
9
10
11
12
13
14
15
16
17
18
19
20

77

- 4,321 讀作：four thousand, three hundred and twenty-one
- 5,006 讀作：five thousand and six
- 32,543 讀作：thirty-two thousand, five hundred and forty-three
- 736,974 讀作：
  seven hundred and thirty-six thousand, nine hundred and seventy-four
- 18,250,064 讀作：
  eighteen million, two hundred and fifty thousand, sixty-four
- 1,237,166,234 讀作：
  one billion, two hundred and thirty-seven million, one hundred and sixty-six thousand, two hundred and thirty-four

B

序數詞的構成

100 以下的基本序數詞			100 以上的基本序數詞
1st ～ 12th	13th ～ 19th	20th ～ 90th	
1st first **2nd** second **3rd** third **4th** fourth **5th** fifth **6th** sixth **7th** seventh **8th** eighth **9th** ninth **10th** tenth **11th** eleventh **12th** twelfth	**13th** thirteenth **14th** fourteenth **15th** fifteenth **16th** sixteenth **17th** seventeenth **18th** eighteenth **19th** nineteenth	**20th** twentieth **21st** twenty–first **22nd** twenty–second **30th** thirtieth **40th** fortieth **50th** fiftieth **60th** sixtieth **70th** seventieth **80th** eightieth **90th** ninetieth	**100th** one hundredth **1,000th** one thousandth **1,000,000th** one millionth **1,000,000,000th** one billionth

❶ 1 ～ 3 的序數詞是特殊的獨立單字。

❷ 4 ～ 19 的序數詞是在基數詞後面添加 -th 所構成的。注意 fifth, eighth, ninth, twelfth 的寫法。

❸ 20 ～ 90 之間的整十位數的序數詞，是將它相應的基數詞字尾 y 變成 i，然後加 -eth。

❹ 21～99 之間的非整十位數的序數詞，只把個位數變成序數詞，十位數仍然用基數詞。

❺ 百、千、百萬等序數詞，在 hundred, thousand, million 等詞後面加上 -th。

巧學妙記

基數詞變序數詞

基變序，很容易，結尾加上「th」。

一二三特殊記，結尾各是 t，d，d；

八減 t，九去 e，f 來把 ve 替；

ty 變成 tie，結尾再加「th」；

若是遇到幾十幾，只變個位就可以。

---

2 數詞的功能

 T-15

數詞既有名詞性質，又有形容詞性質。

數詞相當於名詞時，在句中作主詞、主詞補語、受詞或同位語；相當於形容詞時，在句中作限定詞。

A

作主詞

◄◄◄

- **Three from eight** leaves five.

（8 減 3 得 5。）

- **The second** was a tall man.

（第二位是個高大男子。）

B

作主詞補語

◄◄◄

- My telephone number is **2165-3289**.

（我的電話是 2165-3289。）

- I am **the third** to invite you.

（我是第三個邀請你的。）

C

作受詞

- He has many apples, but I only have **one**.
  （他有很多蘋果，而我只有一顆。）
- Do you prefer **the first** or **the second**?
  （第一個和第二個你比較喜歡哪一個呢？）

D

作同位語

- We **two** will help you. （我們兩人都會幫你。）

E

作限定詞

- We still have **one** hour left. （我們還剩下一個小時。）
- **The second** month in a year is February. （一年中的第二個月是二月。）

 數詞的用法 T-16

A

表示編號

❶ 表示排列順序
  - 第四章：Chapter 4/the 4th chapter
  - 第一組：Group 1/the first group
  - 第三課：Lesson 3/the third lesson
  - 第 521 頁：Page 521
  - 第 305 房間：Room 305
  - 長安街 76號：the No. 76 Chang'an Street
  - 12號公車：Bus （No.） 12/ the No. 12 Bus

> **特別強調** **電話號碼及兩個相同數字等**
>
> 電話號碼中的 0 可以讀作 zero 或 o;兩個相同數字重疊，如 33 可以讀作 three, three 或 double three;中間的「-」號可讀作 dash, 也可以不用念，但要停頓一下。

❷ 表示電話號碼

- 電話號碼 001-902-435-7334；Tel. No. 001-902-435-7334
  （讀作 telephone number o, o, one, 〈dash,〉 nine, o, two, 〈dash,〉 four, three, five, 〈dash,〉 seven, double three, four）

B

表示年齡

◀◀◀

❶ 一般情況直接用基數詞來表示年齡，也可以用阿拉伯數字進行強調；在資料統計時一般用阿拉伯數字；正式的寫作中都用基數詞。

- She is a student, **sixteen**, from the United States.
  （她是學生，16 歲，來自美國。）
- He was **18 years old** when he became a world famous basketball player.（他在 18 歲時成了世界著名的籃球選手。）
- **At (the age of) 9**, she lost her parents.
  （她在 9 歲時失去了父母。）

❷ 表示某人有「幾十多歲了」時用「in one's +整十位數的基數詞的複數形式」。

- The old man is now **in his eighties**.
  （這位老人現在 80 多歲了。）

❸ 用連字元「-」連接數詞和名詞可以作限定詞。

- The **nine-year-old** boy has been to London twice.
  （那個 9 歲的男孩去過倫敦兩次了。）

C

表示年代、日期

「年」用基數詞表示，年代是四位數時，各分成兩位來唸；「日」通常用序數詞表示，前面用定冠詞 the。日期的表示順序，美式英語中通常為「月、日、年」，英式英語中通常為「日、月、年」。

- **在 1908 年**：in 1908，讀作：in nineteen and eight 或 in nineteen hundred and eight 或 in one nine o eight

- **在 1925 年**：in 1925，讀作：in nineteen twenty-five

- **在 20 世紀 90 年代**：in the 1990s 或 in the 1990's，讀作：in the nineteen nineties

- **在 20 世紀 60 年代初期**：in the early 1960s/1960's，讀作：in the early nineteen sixties

- **在 20 世紀 70 年代中期**：in the mid 1970s/1970's，讀作：in the mid nineteen seventies

- **在 20 世紀 90 年代晚期**：in the late 1990s/1990's，讀作：in the late nineteen nineties

- **在 21 世紀**：in the 21st century，讀作：in the twenty-first century

- **2013 年 10 月 25 日**：October 25th, 2013 或 25th October, 2013 或 25/10/2013 或 10/25/2013

Induct 幫你歸納	英語中月份的省略寫法	
• January—Jan.	• May—May	• September—Sept.
• February—Feb.	• June—Jun.	• October—Oct.
• March—Mar.	• July—Jul.	• November—Nov.
• April—Apr.	• August—Aug.	• December—Dec.

D

表示時刻

❶ **時刻一般用基數詞表示**…a.m. 是 ante meridiem 的縮寫，意為「上午」；p.m. 是 post meridiem 的縮寫，意為「下午」。

- In order to get to school in time, she had to get up at **6 a.m.**（為了準時到學校，她不得不早上 6 點起床。）

- She could never get home before **8 p.m.**
  （她從未在晚上 8 點前回到家。）

- I usually do exercises on the playground **at 8 a.m./at 8 o'clock in the morning/at 8 in the morning**.
  （我通常早上 8 點在操場做運動。）

 a. m. / p. m. 的前面

a.m./p.m. 的前面不可以用 o'clock，也不能和 morning/afternoon 同時並用。例如：上午 8 點，不可以說 at 8 o'clock a.m. 或 at 8 a.m. in the morning。

❷ **表示整點時**…o'clock 的前面是「整點」時，用阿拉伯數字或基數詞都可以。在「時＋分」的形式中，後面不能用 o'clock。

- The plane left at **ten o'clock/10 o'clock** in the morning.（飛機在早上 10 點起飛了。）
- My kid will be back at **10:30/ten thirty**.
（我孩子會在 10:30 回來。）

❸ **表達時刻時**…表達時刻時，30 分鐘以內，用「分鐘＋past＋小時」；超過 30 分鐘，用「分鐘＋to＋小時」。但最簡便的方法是用「時＋分」（所有時間都可以這樣表達）。

- 9:05 five（minutes）past nine 或 nine o five
- 9:25 twenty-five（minutes）past nine 或 nine twenty-five
- 11:15 a quarter past eleven 或 eleven fifteen 或 fifteen past eleven
- 5:30 half past five 或 five thirty
- 6:55 five（minutes）to seven 或 six fifty-five
- 4:45 a quarter to five 或 four forty-five 或 fifteen to five

E

表示小數、分數、
百分數

❶ **表示小數點**…小數點前的數用基數詞，小數點後的數，按個位基數詞順序讀出；小數點讀作 point，零讀作 zero 或 o；整數部分是零的時候，可以省略不讀。

- 0.08 讀作：zero point zero eight 或 point zero eight
- 98.89 讀作：ninety-eight point eight nine 或 nine eight point eight nine

❷ **表示分數**…表示分數時，分子用基數詞，分母用序數詞。分子如果大於 1，分母必需用複數形式。如果是帶分數（整數＋分數），那麼整數和分數之間要加 and；分數用英語單字表達時，一般情況下，單字之間用「-」連接，也可以不用。分母如果是 2 或 4，可以用 half 或 quarter 代替。

巧學妙記 分數的表達

分子基數詞，
分母序數詞。
分子大於一，分母加 -s。
帶分數莫著急，
前加整數就可以。
分母若是二和四，
half, quarter 可代替。

- $\frac{1}{2}$: one-half 或 a half（不讀作 one second）
- $\frac{1}{3}$: one-third 或 a third
- $\frac{2}{3}$: two-thirds
- $\frac{1}{4}$: one-fourth 或 one-quarter 或 a quarter
- $\frac{3}{4}$: three-quarters 或 three-fourths
- $\frac{5}{12}$: five-twelfths
- $2\frac{2}{7}$: two and two-sevenths

❸ 表示百分數…表示百分數時，由「基數詞＋percent（%）」組成。
   ▪ 5% 讀作：five percent
   ▪ 56% 讀作：fifty-six percent
   ▪ 0.26% 讀作：zero point two six percent
   ▪ 100% 讀作：one hundred percent

F

| 表示四則運算 |

「加」用「and/plus」；「減」用「minus」；「乘」用「times/multiplied by」；「除」用「divided by」。例如：

▪ 9 ＋ 5=14
  Nine and/plus five is/equals fourteen.
▪ 20-8=12
  Twenty minus eight is twelve. 或 Eight from twenty leaves twelve.
▪ 5×6=30
  Five times six is thirty. 或 Five multiplied by six is thirty.
▪ 54÷6=9
  Fifty-four divided by six is nine. 或 Six into fifty-four equals nine.

考題演練

■ （一）高中入試考古題：Choose the correct answer.（選擇正確的答案）

(1) —Jackie Chan has donated _____ dollars to charity.
　　—He is an example to us all.
　　A. thousand　　　**B.** thousands　　**C.** thousand of　　**D.** thousands of

(2) Now, everybody, please turn to Page _____ and look at the _____ picture.
　　A. Fifth; five　　**B.** Five; fifth　　**C.** Fifth; fifth　　**D.** Five; five

(3) Nowadays _____ of business letters are written in English.
　　A. two-third　　　**B.** two-thirds　　**C.** two-three　　　**D.** second-three

(4) —Excuse me, where can I buy a jacket?
　　—You can go to the Men's Wear Section on the _____ floor.
　　A. two　　　　　**B.** twice　　　　**C.** second

(5) There are over _____ students in their school.
　　A. hundreds　　　　　　　　　**B.** nine hundreds
　　C. hundreds of　　　　　　　　**D.** nine hundred

(6) About _____ of the workers in the factory were born in the _____.
　　A. two-thirds; 1970　　　　　　**B.** two-thirds; 1970s
　　C. two-third; 1970　　　　　　 **D.** two-third; 1970s

(7) —Do you have enough students to clean the laboratory?
　　—No, I think we need _____ students.
　　A. another　　　**B.** two others　　**C.** more two　　**D.** two more

(8) My uncle bought me an iPhone for my _____ birthday.
　　A. twelve　　　**B.** twelfth　　　**C.** the twelve　　**D.** the twelfth

(9) This is Mr White's _____ visit to New York. He has been there twice before.
　　A. two　　　　**B.** second　　　**C.** three　　　**D.** third

(10) —Which is the smallest number of the four?
　　—_____.
　　A. Two-thirds　　**B.** A half　　　**C.** A quarter　　**D.** Three-fourths

■（二）模擬試題：Choose the correct answer.（選擇正確的答案）

(1) —How to read "6:10" in English?

—It's _____.

A. six past ten   B. ten to six   C. six ten   D. ten six

(2) —Dad, when will you be free? You agreed to go to the seaside with me four days ago.

—I'm sorry, Jean. But I think I will have a _____ holiday soon.

A. four-days   B. four-day   C. four days   D. four day

(3) —What's the time?

—It's _____（4:25）.

A. four twenty-five   B. four past twenty-five

C. twenty-five to four   D. four two five

(4) In our class _____ of the students are girls.

A. three-fifth   B. fifth-three   C. fifths-three   D. three-fifths

(5) —There are about _____ books in our school library.

—Oh, let's go and borrow some books.

A. five thousand, three hundred and forty-five

B. five thousands and three hundreds and forty-five

C. five thousands, three hundred and forty-five

D. five thousand, three hundred forty-five

(6) —Where are the students? Are they in _____?

—Yes, they are.

A. the Room 406   B. Room 406   C. the 406 Room   D. 406 Room

(7) September is _____ month in the year.

A. nine   B. the nineth   C. ninth   D. the ninth

(8) —What is the date today?

—_____.

A. It's Monday   B. It's 5 o'clock   C. It's fine   D. It's May 6th

(9) When he was _____, Joe went to the United States.

A. on his twenties   B. in the twenties

C. in his twenties   D. in his twenty

⑽ I am very excited because tomorrow is my _____ birthday.

A. five   B. fifteen   C. the fifteenth   D. fifteenth

答案・解說 ①

(1) **D** (2) **B** (3) **B** (4) **C** (5) **D** (6) **B** (7) **D** (8) **B** (9) **D** (10) **C**

(1) 題意：「成龍已經給慈善事業捐了很多錢。」「他是我們所有人的榜樣。」million, thousand, billion 等表示不確切的數目時要用複數形式，而且要跟 of 連用。

(2) 題意：「現在，每個人都翻開第 5 頁，看第 5 幅畫。」英語中，編號可以用序數詞和基數詞來表示，數字在後面用基數詞，如 page five（第 5 頁）；數字在後面用序數詞，如 the fifth picture（第 5 幅畫），並在序數詞之前加定冠詞。因此第一個空格填 five，第二個空格填 fifth。失分陷阱！在數詞的表示中，基數詞和序數詞很容易選錯，這一題容易誤選到 D，要小心喔！

(3) 題意：「現在有　　的商業書信是用英語寫的。」表達分數時，分母用序數詞，分子用基數詞；當分子大於 1 時，分母用複數形式。

(4) 題意：「打擾一下，哪裡有賣夾克的？」「你可以去二樓的男裝區。」「第二層樓」表示次序，應用序數詞，second「第二」，符合題意。two 是基數詞；twice 意為「兩次」。

(5) 題意：「他們學校有九百多名學生。」hundred 等表達具體的數目、它的前面有數詞修飾時，不用複數形式，也不跟 of 連用；如果表示不確切的數量，hundred 要用複數形式，而且後面搭配 of。C 項形式雖然正確，但跟 over 矛盾，因此只能選 D。

(6) 題意：「這個工廠約有　　的工人出生於 20 世紀的 70 年代。」分數中分子用基數詞，分母用序數詞，且分子大於 1 時，分母用序數詞的複數形式。表示「20 世紀的 70 年代」用 in the 1970s 或 in the 1970's。

(7) 題意：「你有足夠的學生打掃實驗室嗎？」「沒有，我想我們還需要兩個學生。」「基數詞＋more/other」或「another＋基數詞」可以表示「還需要…個」。失分陷阱！修飾基數詞時，more 要放在基數詞後面，another 要放在基數詞前面，如果不明確掌握這兩者的位置，就容易誤選 B,C 了。

(8) 題意：「我叔叔為我買了一部 iPhone 當作我 12 歲的生日禮物。」表示「第幾個生日」用序數詞；序數詞前面有形容詞性所有格代名詞修飾，不再用定冠詞，所以選 B。

(9) 題意：「這是懷特先生第三次參觀紐約。他以前已經去過那裡兩次了。」由題中 twice 可以知道，這次的參觀是第三次，所以用序數詞 third。

(10) 題意:「下列四個數位中最小的是哪個?」「 $\frac{1}{4}$ 。」a quarter 意為「 $\frac{1}{4}$ 」,符合題意。a half 意為「 $\frac{1}{2}$ 」;two-thirds 意為「 $\frac{2}{3}$ 」;three-fourths 意為「 $\frac{3}{4}$ 」。

答案・解説 ②

■ (1) **C** (2) **B** (3) **A** (4) **D** (5) **A** (6) **B** (7) **D** (8) **D** (9) **C** (10) **D**

(1) 題意:「英語中 6:10 怎麼讀?」「讀作 six ten。」時刻的讀法可以直接採用基數詞按順序讀出,也可以借助 past 或 to 讀出,分鐘數在 30 分鐘以內用 past,所以 6:10 應讀作 six ten 或 ten past six。

(2) 題意:「爸爸,你什麼時候會有空?4 天前你答應和我一起去海邊。」「瓊,對不起。不過我想我很快就會有一個 4 天的假期。」基數詞和名詞構成複合詞作限定詞時,基數詞和名詞之間要加連字元「-」,而且名詞要用單數。

(3) 題意:「幾點了?」「4:25。」表示幾點幾分時,不超過 30 分鐘的用「分鐘 past 小時」或「小時 分鐘」來表示。

(4) 題意:「我們班裡五分之三的學生都是女生。」分數由基數詞和序數詞構成,基數詞代表分子,序數詞代表分母,分子大於 1 時,分母要用複數形式,所以選 D。

(5) 題意:「我們學校圖書館有 5,345 本書。」「哦,我們去借幾本吧。」表達 1,000 以上的基數詞時需從右向左數,每三位加一個「,」或空格,第一個「,」或空格前面是 thousand,第二個「,」或空格前面是 million,第三個「,」或空格前面是 billion,然後一節一節表示;hundred, thousand, million, billion 後面都不加 -s,十位數與個位數之間加連字元「-」,百位數與十位數之間加 and,所以選 A。

(6) 題意:「學生們在哪兒?他們在 406 房間嗎?」「是的,他們在那裡。」用基數詞表示編號時,要放在名詞之後,不用冠詞修飾,而且名詞跟數詞的第一個字母要大寫;序數詞表達編號時,放在名詞之前,並在序數詞之前加定冠詞。

(7) 題意:「九月是一年中的第九個月。」表達「第幾」用序數詞,它前面用定冠詞 the 修飾。所以「第九」應該是 the ninth。

(8) 題意:「今天是幾號?」「5 月 6 號。」由問句可以知道,詢問的是日期,所以用 D 項來回答。

(9) 題意:「喬在他二十幾歲時去了美國。」「在某人幾十多歲時」用「in one's 整十數基數詞的複數形式」來表達。

(10) 題意:「我非常興奮,因為明天是我的 15 歲生日。」表示「幾歲生日」要使用序數詞,而且前面有形容詞性所有格代名詞修飾時,不用冠詞,所以選 D。

介系詞和
介系詞片語

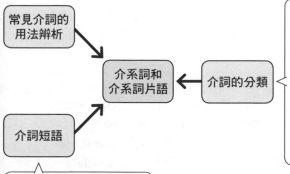

- 表示時間的介系詞
- 表示場所、方位的介系詞
- 表示方式、方法和材料的介系詞
- 表示「除…之外」的介系詞

常見介詞的
用法辨析

介系詞和
介系詞片語

介詞的分類

- 根據結構分類
  ① 簡單介系詞 at, in, on, about 等
  ② 合成介系詞 inside, into, outside 等
  ③ 片語介系詞 away from, in front of 等
- 根據意義的分類
  ① 地點介系詞 at, on, under 等
  ② 時間介系詞 around, since, for 等
  ③ 原因、目的介系詞 for, to 等
  ④ 方法、手段介系詞 with, in, by 等
  ⑤ 所屬或伴隨介系詞 of, with, except 等

介詞短語

- 作副詞、後置限定詞、主
  詞補語、受詞補語、獨立
  成分
- 介系詞與名詞
- 介系詞與動詞
- 介系詞與形容詞

放在名詞、代名詞等前面，表示該名詞、代名詞等跟句中其他詞之間的關係的詞叫介系詞。介系詞是虛詞，不能重讀，不能單獨作句子成分，需要和它後面的詞構成介系詞片語，共同擔任句子成分。

1 介系詞的分類

介系詞分簡單介系詞、合成介系詞跟片語介系詞。

A 根據結構分類

從形式上來分有：只有一個字的簡單介系詞，由兩個字合成的合成介系詞，由兩個或多個單字組成的片語介系詞。

類別	舉 例 說 明			
簡單介系詞	at 在… about 關於… above 在…上 across 穿過 after 在…後 against 與…相反 along 沿著	among 在…中間 around 在…周圍 before 在…前 behind 在…後 below 在…下方 between 在…和…之間 by 在…附近	down 往下 except 除…外 for 長達、為了 from 從… in 在…裡面 near 在…附近 of …的	off 從…離開 on 在…上 over 在…上 since 自從… with 和、用
合成介系詞	inside 在…裡面 outside 在…外面	onto 到…之上 into 到…裡	throughout 遍及 within 在…之內	without 沒有、不
片語介系詞	according to 根據 in front of 在…的前面	instead of 代替 in place of 代替	thanks to 幸虧 together with 和…在一起	

B

根據意義分類

◀◀◀

類　　別	舉　例　說　明		
表示地點	at 在…附近 around 在…周圍 on 在…上 round 在…周圍 under 在…下面 above 在…上方	in 在…裡面 over 在…上方 below 在…下方 in 在…（裡） out of 從…中出來 past 經過	up 在（高處） beyond 在…那邊 opposite 在…對面 from...to... 從…到…
表示時間	at 在…時刻 on 在…之時 in 在…之後、期間 about 大約	around 大約 round 大約 since 自從 for 長達	between 在…之間 from...to... 從…到…
表示原因、目的	for 因為、為了	to 為了	because of 因為
表示方法、手段	with 用	in 用	by 用
表示所屬 或伴隨	of（屬於）…的 with 帶有 without 沒有	except 除…之外（其他的都） besides 除…之外（其他的也） instead of 而不是	

常見介系詞的用法辨析

T-17

A

表示時間的介系詞

◀◀◀

❶ in, at, on

ⓐ **in 表示在較長的一段時間內，強調時間段。**後面多接年代、季節、月份等，和泛指的上午、下午或晚上。

- in the evening（在傍晚）
- in one's life（在某人的一生中）
- in the future（在將來）
- in the 21st century（在 21 世紀）
- in the 1990s/1990's（在 20 世紀 90 年代）
- in my school days（在我上學期間）
- in the daytime（在白天）
- in a few days（幾天後）
- in August（在八月）
- in spring（在春天）

Extension【延伸學習】

在 this, next, last, every 等詞的前面不能再加介系詞。

- this evening（今晚）
- next Monday（下週一）
- last Sunday（上週日）
- every Friday (week, month...)（每週五〈每週, 每月…〉）

ⓑ **at 用在表示時間上的某一點。**後面一般接表示時間、時刻等意義的名詞。

- at 6 o'clock（在 6 點鐘）
- at the beginning（開始）
- at present（目前）
- at night（在晚上）
- at first（首先）
- at the moment（當時, 這時）
- at last（最後）
- at the end of（在…最後）
- at the end（最終）
- at breakfast time（吃早飯時）
- at that time（在那時）
- at the beginning of（在…開始時）

❻ on 用在表示某日，某日上下午等。後面一般接表示特定的日子、具體的日期、星期幾、節日等的名詞。

- on Monday（在星期一）
- on May the first（在 5 月 1 日）
- on New Year's Day（在元旦）
- on Christmas Eve（在聖誕前夜）
- on the following day（第二天）
- on May 19th, 2010（在 2010 年 5 月 19 日）
- on a rainy day（在一個下雨天）
- on Monday morning（在星期一早晨）
- on the morning of April the first（在 4 月 1 日上午）

 in 及 on

泛指一般的上午、下午、晚上用 in；特指某日的上午、下午、晚上用 on。
- in the morning
  （在早上）
- on Monday morning
  （在星期一早上）

注意一下 noon 及 midnight

正午用「noon」；「半夜 12 點」用「midnight」。

表時間的介詞

年月週前要用 in，日子前面卻要禁。
遇到幾號要用 on，上午下午又是 in。
要說某日上下午，用 on 換 in 才能行。
午夜黃昏用 at，黎明用它也不錯，
at 還用於時分前，說「差」要用 to,
說「過」要用 past。

❷ in, after

in和after都可以表示「…（時間）之後」。「in＋時間段」用在未來式；「after＋時間段」一般用在過去式，after後接一個具體的時間點時，也可以用在未來式。

- I'll come and see you again **in** three weeks.
  （三週後我再來看你。）
- Tom came back **after** 3 hours.
  （三個小時之後湯姆回來了。）
- John will be back **after** 3 o'clock in the afternoon.
  （約翰下午三點以後回來。）

 in 的其他用法

in 還有其他的用法，例如「in English」（用英語）；「He is dressed in black」（他穿黑色的衣服。）

4
介系詞和介系詞片語

1
2
3
4
5
6
7
8
9
10
11
12
13
14
15
16
17
18
19
20

❸ by, before

　　by表示「最遲在～以前」，包括某時在內；before表示
「在某時之前」，不包括某時在內。

- I **will finish** the work **by** Friday.
  （我最晚會在星期五完成這項工作。）
- I will finish the work **before** Friday.
  （我最晚會在星期五前完成這項工作。）
- This factory **had produced** more than one million cars **by** the end of last year.
  （到去年年底為止，這家工廠已生產了超過一百萬輛汽車。）

 by 後接將來或過去時間

如果 by 後面是將來的時間，就要跟將來式或將來完成式連用，如果是過去的時間，就要跟過去完成式連用。

補充一下 **before 及 after**

before 表示「在某時之前」；相對地 after 表示「在某時之後」。除了時間，這兩者也表示順序。

❹ during, for, since

ⓐ during 表示在某段時間內，從開始到結束的狀態，意為「在…期間」。跟表示一段特定時間的名詞連用，強調時間的延續，述語動詞一般是延續性的。

- **During** the meal we talked about the TV play.
  （我們在吃飯時談論了那齣電視劇。）
- The shop was closed **during** the whole three months.
  （那家商店已經關了整整三個月。）

ⓑ for 表示延續到現在的一段時間，意為「（延續）達…之久」。跟表示一段時間的名詞連用。跟現在完成式連用，著眼點是現在；跟過去式連用，表示一段已經結束的時間；跟未來式連用，表示將要延續的一段時間。

- She has stayed here **for** two years.
  （她已經在這裡待兩年了。）
- They lived in New Zealand **for** two years.
  （他們在紐西蘭住了兩年。）
- I will be with you at the airport **for** a little while.
  （我會陪你在機場待一會兒。）

ⓒ since 表示某事繼續到現在的起點，意為「自從…（過去某時）以來」。跟表示過去時間點的名詞連用，其著眼點是過去某時，常和現在完成式連用。

- I haven't eaten **since** breakfast.
  （吃過早飯以後我就沒吃東西了。）
- We haven't seen each other **since** three years ago.
  （自三年前一別，我們就不曾見過面。）

B

表示場所、方位的
介系詞
◀◀◀

❶ at, in

at用在表示一個地點或較小的地方；in用在表示比較大的地方。

- I'll wait for you **at** No.5 bus stop tomorrow.
  （我明天會在 5 號公車站牌等你。）
- Were you born **in** Taiwan?
  （你出生在台灣嗎？）

Extension 【延伸學習】

在表示兩個地理位置的相互關係時，in 表示在某一地域的範圍之內；to 表示
在某一地域之外且不相鄰；on 表示與某地相鄰的關係。

Nantou County is **in** the middle of Taiwan. (南投縣在台灣的中部。)〔在內部〕

Japan lies **to** the east of China. (日本在中國東部。)〔在外部〕

Canada lies **on** the north of the United States. (加拿大位於美國北部。)〔接壤〕

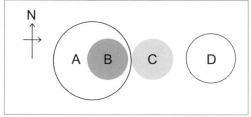

B is in the east of A.
D is to the east of A.
C is on the east of A.

---

❷ between, among, around

ⓐ between 表示某人或事物「在兩者之間」。常用「between A and B」或「between
+名詞複數」的結構。

- There is a museum **between** our school **and** the hospital.
  （我們學校和醫院之間有一座博物館。）
- There was no difference **between** the two groups.
  （這兩個團體沒有差異。）

ⓑ among 表示某人或事物「在三者或三者以上之間；在…內部」。在它範圍內的人或事物通常被視為一個整體。

- They live **among** the mountains.
  （他們住在群山之間。）

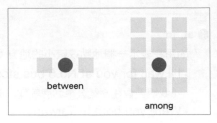

ⓒ around 意為「環繞，在…周圍，在…四周」。

- We sat **around** the table.
  （我們圍坐在桌旁。）
- The earth moves **around** the sun.
  （地球繞著太陽轉。）

❸ on, above, below, over, under

ⓐ on 表示與物體表面接觸，緊貼在物體上面；也表示在某物的表面上，如某街上、路上；也表示靠近，如在河（湖、海）邊上。

- Jim's glasses are **on** his desk.
  （吉姆的眼鏡在他桌上。）
- He lives **on** Xinyi Road.
  （他住在信義路。）
- I live **on** the East China Sea.
  （我家住在中國東海沿岸。）

ⓑ above 表示位置高於某物體，在其上方，但並不表示在正上方，意為「在…上方」；反義詞是 below，表示位置低於某物體，在其下方，意為「在…下方」。兩者都可以指溫度、海拔等的刻度。

- The plane flew **above** the clouds.
  （飛機在雲層上飛行。）
- They live in the apartment **below** ours.
  （他們住在我們樓下的公寓裡。）
- The mountain is about 2,000 metres **above** the sea.
  （那座山大約海拔 2,000 公尺。）
- The temperature will fall **below** zero again.
  （溫度將再次降到零度以下。）

⊙ over 表示垂直在頭頂上，意為「在…正上方」；反義詞是 under，意為「在…正下方」。over 還有「覆蓋；越過；遍及」之意。

- all **over** the world（全世界）
- **over** the wall（越過牆）
- The bridge **over** the river has a long history.
  （河上的這座橋歷史悠久。）
- A cat is sitting **under** the tree.
  （一隻小貓蹲坐在樹下。）
- There is a boat **under** the bridge.
  （橋下有一艘船。）

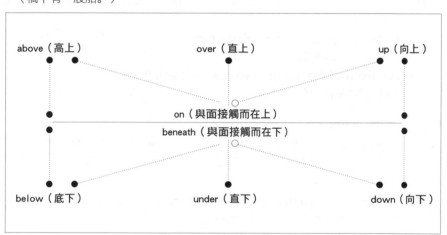

above（高上）　　over（直上）　　up（向上）

on（與面接觸而在上）
beneath（與面接觸而在下）

below（底下）　　under（直下）　　down（向下）

❹ across, through, past, over, along, down

ⓐ across 意為「横過，越過」。強調穿過某一平面。也有「在對面」的意思。
- Be careful while walking **across** the street.
  （過馬路時務必小心。）

ⓑ through 意為「穿過，通過」。強調從某一空間內通過。
- Walk **through** the gate and you'll see the rest room.
  （穿過大門你就會看到廁所。）
- The train went **through** a tunnel.
  （火車穿過山洞。）

ⓒ past 意為「經過，越過」。強調從某人或物的一旁經過。
- Our bus drove **past** Chiang Kai-shek Memorial Hall.
  （我們的公車經過了中正紀念堂。）

ⓓ over 意為「**越過**」。強調從平面的一邊到另一邊或越過某一高度。

- Sea gulls flying **over** the sea. （海鷗飛過海面上。）
- The dog jumped **over** the fence and ran away.
  （這隻狗跳過欄杆跑走了。）

ⓔ along/down 意為「**沿著**」。表示沿著街道、河流等的邊緣。

- Go **along/down** this road and turn left at the first crossing.
  （沿著這條路直走，在第一個十字路口左轉。）

❺ in front of, in the front of

in front of 表示在某一空間外部的前面，意為「在…前面」；in the front of 表示在某一空間內部的前面，意為「在…前面」。

- **In front of** my home runs a small stream.
  （我家門前有一條小溪。）
- **In the front of** the hall are two rows of fresh flowers.
  （大廳的前部擺著兩排鮮花。）

❻ into, onto, out of, off

into 表示往內部的運動方向，意為「進入」；onto 表示到另一個平面上，意為「到…之上」；out of 表示有一定的運動方向，意為「從…中出來」；off 表示脫離某一地方，意為「離開」。

- I saw Lucy run **into** the hall and very soon come **out of** it.
  （我看見露西跑進大廳，然後很快就出來。）
- Wendy, don't jump **onto** the desk, will you?
  （溫蒂，不要跳到桌子上面，好嗎？）
- Keep **off** the grass. （勿踩草地。）

❼ to, for, from

ⓐ to 意為「**到，往，向**」。表示往的方向或到達的目的地。

- How long does it take to get **to** the airport ？
  （到機場要花多久時間？）
- Tom has never been **to** another country. （湯姆還沒去過其他國家。）

ⓑ for 意為「**向**」。表示目的地，一般跟固定動詞搭配。

- What time does your plane leave **for** America tomorrow?
  （明天你的航班幾點飛往美國？）

ⓒ from 意為「**從…起**」。表示起點，意為「從…起」。

- How far is it **from** Kinmen to Xiamen? （從金門到廈門有多遠？）

C 表示方式、方法和材料的介系詞

by, in, with 都可譯為「用」，表示方式、方法、材料等。by表示使用的方法，意為「用；以；靠；通過…的方法」；in表示使用某種材料，如墨水等，也表示用某種語言；with表示用某種工具或方法。

- What do you mean **by** saying that?
  （你說那話是什麼意思？）
- You can go there **by** car.
  （你可以搭車去那裡。）
- Don't write **in** ink, please.
  （請不要用鋼筆書寫。）
- How do you say it **in** French?
  （這句話的法語怎麼說呢？）
- The teacher wrote a sentence on the blackboard **with** a piece of chalk.
  （老師拿粉筆在黑板上寫了一個句子。）

★ 常用必備
表示方法的搭乘什麼交通工具時

★ 用 by 的話，名詞前不加冠詞。

| by bicycle/bike（騎腳踏車） | by car（坐小汽車） | by train（坐火車） |
| by plane/air（坐飛機） | by bus（坐公車） | by ship（坐船） |

★ 用 in/on 的話，後面要用冠詞或代名詞，如 in/on the/a bus「坐公車」。

D 表示「除…之外」的介系詞

except意為「除…之外（其他的都）」，它後面的受詞被排除在整體之外；besides意為「除…之外（其他的也）」，它後面的受詞被包括在整體之內；except for 後面被排除的內容與主詞往往不屬於同一類的。

- Everyone is here **except** Tom.
  （除了湯姆，所有人都在這裡。）
- I like English and maths **besides** Chinese.
  （除了中文，我還喜歡英文和數學。）
- All the buildings are excellent **except for** their location.
  （所有的建築都相當不錯，只是地點不好。）

3 介系詞片語

介系詞後面的名詞、代名詞或相當於名詞的部分稱為介系詞受詞，簡稱介受。介系詞不能獨立作句子成分，必須和它後面的受詞一起構成介系詞片語，在句中作成分。

A
作副詞

- **On the Spring Festival**, we all have a family get-together.
  ⌐⌐⌐▶表時間
  （每逢春節，我們會全家團圓。）
- They sat down **at the table by the door**.（他們在靠近門口桌位坐了下來。）
  ⌐⌐⌐▶表地點
- Miss Zhao came in **with a big smile on her face**.
  ⌐⌐⌐▶表方式
  （趙小姐笑容滿面地走了進來。）
- Thank you **for helping me**.（謝謝你幫助我。）
  ⌐⌐⌐▶表原因

B
作後置限定詞

- The young lady **in the red car** is our foreign teacher.
  （坐在紅色汽車裡的那位年輕女士是我們的外籍教師。）
- Did you see the house **with many trees around it**?
  （你看見那棟綠意環繞的房子了嗎？）

C
作主詞補語

- My parents are **at work** now.（我父母正在上班。）
- The post office is just **across the street**.（郵局就在對街。）

D
作受詞補語

- You must keep the food **in the fridge**.（你必須把食物放在冰箱裡。）
- Please make yourself **at home**.（請別客氣，把這裡當作自己的家。）

E
作獨立成分
◀◀◀

- **By the way**, will you attend the meeting next week?
  （順便問一下，你會參加下週的會議嗎？）
- **In short**, I am going to live there myself.
  （總之，我要一個人住在那裡。）

 介系詞的搭配

A
介系詞與名詞
◀◀◀

□ above zero（零度以上）	□ in the morning（在早晨）
□ after a while（片刻之後）	□ in this way（用這種方法）
□ after class（下課以後）	□ in time（及時）
□ along the road（沿路）	□ on show（陳列，展出）
□ at home（在家）	□ on duty（值班，值日）
□ at the head of（在…的前頭）	□ on foot（走路，步行）
□ at the moment（此刻）	□ on the left（在左邊）
□ at the same time（同時）	□ on the other hand（另一方面）
□ at three o'clock（在3點鐘）	□ in the open air（在戶外，露天）
□ in bed（〈躺〉在床上）	□ on time（按時，準時）
□ in a hurry（匆忙地）	□ by air/bus（乘飛機／公車）
□ in English（用英語）	□ by the end of（到…末之前）
□ in fact（實際上，事實上）	□ by the way（順便問／說一下）
□ in the daytime（在白天）	□ during summer holidays（在暑假）
□ in the east of（在…東部）	
□ in the end（最後）	

B

介系詞與動詞

介系詞可以跟它前面的動詞構成固定搭配，這樣的動詞一般都是不及物動詞，跟介系詞共同構成相當於及物動詞的片語動詞。

- □ ask for（請求；找）
- □ wait for（等候）
- □ talk about（談論）
- □ hear of（聽說）
- □ knock at（敲〈門〉）
- □ laugh at（嘲笑）
- □ learn from（向…學習）
- □ look after（照顧；照看）
- □ look over（仔細檢查）

- □ look for（尋找）
- □ look at（看）
- □ listen to（聽）
- □ point at/to（指向）
- □ pay for（付錢，支付）
- □ think about（考慮）
- □ think of（想起）
- □ agree with（同意…〈的意見〉）
- □ look like（看起來像…一樣）

C

介系詞與形容詞

- □ be afraid of（害怕；擔心）
- □ be angry with（對…生氣）
- □ be excited about（對…感到激動）
- □ be famous for（因…而出名）
- □ be full of（充滿；裝滿）
- □ be far from（遠離）
- □ be good at（善於，擅長）
- □ be interested in（對…感興趣）

- □ be kind to（對…友好）
- □ be late for（遲到）
- □ be proud of（以…為自豪）
- □ be pleased with（對…感到滿意）
- □ be ready for（準備好）
- □ be sure of（對…有把握）
- □ be worried about（為…感到擔憂）
- □ be near to（靠近）

Extension【延伸學習】

某些搭配中的介系詞可以省略。

- be busy (**in**) doing sth.（忙於做某事）
- (**in**) this/that way（以這種 / 那種方法）
- stop... (**from**) doing sth.（阻止…做某事）
- spend... (**in**) doing sth.（花…做某事）
- have difficulty/trouble/problems (**in**) doing sth.（做某事有困難 / 麻煩 / 問題）
- have a good time (**in**) doing sth.（做某事快樂）

考題演練

（一）高中入試考古題： Choose the correct answer.（選擇正確的答案）

(1) It's time _____ the weather report. Turn on the radio, please.

    A. to   **B.** in   **C.** at   **D.** for

(2) —Your coat looks very nice. What's it made _____ ?

    —Cotton, and it is made _____ Taiwan.

    A. from; in   **B.** of; in   **C.** from; on   **D.** of; on

(3) —Mr Hu, can you tell us how to learn maths well?

    —Sure. But remember nothing can be learned _____ hard work.

    A. by   **B.** at   **C.** without   **D.** for

(4) I'd like to buy a big and modern house. _____, I hope it's in a quiet neighbourhood.

    A. After all   **B.** Above all   **C.** As a result   **D.** At that moment

(5) This school is different _____ others. It has many out-of-class activities.

    A. off   **B.** from   **C.** of   **D.** for

(6) —Is the film interesting?

    —I thought it would be. But _____, it's very boring.

    A. in all   **B.** in fact   **C.** in addition   **D.** in future

(7) The teaching building has five floors. My classroom is _____ the third floor.

    A. on   **B.** in   **C.** at   **D.** to

(8) Both my parents were born _____ 1970.

    A. at   **B.** in   **C.** on   **D.** to

(9) —My old friend White is going to visit me.

    —We haven't seen each other _____ five years.

    A. since   **B.** after   **C.** for

(10) —I think drinking milk is good _____ our health.

—Yes, I agree _____ you.

    A. with; to   **B.** to; to   **C.** at; with   **D.** for; with

■ （二）模擬試題：Choose the correct answer.（選擇正確的答案）

(1) —What kind of tea do you like?

—I'd like Chinese tea _____ nothing in it.

    A. with   **B.** in   **C.** on   **D.** for

(2) Before 1990 there was no airline _____ the two cities.

    A. along   **B.** in   **C.** between   **D.** among

(3) —What do you think Joe will be _____ five years?

—He will be a policeman.

    A. in   **B.** on   **C.** at   **D.** for

(4) —I'll be away for a few days, but I am worried about Polly.

—Don't worry! I'll take good care _____ her.

    A. for   **B.** of   **C.** with   **D.** to

(5) The foreigners arrived _____ Shanghai late _____ night.

    A. at; at   **B.** in; at   **C.** in; in   **D.** at; in

(6) —How long have you learned English?

—_____ about five years.

    A. From   **B.** Since   **C.** By   **D.** For

(7) The Young Pioneers walked _____ the gate with Uncle Wang.

    A. through   **B.** across   **C.** over   **D.** after

(8) The foreigners have visited many places of interest _____ the west of Europe.

    A. to   **B.** on   **C.** at   **D.** in

(9) —What did Mary have _____ breakfast this morning?

—She was late for school and hurried off _____ breakfast.

    A. for; without   **B.** at; without   **C.** for; after   **D.** at; after

(10) —I'm looking forward _____ taking a holiday in Bali Island.

　　—So am I. It's great to be _____ holiday there.

　　A. for; on　　　　**B.** to; at　　　　**C.** to; on　　　　**D.** for; at

■ (1) **D** (2) **B** (3) **C** (4) **B** (5) **B** (6) **B** (7) **A** (8) **B** (9) **C** (10) **D**

(1) 題意：「天氣預報的時間到了。請打開收音機。」It's time for sth. 表示「到做某事的時間了」，是固定句型。

(2) 題意：「你的外套看起來很好。它是用什麼料子做的？」「棉布，產地在台灣。」be made of「由…製成（看得出原材料）」，be made in「在…（地方）製作」，符合題意。be made from「由…製成（看不出原材料）」。

(3) 題意：「胡老師，你能告訴我們怎樣才能學好數學嗎？」「沒問題。但要記住，不努力什麼也學不會。」without「沒有」，符合題意。by「通過」；at「在…」；for「為了」。

(4) 題意：「我想買一個又大又時髦的房子。最重要的是，我希望是在一個安靜的社區裡。」above all「重要的是；首先」，符合題意。after all「畢竟」；as a result「結果」；at that moment「那時」。

(5) 題意：「這間學校和其他學校不同。這裡有很多課外活動。」be different from「和…不同」，是固定搭配。

(6) 題意：「這齣電影有趣嗎？」「我原以為會很有趣。但實際上很無聊。」in fact「實際上」，符合題意。in all「共計」；in addition「此外」；in future「今後」。

(7) 題意：「這棟教學大樓有五層。我的教室在三樓。」表示「在…樓」用介系詞 on 強調「在…表面上」。in「在…裡面」；at「在…」；to「向」。失分陷阱！同一個名詞，但搭配不同的介系詞，意思就完全不一樣喔！

(8) 題意：「我的父母都出生在 1970 年。」表示年份用介系詞 in。at 表示具體的時刻；on 表示具體的某一天，或具體的某一天上午、中午、下午或晚上；to 表示「直到（某時間）」。失分陷阱！本題設的四個選項都可以用在時間，如果沒有辦法區別這四者的用法跟意義，就容易選錯。

(9) 題意：「我的老朋友懷特要來拜訪我。」「我們 5 年沒見面了。」「for ＋一段時間」常用在完成式句子中作時間副詞語。since「自從」，後接表示時間點的詞、片語或句子；after「在…之後」。

(10) 題意：「我認為喝牛奶對我們的健康有好處。」「是的，我同意你的看法。」be good for「對…有好處」與 agree with sb.「同意某人的意見」都是固定搭配。

答案・解說 ②

(1) **A** (2) **C** (3) **A** (4) **B** (5) **B** (6) **D** (7) **A** (8) **D**
(9) **A** (10) **C**

(1) 題意：「你喜歡喝什麼茶？」「我喜歡什麼都不加的中國茶。」由題意知道，空格要的是表示「帶有…的」之意的，所以用 with。in「在…裡」；on「在…上」；for「為了」。

(2) 題意：「在 1990 年之前，這兩個城市之間沒有航班。」「在兩者之間」用 between。

(3) 題意：「你認為喬 5 年後會從事什麼工作？」「他將成為一名員警。」「in ＋一段時間」用在一般未來式，表示「在…（時間）之後」。

(4) 題意：「我將離開幾天，但是我很擔心波莉。」「不用擔心！我會照顧好她。」take care of 意為「照料」，是固定搭配。

(5) 題意：「這些外國人在晚上九點到達上海。」arrive 意為「到達」，是不及物動詞，指到達大的範圍或區域時，用 in；到達小地方時，用 at；Shanghai 前應用 in。at night 意為「在晚上」，是固定片語。

(6) 題意：「你學英語學多久了？」「大約五年了。」how long 的詢問要用時間段來回答，選項中只有 for 接時間段。from 與 to 一起使用時表示時間段；since 和 by 後接時間點。

(7) 題意：「少年先鋒隊員們和王叔叔穿過了大門。」through 指從某個空間穿過，符合題意。across 一般指從表面穿過；over 指「在…正上方」；after 指「在…以後」。

(8) 題意：「這些外國人遊覽過許多歐洲西部的風景名勝。」in 表示在某範圍之內，符合題意。to 表示在某範圍之外的地方；on 表示兩地相鄰；at「在…」。失分陷阱！表方位時，in, to, on, at 這四者很容易被誤用，要弄清楚喔！

(9) 題意：「瑪麗今天早餐吃什麼？」「她上學遲到了，沒吃早餐就匆忙地走了。」have…for breakfast 為習慣用法；由 she was late 可以知道，第二個空格應該填 without「沒有」。

(10) 題意：「我期待著去峇里島度假。」「我也是，去那裡度假真是太棒了。」look forward to「期盼」和 on holiday「度假」都是固定搭配。

連接詞

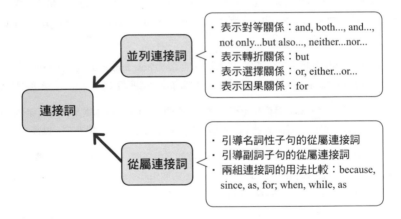

連接詞

並列連接詞
· 表示對等關係：and, both..., and...,
  not only...but also..., neither...nor...
· 表示轉折關係：but
· 表示選擇關係：or, either...or...
· 表示因果關係：for

從屬連接詞
· 引導名詞性子句的從屬連接詞
· 引導副詞子句的從屬連接詞
· 兩組連接詞的用法比較：because,
  since, as, for; when, while, as

He who gains time gains everything.

贏得時間的人能贏得一切。

　　連接詞是用來連接單字與單字、片語與片語、句子與句子，並表達它們之間的具體關係的詞。連接詞是一種虛詞，雖然有意義，但在句中不能單獨作成分，只起連接作用。

分類標準	類　別	舉　例　說　明
形式	簡單連接詞	and 和 , or 或者 , but 但是 , because 因為 , so 所以
	相關連接詞	both...and... …和…都 ,　not only...but also... 不但…而且… , not...but... 不是…而是… , neither...nor... 既不…也不…
	片語連接詞	as if 好像 , even if/even though 儘管 , as long as 只要
性質	對等連接詞	and 和 , or 或者 , but 但是 , for 因為 , while 然而
	從屬連接詞	that（無實義）, so 所以 , whether 是否 , if 如果、是否 , unless 除非 , until 直到 , when 在…時候 , before 在…之前 , after 在…之後 , since 自…以來 , because 因為 , although/ though 儘管 , as if/as though 好像 , even if/even though 儘管

對等連接詞

A

表示對等關係

◀◀◀

❶ and

ⓐ and 意為「和；而且」，用來連接對等關係的單字與單字、片語與片語、句子與句子。

- The students **and** the teachers are planting trees on the hill.
（學生們和老師們正在山上種樹。）

- My aunt bought me a dictionary **and** I like it very much.
（姑姑買了一本字典給我，我非常喜歡。）

ⓑ 在連接三個或三個以上的名詞，或相當於名詞的單字或片語時，只要在最後一個字或片語前加 and。其他都用逗點代替。

- Tom, Mary **and** I are going to the cinema tonight.
（湯姆、瑪麗和我今晚要去看電影。）

ⓒ and 用在祈使句中，句型是「祈使句, and...」，相當於「If you..., you'll...」。

- Be careful **and** you will make fewer mistakes.
=If you are careful, you'll make fewer mistakes.
（細心一點，你就不會犯那麼多錯。）

❷ both...and...

　　both...and...意為「…和…（兩者）都…」，連接兩個對等的主詞時，一般動詞通常用複數形式。

- **Both** Jane **and** Jim are interested in pop music.
（簡和吉姆都喜歡流行音樂。）

- Little Maria can **both** dance **and** sing well.
（小瑪麗亞跳舞唱歌都拿手。）

- We should practise English **both** at home **and** at school.（我們在家裡和學校都要練習英語。）

特別強調 肯定句用 and，否定句用 or

連接對等成分時，and 用在肯定句，or 用在否定句。

- I didn't use to live in Paris **or** London.
（我以前沒住過巴黎和倫敦。）

注意一下 go (come) and

「go(come) and+ 動詞原形」表示「去做…(就來)」。

- **Come and see** me tomorrow.（明天來看看我。）

注意一下 both...and 後接否定，表部分否定

both A and B 連接兩個對等的詞，也就是說 A 和 B 的詞性都應該一樣。
「both...and」後接否定句，表示部分否定。

- **Both** my father **and** my mother are not doctors.
（我父母不都是醫生。）

❸ not only…but also…

　　not only...but also...意為「不僅…而且…」，它構成的片語當主詞時，在現在式中，其後的一般動詞要隨著but also後面的主詞，來決定單、複數。

- Noise **not only** makes us tired **but also** makes us unhappy.
  （噪音不僅讓我們疲勞，還會造成不愉快。）
- She is **not only** smart **but also** honest.
  （她不但聰明而且誠實。）
- **Not only** you **but also** I am a doctor.
  （不僅你是一名醫師，我也是。）

用法辨異

as well as 和 not only... but also...

★ as well as 連接兩個對等主詞時，後面的一般動詞是單數還是複數，要根據前面的名詞而定；not only...but also... 連接兩個對等主詞時，一般動詞是單數還是複數，要根據後面的名詞而定。

- **Taiwan** as well as many other countries **loves** peace.
  （台灣和其他許多國家一樣熱愛和平。）
- Not only Bill but also **his parents want** to stay in England.
  （比爾和他父母都想留在英國。）

★ 「A as well as B」強調 A，「not only A but also B」強調 B。

- **I** as well as my father am interested in football.

  =Not only my father but also **I** am interested in football.
  （我和我爸爸都對足球很感興趣。）

❹ neither...nor...

　　neither...nor...「（兩者）都不…；既不…也不…」。neither...nor...是與 both...and...相對的對等連接詞。跟both...and...一樣，neither...nor...所連接的兩部分，詞性也應該一樣。連接對等主詞時，一般動詞根據nor後面的主詞而定。

- The weather here is **neither** too cold **nor** too hot.
  （這裡的天氣既不太冷也不太熱。）
- **Neither** my parents **nor I am** interested in computer games.
  （我和我父母都不喜歡電腦遊戲。）

B

表示轉折關係

◀◀◀

but意為「然而，但是，可是」，是國中階段最常用的轉折連接詞。

注意一下 **but 可以省略**

在 but 所連接的句子中，如果某些成分跟前面相同，則可以省略。

- I failed again, **but** I won't give up.
  （我又失敗了，但我決不放棄。）
- Ryan is wise **but** careless.
  （萊恩雖聰明但粗心。）

C

表示選擇關係

◀◀◀

❶ or

ⓐ or 用來表示兩者任選其一，意為「或者」。

- Would you like to leave **or** stay？
  （你想走還是想留下？）
- Do you go to school by bus **or** on foot？
  （你搭公車還是走路上學？）

ⓑ or 用在祈使句中，句型是「祈使句，or...」，相當於「If you don't...，you'll...」，表示「請…，否則…」。

失分陷阱 **否定句中 or 代替 and**

在否定句中可以用 or 代替 and。

- He can't speak <u>or</u> write.
  （他無法說或寫。）

- Don't lose your heart, **or** you'll lose all.
  （不要灰心，否則你會失去一切的。）
- Hurry up, **or** you will be late.
  = If you don't hurry up, you will be late.
  （快點，否則你會遲到的。）

❷ either...or...

either...or...意為「不是…就是…；或者…或者…」。它構成的片語當主詞時，其後的一般動詞要隨著or後面的主詞而定。

- **Either** you **or** he can go there.
  （不是你就是他可以去那裡。）
- We can **either** fly there **or** go by train.
  （我們可以搭飛機或是火車去。）
- **Either** he or **I am** wrong.
  （不是他錯就是我錯。）

用法變異

both...and..., either...or... 和 neither...nor...

I like **both** coffee **and** tea.（我喜歡咖啡和茶。）〔咖啡和茶我都喜歡。〕

I like **either** coffee **or** tea. ＝ I don't like **both** coffee **and** tea.
（咖啡和茶，我喜歡其中之一。）〔部分否定〕

I like **neither** coffee **nor** tea. ＝ I don't like **either** coffee **or** tea.
（咖啡和茶，我都不喜歡。）〔全部否定〕

D

表示因果關係

表示因果關係的對等連接詞主要有for等。

‹‹‹

• Mike must be at home, **for** the light in his room is on.
（邁克肯定在家，因為他房裡的燈是亮著的。）

 從屬連接詞　●T-20

引導從屬子句的連接詞從屬連接詞。從屬連接詞一般分為引導名詞性子句的從屬連接詞，和引導副詞子句的從屬連接詞。

A

引導名詞性子句的從屬連接詞

引導名詞性子句的從屬連接詞有that（在子句中不作成分也無具體意義），if/whether（在子句中不作成分，但意為「是否」）。

‹‹‹

• I think (**that**) success calls for hard work.
　└┈┈›引導受詞子句
（我認為成功需要付出艱辛的努力。）

• The result is **that** she won the girls' 400 metres.
　└┈┈›引導主詞補語子句
（結果是她贏得了女子 400 公尺的冠軍。）

• **Whether** he needs to have an operation is uncertain.
　└┈┈›引導主詞子句
（還不確定他是否需要動手術。）

• I asked my father **if/whether** he could buy a toy plane for me.
　　　　　　　　　　　└┈┈›引導受詞子句
（我問爸爸能否給我買架玩具飛機。）

B

**引導副詞性子句的
從屬連接詞**

◀◀◀

❶ 引導時間副詞子句

　　引導時間副詞子句的從屬連接詞主要有when, while, as, after, before, until/till, since, as soon as, once等。

- I saw a big black dog **when** I came in.
  （我進來時看到了一頭大黑狗。）
- **While** she was talking on the phone, David met another dog outside the station.
  （當她在通話時，大衛在車站外遇到了另一隻狗。）
- They say they were happier **before** they became rich.
  （他們說他們在富有前比較快樂。）
- I've been skating **since** I was seven years old.
  （我從 7 歲就開始滑冰。）
- They sang **as** they walked down the river.
  （他們沿著河邊走的時候唱了歌。）
- He left the office **after** he finished the work.
  （他完成工作後離開了辦公室。）
- Wait here **until/till** I come back.
  （在這裡等我回來。）
- **As soon as** I got on the train, it moved.
  （我剛剛上了火車，火車就開動了。）
- **Once** they find people in need, they try their best to help them.
  （一旦發現需要幫助的人，他們就會盡最大努力給予幫助。）

❷ 引導地點的副詞子句

　　引導地點副詞子句的從屬連接詞主要有where, wherever等。

- You should go **where** you are asked to.
  （你應當前往被指派的地方。）
- Sit **wherever** you like.
  （你隨便坐。）

❸ 引導原因副詞子句

　　引導原因副詞子句的從屬連接詞主要有because, since, as等。

- Please be quick **because** we don't have much time.
（請快點，因為我們的時間不多了。）
- **Since** we know each other, I won't introduce.
（既然大家都互相認識，我就不介紹了。）
- **As** you've realized your mistake, I forgive you.
（既然你已經明白自己的錯誤，那麼我原諒你。）

❹ 引導條件副詞子句

　　引導條件副詞子句的從屬連接詞主要有if, unless, as long as等。

- **If** you wish to go, please go.
（如果你想去，就請去吧。）
- He won't finish the work in time **unless** he works hard.（除非他努力，否則無法及時完成這項工作。）
- I will go to the airport to meet you **as long as** you come. （只要你來，我就去機場接你。）

❺ 引導目的副詞子句

　　引導目的副詞子句的從屬連接詞主要有in order that, so that等。

- I studied day and night **in order that/sothat** I could pass the exam.
（為了通過考試，我不分晝夜地研讀。）
- Please speak louder **so that/in order that** everyone can hear you.
（請說大聲一點，大家才能聽到你。）

❻ 引導讓步副詞子句

　　引導讓步副詞子句的從屬連接詞主要有although/though, even if/even though等。

- **Although/Though** I got there early, I wasn't able to get a ticket.
（儘管我很早就到了那裡，仍然沒能買到票。）
- **Even if/Even though** it was blowing hard, they came here specially to see you.
（雖然當時外面颳著大風，他們還是專程來看你。）

 unless 可轉換成 if...not...

unless 引導的子句可以轉換成句型「if... not...」。）
- I won't help her <u>unless</u> she asks me to. =I won't help her <u>if</u> she <u>doesn't</u> ask me to.
（除非她要求我，否則我不會幫她。）

 表只要的 as long as

「as long as」表示「只要」的意思。
- You can get good grades <u>as long as</u> you study hard. （只要你用功讀書，就可以得到好成績。）

❼ 引導結果副詞子句

引導結果副詞子句的從屬連接詞主要有so, so...that...,
such...that..., so that等。

- He was **so** careless **that** he forgot to write his name
  on the paper.（他粗心到忘了在試卷上寫名字。）
- Kenting is **such** a beautiful place **that** many people
  love it.
  =Kenting is **so** beautiful a place **that** many people
  love it.（墾丁是一個如此美麗的地方，很多人都喜歡它。）
- The teacher explained very clearly **so that** we all
  understood.（老師解釋得很清楚，我們都聽懂了。）

❽ 引導比較副詞子句

引導比較副詞子句的從屬連接詞主要有than, as等。

- He collected more stamps **than** I.
  （他收集的郵票比我的多。）
- The girl runs as fast **as** a deer.
  （這個女孩跑得和鹿一樣快。）
- That is not so simple **as** it sounds.
  （那件事不像聽起來那麼簡單。）

❾ 引導方式副詞子句

引導方式副詞子句的從屬連接詞主要有as, as if/as though等。

- You ought to do **as** Paul tells you.（你應當按照保羅的吩咐去做。）
- He walked about **as if/as though** he was looking for something.
  （他到處走動好像在找什麼東西。）

C

> **兩組連接詞的用法
> 比較**
> ◀◀◀

❶ because, since, as, for

ⓐ because 是從屬連接詞，意為「因為」，表示造成某種情況的直接原因，用來回
答由 why 引導的問題。

- —**Why** do you want it?（你為什麼想要它？）
- —**Because** I know it isn't expensive.（因為我知道它不貴。）
- I go to the mall **because** my friends are there.
  （我去購物中心是因為我朋友在那裡。）

注意
一下　**以下兩句型可互換**

「so+ 形容詞 +a/an+ 可
數名詞單數」和「such+a/
an+ 形容詞 + 可數名詞
單數」可相互換。

補充
一下　「so...that...can't」
= 「too...to」

- He is <u>so</u> tired <u>that</u>
  he <u>can't</u> walk
  anymore.
  =He is <u>too</u> tired <u>to</u>
  walk anymore.
  （他太累了，所以無法
  再走了。）

ⓑ since, as 也是從屬連接詞，它們表示眾所周知的原因，常譯為「既然；由於」。since 子句通常在主句前面，語氣比 as 強。as 大多用在口語中，as 子句的位子可以放在主句的前後。

- **Since** you won't help me, I'll ask someone else.
  （既然你不肯幫我，我就去問別人了。）
- **As** I was so tense when I left home, I forgot to bring it with me.
  （因為離家時慌慌張張的，所以我忘記帶它了。）
- Let's go home, **as** it is late.
  （時間很晚了，我們回家吧。）

ⓒ for 是對等連接詞，表示附帶的理由或原因，大多用在書面語中。for 所連接的分句常放在敘述某事之後，可以譯為「因為；其理由是」。

- I stopped to rest, **for** I was very tired.
  （我停下來休息，因為我很累。）

❷ when, while, as

when, while, as 作從屬連接詞，都引導時間副詞子句。

ⓐ when 引導的子句可以用延續性動詞，也可以用短暫性動詞，而 while 引導的從句中只能用延續性動詞。

- Sorry, I was out **when** you called me.
  （對不起，你打電話時我剛好出去了。）
- It began to rain **while** we were walking in the park.
  （我們在公園裡散步時開始下起了雨。）

ⓑ while 所接子句中的動詞動作，通常跟主句動詞的動作同時發生，而 when 所接子句中的動詞可以發生在主句動詞之前或之後，也可以同時發生。

- **When/While** we were dancing, a stranger came in.
  （我們正跳著舞時，一位陌生人走了進來。）
- **When** I got to the station, the train had left.
  （當我趕到車站時，火車已經開走了。）
- The dog jumped up **when** he whistled.
  （當他吹起了口哨，狗跳了起來。）

ⓒ as 引導的子句表示一件事情正在發生，另一件事也在進行中。但跟 while 不同的是，as 引導的子句一般不用現在進行式，通常只用一般過去式，意為「一邊…一邊…」。

- The students took notes **as** they listened.
  （學生們當時邊聽課邊做筆記。）

考題演練

(1) —Where is Leo? He said he would come tonight!
　　—Yes, he did say so, _____ we can't find him now.
　　A. and　　　　B. so　　　　C. but　　　　D. or

(2) You will achieve nothing _____ you work hard.
　　A. if　　　　B. unless　　　　C. when　　　　D. that

(3) —Mum, when shall we go to the British Museum this weekend?
　　—Oh, sorry. I'm going to Cambridge for a meeting. _____ Saturday _____ Sunday is OK.
　　A. Neither; nor　　　　　　　　B. Both; and
　　C. Either; or　　　　　　　　　D. Not only; but also

(4) —I hear the famous singer Lady Gaga may come to Taipei next month.
　　—Really? _____ she comes, my younger sister will be very excited.
　　A. If　　　　B. Until　　　　C. Unless　　　　D. Before

(5) —Will you please give the dictionary to Jane?
　　—Sure, I'll give it to her _____ she arrives here.
　　A. before　　　　B. until　　　　C. because　　　　D. as soon as

(6) _____ they are very tired, they feel happy because they've finally finished their project.
　　A. So　　　　B. Although　　　　C. If　　　　D. But

(7) Come on, _____ you'll be late.
　　A. and　　　　B. but　　　　C. or　　　　D. so

(8) Tom rushed into the house _____ his mother was cooking.
　　A. as　　　　B. before　　　　C. while　　　　D. after

(9) —Why do you like this TV program?
　　—_____ it's very interesting and exciting.
　　A. Though　　　　B. Because　　　　C. So

(10) Some people won't realize the importance of their health _____ they have lost it.

    A. after   **B.** when   **C.** until   **D.** as

■（二）模擬試題：Choose the correct answer.（選擇正確的答案）

(1) —I hear _____ your father _____ your mother like watching football match.

    —Right, just as many people do.

    A. both; and   **B.** either; or   **C.** neither; nor   **D.** not only; but also

(2) _____ he is very young, _____ he knows a lot about science.

    A. Because; so   **B.** Though; /   **C.** When; and   **D.** Though; but

(3) _____ Lily _____ Lucy may go with you because one of them must stay at home.

    A. Not only; but also   **B.** Neither; nor

    C. Both; and   **D.** Either; or

(4) Work hard, _____ your dream will come true.

    A. but   **B.** and   **C.** or   **D.** so

(5) My uncle has been teaching in this school _____ he was twenty years old.

    A. since   **B.** for   **C.** until   **D.** after

(6) Mr Black comes from America, and he has studied Chinese here for 5 years. So you can talk with him _____.

    A. either in English or in Chinese   **B.** not in Chinese but in English

    C. just in English, not in Chinese   **D.** neither in Chinese nor in English

(7) _____ all the passengers are here, why don't we start at once?

    A. As soon as   **B.** After   **C.** Since   **D.** When

(8) He hurt her _____ badly _____ she had to see a doctor.

    A. too; that   **B.** so; that   **C.** either; or   **D.** too; to

(9) We have to get up at 7:15 tomorrow morning, _____ we will be late for the 7:40 train.

   A. before   B. or   C. if   D. so

(10) What was Jim doing _____ the teacher came in?

   A. while   B. since   C. when   D. because

答案‧解說 ①

▶ (1) **C** (2) **B** (3) **A** (4) **A** (5) **D** (6) **B** (7) **C** (8) **C**

(9) **B** (10) **C**

(1) 題意：「里歐在哪裡？他說他今晚會來！」「是的，他確實說過，但我們現在找不到他。」but「但是」，表示轉折，符合題意。and 表示順承；so 表示結果；or 表示選擇。

(2) 題意：「除非你努力工作，否則你將一事無成。」unless「除非」，引導條件副詞子句，符合題意。if「如果」，引導條件副詞子句；when「當…時候」，引導時間副詞子句；that 通常與 so 一起引導目的或結果的副詞子句。

(3) 題意：「媽媽，我們這個週末什麼時候去大英博物館？」「哦，對不起，我要去劍橋開會。週六和週日都不行。」根據問句中的 this weekend 和答語中的「I'm going to Cambridge for a meeting」可以知道，選 neither...nor...「既不…也不…」。both...and...「…和…都…」；either...or...「要麼…要麼…」；not only...but also...「不但…而且…」。

(4) 題意：「我聽說著名歌手卡卡下個月可能來台北。」「真的嗎？如果她來的話，我妹妹會很激動的。」if「如果」，引導條件副詞子句，符合題意。until「直到…」，引導時間副詞子句；unless「除非」，引導條件副詞子句；before「在…之前」，引導時間副詞子句。

(5) 題意：「你能否給簡字典呢？」「當然可以。她一到這裡我就給她。」as soon as「一…就…」，引導時間副詞子句，符合題意。before「在…之前」；until「直到…」；because「因為」。

(6) 題意：「儘管很疲憊，但他們感到很高興，因為他們最終完成了自己的工程。」although「儘管」，引導讓步副詞子句，符合題意。so「因此」；if「如果；是否」；but「但是」。

(7) 題意：「快點，否則你會遲到的。」「祈使句 +or+ 陳述句」表示「…，否則…」，符合題意。「祈使句 +and+ 陳述句」表示「…，就會…」；but「但是」；so「因此」。

(8) 題意：「媽媽正在做飯時，湯姆衝進了房子。」while「當…時候」，符合題意。as「當…時候」；before「在…之前」；after「在…之後」。

(9) 題意：「你為什麼喜歡這個電視節目？」「因為它有趣、刺激。」why 詢問原因，所以用 because「因為」回答。though「儘管」；so「因此」。

(10) 題意：「有些人一直到失去了健康才意識到健康的重要性。」not...until...「直到…才…」，符合題意。after「在…之後」；when「當…時候」；as「當…時候」。

■ 答案・解說②

(1) A (2) B (3) D (4) B (5) A (6) A (7) C (8) B (9) B (10) C

(1) 題意：「我聽說你父母都喜歡看足球賽。」「是的，他們跟大多數的人一樣。」both...and...「…和…（兩者）都…」，符合題意。either...or...「要麼…要麼…」，neither...nor...「既不…也不…」和 not only...but also...「不但…而且…」連接對等主詞時一般動詞的數採用就近一致原則。

(2) 題意：「他雖然年幼，但是他知道很多科學知識。」英語中 because 和 so，though 和 but 都不能同時出現在同一個句子中。

(3) 題意：「要麼是莉莉，要麼是露西和你一起去，因為她們其中一個必須待在家裡。」由「because one of them must stay at home」可以知道，Lily 和 Lucy 只能去一人，所以選 either...or...「要麼…要麼…」。not only...but also...「不但…而且…」；neither...nor...「既不…也不…」；both...and...「…和…（兩者）都…」。

(4) 題意：「努力工作吧，你的夢想就能實現。」「祈使句 +and/or+ 陳述句」表示「…就能夠 / 否則…」；and 表示順承、遞進，or 表示轉折。根據題意可以知道用 and。

(5) 題意：「我叔叔從 20 歲就在這所學校教書了。」since「自從」，後接過去的某一時間點，用在現在完成式，符合題意。for 作連接詞時意為「因為」；until「直到…」；after「在…之後」。

(6) 題意：「布萊克先生來自美國，他在這裡學了五年的中文。因此你可以跟他用英語交談也可以用中文交談。」either...or...「既可以…也可以…，要麼…要麼…」，符合題意。not...but...「不是…而是…」；neither...nor...「既不…也不…」。

(7) 題意：「既然所有的乘客都到齊了，那我們為什麼不馬上出發呢？」since「既然」，引導原因副詞子句，符合題意。as soon as「一…就…」；after「在…之後」；when「當…時」。

(8) 題意：「他把她傷得如此嚴重，以至於她不得不去看醫生。」so...that...「如此…以至於…」引導結果副詞子句。

(9) 題意：「我們明天早上得 7：15 起床，否則我們就趕不上 7：40 的火車。」「祈使句 +and/or+ 陳述句」表示「…就能夠 / 否則…」；and 表示順承、遞進，or 表示轉折。根據題意可以知道用 or。

(10) 題意：「老師進來的時候，吉姆在做什麼？」when 和 while 都是引導時間副詞子句，表示「當…時」；when 所接子句的動詞可以是延續性的，也可以是短暫性的，while 所接子句的動詞只能是延續性的。本題中的子句動作是短暫性的，所以只能用 when。

形容詞

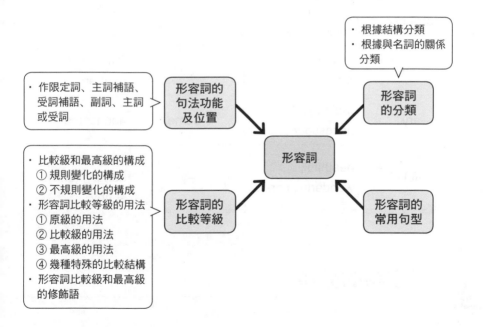

任何事物都有它自己的特徵，用來描述這些事物的特徵的詞就是形容詞。形容詞表示人或事物的屬性和特徵，起到修飾、限制和說明名詞的作用。形容詞的位置不一定都放在名詞的前面。大多數的形容詞有原級、比較級和最高級。形容詞具有獨特的尾碼形式，如下表所示：

尾　碼	舉例說明	尾　碼	舉例說明
–able, –ible	comfortable, terrible, horrible	–less	hopeless, careless, helpless
–al, –ical	national, natural, political, chemical	–ly	lovely, friendly, early
–ant	important, pleasant	–ous	famous, dangerous
–ary	ordinary, necessary	–some	handsome
–ful	beautiful, wonderful, careful	–y	happy, angry, hungry, funny, sunny

形容詞的分類

A

根據構成分類

形容詞可分為簡單形容詞和複合形容詞。簡單形容詞主要指由單個單字構成的形容詞，可以作限定詞，也可以作補語；複合形容詞是指由幾個詞共同組成、起形容詞作用的詞，一般只作限定詞，不能作補語。

類 別	舉 例 說 明
簡單形容詞	kind 善良的，green 綠色的，tired 疲勞的，interesting 有趣的
複合形容詞	500-metre-long 500 公尺長的，middle-aged 中年的，good-looking 英俊的，man-made 人工的，well-known 著名的

B

根據與名詞的關係分類

　　　　形容詞可以分為性質形容詞和敘述形容詞。性質形容詞是指描述事物的性質、特徵的形容詞，起著限制名詞的作用，如果去掉這些形容詞將嚴重影響名詞的意義，可作限定詞、主詞補語、受詞補語等，並且有比較等級，性質形容詞在形容詞中占大多數；敘述形容詞指用來敘述事物的狀態、不對事物作具體限制的形容詞，一般不能作前置限定詞，只能作主詞補語，因此又稱為主詞補語形容詞，沒有比較等級。這類形容詞大多以a開頭。

類 別	舉 例 說 明
性質形容詞	big 大的，small 小的，round 圓的，new 新的，old 舊的，young 年輕的
敘述（主詞補語）形容詞	afraid 害怕的，alone 獨自的，alive 活著的，asleep 睡著的，ill 病的，well 健康的

2 形容詞的用法及位置

T-21

A

作限定詞

❶ 放在名詞前

- Will you say a **good** word for him?（你肯為他說幾句好話嗎？）
- We saw an **interesting** movie yesterday.（昨天我們看了一部有趣的電影。）

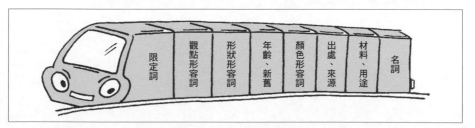

限定詞　觀點形容詞　形狀形容詞　年齡、新舊　顏色形容詞　出處、來源　材料、用途　名詞

Extension 【延伸學習】

• 多個形容詞同時修飾一個名詞時，一般關係最密切的形容詞放在最靠近名詞的位置。但也有規律可循，一般的排列順序為：（限定詞，如冠詞、代名詞、所有格等＋）觀點詞＋表示形狀的詞（大小、高低、形狀）＋表示年齡、新舊的詞＋表示顏色的詞＋表示出處、來源的詞＋表示材料、用途的詞。

  ▪ a good big new gray stone house（一座好的大的新的灰色的石頭房子）

❷ 放在名詞後

ⓐ 補語形容詞如 afraid, alive, alone, awake, asleep, worth 等作限定詞時，常放在被修飾詞的後面。

▪ He is the only man **alive** in the accident.
  （他是事故中唯一活下來的人。）

ⓑ 形容詞在修飾 somebody, something, anything, nobody, nothing 等複合不定代名詞時，需要放在它的後面。

▪ Is there **something wrong** with your car?
  （你的車子有毛病嗎？）

▪ Is there **anything wrong** with your plan?
  （你的計畫有任何差錯嗎？）

▪ Did you meet **anybody new** in the party?
  （在派對上有遇到任何陌生人嗎？）

▪ There is **nobody important** in our village.
  （我們村裡沒有什麼重要人物。）

 問事還是問人

形容詞修飾不定代名詞時，形容詞要後置成為「不定代名詞＋形容詞」的形式。something, anything 詢問事；anybody, noboday 用在詢問人。

ⓒ 當形容詞後接「介系詞＋名詞」或其他片語作限定詞時要後置。

▪ That is a country **famous for its scenery**.
  （那是一個以風景秀麗著稱的國家。）

▪ It is a question **easy to answer**.
  （這是個容易回答的問題。）

B

作主詞補語

◀◀◀

- —What's the weather like in spring?（春天的天氣怎麼樣？）
- —It's **warm**.（暖和。）
- That may not seem **possible** now.（現在似乎不可能。）
- I only eat food that tastes **good**.（我只吃好吃的食物。）

C

作受詞補語

◀◀◀

- This can make life **difficult**.
  （這將使日子不好過。）
- We should keep our classroom **clean**.
  （我們應該保持教室乾淨。）

D

作副詞

◀◀◀

- **Lovely and gentle**, the breeze brings spring to us.
  （微風把春天帶給了我們，既可愛又溫柔。）

E

作主詞或受詞

◀◀◀

　　有些形容詞前面加上定冠詞就具有名詞的功能，泛指具有同一特徵的一類人或抽象事物。用作主詞表示一類人時，看作複數，述語動詞要用複數形式；表示一類事物或抽象概念時，看作單數，述語動詞用單數形式。

- **The young** should take care of **the old**.
  （年輕人應該照顧老年人。）
- **The beautiful** never lasts long.
  （美麗的東西轉瞬即逝。）

 注意
一下　**可如此用的形容詞**

可以這樣用的形容詞有 blind, dead, old, poor, rich, young, beautiful 等。

形容詞的常用句型

A

主詞 +be+adj.+ 介系詞
+ 名詞或代名詞

- She **is** not **interested in** music. （她對音樂不感興趣。）
- I **am** very **busy with** my study. （我非常忙於學習。）
- My brother **is good at** English. （我弟弟擅長英語。）
- He **is disappointed with** you. （他對你感到失望。）

> **① Induct** 常見此類結構
> 幫你歸納
>
> - be afraid of（害怕）
> - be angry about at（因⋯而生氣）
> - be angry with（生⋯的氣）
> - be fond of（喜歡）
> - be good at（擅長）
> - be interested in（對⋯感興趣）
>
> - be nice/kind to（對⋯好）
> - be pleased with（對⋯感到高興）
> - be proud of（以⋯為驕傲）
> - be surprised at（對⋯感到吃驚）
> - be worried about（為⋯而擔心）

B

「It's+adj. +of+sb. + 不定詞」
表示「某人做某事⋯」

- **It's foolish of him to go** alone.
  （他單獨去未免太傻了。）
- **It's** very **rude of her to say** such words.
  （她說這樣的話，真是粗魯。）
- **It is unwise of him** not **to accept** your advice.
  （他不接受你的建議真是不智之舉。）

> **① Induct**
> 幫你歸納
>
> - 這一句型中常用的形容詞有 good, kind, nice, polite, clever, foolish, lazy, careful, careless 等，這些形容詞說明人的性質或特徵。

C

「It's+adj. +for+sb. + 不定詞」
表示「做某事對某人來說…」

- **It's important for us to understand** the danger.
  （對我們來說，瞭解危險所在是極為重要的。）
- **It's dangerous for you to swim** alone.
  （你自己一個人去游泳是很危險的。）
- **It's not easy for them to learn** a foreign language.
  （對他們來說，學好一種外語是不容易的。）
- **It's necessary for us to get** to school on time.
  （對我們來說，準時到校是非常必要的。）

Induct
幫你歸納

- 表示判斷的形容詞可用在「It is + adj. +for sb. + 不定詞」和「It is +adj.+that 子句」
  兩種句型中，如 terrible, wonderful, surprising, interesting, lucky, strange, important,
  necessary 等。

D

「be+adj.+ 不定詞」表
示「某人做某事…」

- **Glad to see** you. （見到你非常高興。）〔省略了 I'm〕
- **I'm** very **sad to hear** the bad news. （聽到這個壞消息，我非常難過。）
- **I'm pleased to be invited** to talk here. （我很高興受邀來這裡談話。）
- He **is** always **ready to help** others. （他總是樂於助人。）
- I **was thankful to make** any sort of progress at all.
  （能有些許的進步，我也感到欣慰。）
- He **is sure/certain to pass** the examination. （他一定會通過考試的。）

Induct
幫你歸納　　常見此類結構

- be able to do sth. (能夠做某事)
- be easy to do sth. (易於做某事)
- be glad to do sth. (高興做某事)
- be ready to do sth. (準備做某事)
- be willing to do sth. (樂於做某事)
- be eager to do sth. (渴望做某事)

形容詞的比較級

英語中的形容詞常有三種形式來表達事物的等級差別，分別是原級、比較級和最高級。

A

比較級和最高級的
構成

◀◀◀

❶ 規則變化的構成

ⓐ 通常在形容詞字尾加 er 形成比較級；在字尾加 est 形成最高級。

原　級	比 較 級	最 高 級
short　（短的）	short**er**	short**est**
clever　（聰明的）	clever**er**	clever**est**
strong　（強壯的）	strong**er**	strong**est**

ⓑ 以 e 結尾的形容詞，只加 r 形成比較級，加 st 形成最高級。

原　級	比 較 級	最 高 級
nice　（好的）	nice**r**	nice**st**
late　（遲的）	late**r**	late**st**

ⓒ 後面三個字母和音標的排列是「子母子」的情況，就要重複字尾，再加 er 形成比較級，加 est 形成最高級。

原　級	比 較 級	最 高 級
hot　（熱的）	hot**ter**	hot**test**
fat　（肥胖的）	fat**ter**	fat**test**
thin　（瘦的）	thin**ner**	thin**nest**

ⓓ 字尾是「子音 +y」時，去 y，再加 ier 或 iest 形成比較級或最高級。

原　級	比 較 級	最 高 級
easy （容易的）	eas**ier**	eas**iest**
happy （高興的）	happ**ier**	happ**iest**
lazy （懶散的）	laz**ier**	laz**iest**

ⓔ 三個音節以上的形容詞，在詞的前面加 more 或 most 形成比較級或最高級。

原　級	比 較 級	最 高 級
beautifu （美麗的）	**more** beautiful	**most** beautiful
delicious （美味的）	**more** delicious	**most** delicious

❷ 不規則變化的構成

原　級	比 較 級	最 高 級
good （好的） well （健康）	better （更好的）	best （最好的）
bad （差的） ill （有病的）	worse （更差的）	worst （最差的）
little （少的）	less （更少的）	least （最少的）
much （多的） many （多的）	more （更多的）	most （最多的）
far （遠的）	farther （更遠的）〔常指距離〕	farthest （最遠的）〔常指距離〕
	further （較深遠的）〔常指抽象概念〕	furthest （最深遠的）〔常指抽象概念〕
old （老的）	older （較老的）〔用於比較或作主詞補語、限定詞〕	oldest （最老的）〔用於比較或作主詞補語、限定詞〕
	elder （年長的）〔只作限定詞〕	eldest （最年長的）〔只作限定詞〕

巧學妙記 **比較級的變化**

比較級要變化，
一般字尾加 er。
字尾若已有 e，
直接加 r 就可以。
字尾是「子母子」，
字尾要重複。
子音字母加上 y，
去 y 再加 ier。
最高級加 est，
前面加 the 莫忘記。
形容詞若是多音節，
只把 more, most 前面寫。

注意一下 **不規則變化的構成**

farther/farthest 和 further/furthest 指距離時意義相同，可以互換。但 further 還可以用來修飾抽象名詞，表示「進一步的，更多的」。

· What is the farther/furthest place you've ever been to? 你去過最遠的地方是哪裡？

· He went to National Taiwan University for further education.（他去國立台灣大學進修了。）

注意一下 **elder 及 eldest**

elder/eldest 只用於人，表示兄弟姐妹間的長幼(排行)。elder 指「（年紀）較大的」，eldest 指「（年紀）最大的」。elder 不與 than 連用。

· Mary has an elder sister.（瑪麗有一個姐姐。）

· She is my eldest daughter.（她是我的大女兒。）

B

形容詞比較級的用
法
◀◀◀

❶ 原級的用法

ⓐ 「as+ 形容詞原級 + as」表示前後兩者的情況一樣。

- Mary is **as honest as** her sister.
  （瑪麗和她姐姐一樣誠實。）
- Jack is **as busy as** before.
  （傑克和以前一樣忙。）

ⓑ 「not as/so+ 形容詞原級 +as」表示前者不如後者。

- She is **not as/so honest as** she used to be.
  （她不像以往那麼誠實了。）
- He is **not as/so serious as** he was before.
  （他不像以前那麼認真了。）

ⓒ 如果第一個 as/so 後面的形容詞作限定詞修飾名詞時，應將該名詞及有關修飾語
全部放在第一個 as/so 的後面。

- She has **as sweet a voice as** her mother.
  （她的歌聲像她媽媽的一樣甜美。）
- Bob is **as good a player as** his brother.
  （鮑勃像他哥哥一樣是個優秀的運動員。）

❷ 比較級的用法

　　兩者的人事物相比較，表示某一方「比較…」時，用比較級形容詞。

ⓐ 「比較級 +than+...」句型，用來表達一方超過或低於另一方的情況。意為「A 比
B 更…一些」。

- Their office is **smaller than** yours.
  （他們的辦公室比你的小。）
- I think I'm **smarter than** her.
  （我認為我比她聰明。）

注意
一下　as...as 的否定
　　　so...as

「as...as」的否定句可以
用「so...as」。
- Summer here isn't
  <u>so</u> hot <u>as</u> summer
  in Taiwan.
  （這裡的夏天沒有台灣
  的夏天熱。）

特別強調

- 注意 than 後面接代名詞時，一般要用主格，但在口語中也可以使用受格。如果 than 後面是一個句子，就不可以使用受格。
  - She looks younger than **I/me**. =She looks younger than **I do**.
    （她看起來比我年輕。）

- 注意 than 前後比較的物件屬於同一範疇。
  - **The population of Canada** is smaller than **China**. (×)
  - **The population of Canada** is smaller than **that of China**. (○)
    （加拿大的人口比中國的少。）

- 比較級有時可以單獨使用，其比較的物件暗含在句中。
  - Are you feeling **better** today?（你今天感覺好一些了嗎?）
  - Be **more careful** next time.（下次小心點。）

ⓑ「比較級 + and +比較級」常表示事物本身程度的逐漸變化，意為「越來越…」。

- Pandas have **less and less** land to live on.
  （熊貓的棲息地越來越少。）
- Our country is getting **stronger and stronger**.
  （我們的國家正變得越來越強大。）

ⓒ「the+ 比較級 ..., the+ 比較級 ...」常表示一方的程度隨著另一方的程度平行增長，意為「越…，（就）越…」。

- **The more** merits we learn from others, **the better** we will become.
  （我們學習越多別人的優點，自己就會變得越好。）
- **The busier** you are, **the happier** you feel.
  （人越忙越開心。）

ⓓ「the +比較級+ of the two...」結構表示「兩者中更…的那一個」。

- **The larger of the two houses** belongs to Mr. Black.
  （兩棟房屋中較大的那棟是屬於布萊克先生的。）
- **The fatter of the two babies** in the photo is my brother.
  （照片中的兩個寶寶，比較胖的那個是我弟弟。）

ⓔ「Which/Who is+ 比較級，A or B ?」句型表示「哪一個（誰）比較…?」

- **Which is bigger**, the earth **or** the moon?
  （哪一個比較大，地球還是月球？）

❸ 最高級的用法

　　三者或三者以上的人事物相比較，「最…」的一個，用最高級形容詞。

ⓐ 「the+ 最高級 + 表示範圍的片語或子句」句型表示形容詞的最高級，其中定冠詞 the 不可以省略。

- This problem is **the most difficult of the three**.
  （這一題是三題中最難的。）
- Luke is **the fastest runner of the ten boys**.
  （盧克是十個男孩中跑得最快的。）
- Milla is **the tallest girl in her class**.
  （米拉是她班裡最高的女生。）
- This is **the best film that** I have ever seen.
  （這是我看過最好的電影。）

ⓑ 「one of the +形容詞最高級+名詞複數」這一句型是表示「…中最…之一」。

- Beijing is **one of the largest cities** in China.
  （北京是中國最大的城市之一。）
- *AVATAR* is **one of the most exciting films** that I have ever seen.
  （《阿凡達》是我看過的最讓人興奮的電影之一。）

ⓒ 「Which/Who is the +形容詞最高級 ...?」句型表示「哪一個（誰）最…？」

- **Which is the most beautiful season**, spring, autumn or winter?
  （春天、秋天和冬天哪個季節最美？）

ⓓ 比較級有時也可以表示最高級的概念。

比較級 +than any other+ 名詞單數

- Australia has **more** beaches **than any other** country.
  （澳大利亞比其他任何國家的海灘都多。）

比較級 +than anyone/anything else

- Time is **more valuable than anything else**.
  （時間是最珍貴的東西。）

比較級 +than all the other+ 名詞複數

- Tom is **taller than all the other boys** in his class.
  （湯姆是他班上最高的男孩。）

**巧學
妙記
！**

比較級的用法

兩者相比用比較，三者以上用最高。

兩者若是一個樣，as...as... 要用上；

甲不如乙加 not，意思與 less than 差不多。

程度漸變「越來越…」，比較級用 and 來連接。

兩種情況同時變，the more..., the better... 是範本。

positive（原級）

AS   AS

❹ **幾種特殊的比較結構**

ⓐ 「A...+ 倍數 +as+ 原級 +as+B」意為「A 是 B 的…倍…」。

- Our library is **twice as big as** yours.
  （我們圖書館是你們的兩倍大。）

ⓑ 「A...+ 數詞 + 名詞 + 比較級 +than+B」意為「A 比 B…」。

- You are **two kilograms heavier than** him.
  （你比他重兩公斤。）

- This computer is **two hundred dollars cheaper than** yours.
  （這台電腦比你的便宜 200 美金。）

ⓒ 「A...+the same+ 名詞 +as+B」意為「A 和 B…一樣」。

- This coat is **the same size as** that one.
  （這件衣服與那件尺寸一樣。）

- You are of **the same age as** I.
  （你與我年齡相同。）

ⓓ 「A...+less+ 原級 +than+B」意為「A 不如 B…」。

- Your room is **less big than** mine. = Your room is **not as/so big as**
  mine.
  （你的房間沒有我的大。）

C

形容詞比較級和最高級的修飾語

類　別	修　飾　語
修飾比較級	much 更，even 更，still 更，a little 少許，a great deal 很多，twice 兩倍，many times 很多倍，two-fifths 五分之二，far 更，20% 百分之二十，a bit 一點，rather 相當
修飾最高級	序數詞，much 更，by far 到目前為止，nearly 幾乎，almost 幾乎

- The sun is **much** bigger than the moon.
  （太陽比月球大得多。）
- Tom is **a little** shorter than Peter.
  （湯姆比彼得稍微矮一點。）
- I feel **a great deal** better today.
  （我今天感覺好多了。）
- Your handwriting is **far** better than mine.
  （你的字比我的漂亮多了。）
- Parents should give their kids **a bit** more time to themselves.
  （父母應該留給孩子們多一點點時間。）
- The Yellow River is **the second** longest river in China.
  （黃河是中國的第二長河。）
- Of the three girls, Betty is **much** the cleverest.
  （這三個女孩中，貝蒂是最聰明的。）
- Of all the students, Jack's oral English is **almost** the best.
  （在所有的學生當中，傑克的英文口語可以說是最好的。）
- This is **by far** the best cartoon that I've seen.
  （這是我看過最好的卡通片。）

考題演練

■（一）高中入試考古題：Choose the correct answer.（選擇正確的答案）

(1) I can't eat any more food. I am_____.
   A. busy   **B.** hungry   **C.** full   **D.** serious

(2) Mr Zheng is such a_____ person that he has donated much money to the schools in his home-town.
   A. selfish   **B.** patient   **C.** humorous   **D.** generous

(3) —What do you think of the dress?
   —Wonderful. I don't think I can find a _____one.
   A. good   **B.** better   **C.** bad   **D.** worst

(4) Paul isn't as_____as Sandy. He often makes mistakes in his homework.
   A. careless   **B.** more careful   **C.** more careless   **D.** careful

(5) We have a lovely room. It's one of_____in the hotel.
   A. nice   **B.** nicer   **C.** nicest   **D.** the nicest

(6) Of the two coats, she'd like to choose the _____one to save money for a book.
   A. cheapest   **B.** cheaper
   C. more expensive   **D.** most expensive

(7) He has read many books on history, so it's_____for him to answer these questions.
   A. hard   **B.** impossible   **C.** easy   **D.** serious

(8) Do you think maths is_____than English?
   A. difficult   **B.** as difficult   **C.** more difficult   **D.** most difficult

(9) That themepark is very popular and_____tourists visit it year by year.
   A. more and more   **B.** fewer and fewer
   C. less and less   **D.** more or less

(10) He was late this morning, because the bus was too_____for him to get on.
   A. quiet   **B.** tidy   **C.** crowded   **D.** noisy

(1) I don't like this film. It's_____that one.

    A. as interesting as   **B.** less interesting as

    C. more interesting than   **D.** not so interesting as

(2) —Hello! Golden Sun Hotel. Can I help you?

    —Do you have a room_____for this weekend?

    A. available   **B.** useful   **C.** typical   **D.** possible

(3) —Is Lucy or Lily the_____of the twins?

    —Lucy. She was born ten minutes earlier.

    A. younger   **B.** youngest   **C.** eldest   **D.** elder

(4) Chongqing is bigger than_____in Japan.

    A. any other city   **B.** all the other cities

    C. any city   **D.** the other cities

(5) —You look so happy, Ross.

    —Yes, Tina. I have _____to tell you.

    A. exciting something   **B.** anything exciting

    C. something exciting   **D.** exciting anything

(6) —How did you find your visit to the museum?

    —I enjoyed it very much. It was _____ than I expected.

    A. far more interesting   **B.** even much interesting

    C. so more interesting   **D.** a lot much interesting

(7) The population of China is larger than_____.

    A. that of India   **B.** India   **C.** the India   **D.** it of India

(8) We find it_____to do some reading every day.

    A. useless   **B.** excited   **C.** helpful   **D.** interested

(9) —Which is_____, the sun, the moon or the earth?

    —Of course, the moon.

    A. small   **B.** smaller   **C.** smallest   **D.** the smallest

(10) Everyone knows that baseball team is getting_____.

    A. strong and strong   **B.** stronger and stronger

    C. more strong and strong   **D.** strongest and strongest

答案 · 解說 ①

■ (1) **C** (2) **D** (3) **B** (4) **D** (5) **D** (6) **B** (7) **C** (8) **C**
(9) **A** (10) **C**

(1) 題意:「我不能再吃東西了，我飽了。」由 can't eat any more food 可以知道用 full「飽的」。busy「忙碌的」；hungry「饑餓的」；serious「嚴肅的；嚴重的」。

(2) 題意:「鄭先生是一位非常慷慨的人，他給家鄉的學校捐了許多錢。」由 that 引導的結果副詞子句可以知道，generous「慷慨的，大方的」符合題意。selfish「自私的」；patient「有耐心的」；humorous「幽默的」。

(3) 題意:「你覺得這件連衣裙怎麼樣？」「好極了。我認為再也找不到更好的了。」比較級和否定詞連用表示最高級的含義；由 wonderful 可以知道應該選 better。

(4) 題意:「保羅不如桑迪認真。他經常做錯作業。」as...as 句型中用形容詞的原級；由後一句中的 often makes mistakes 可以知道選 careful。

(5) 題意:「我們有一個漂亮的房間，它是這家飯店裡最好的房間之一。」「one of the+ 形容詞最高級 + 可數名詞複數 + 表示範圍的片語或子句」為常用表達，意為「…中最…的一個」。

(6) 題意:「兩件外套中，她想要那件便宜點的，以便省下錢來買書。」根據 two coats 及 to save money 可以知道選 cheaper「較便宜的」。

(7) 題意:「他讀了很多關於歷史的書，所以對他來說回答這些問題是很容易的。」easy「容易的」，跟前面的「讀了很多關於歷史的書」相呼應，符合題意。hard「難的」；impossible「不可能的」；serious「嚴肅的；嚴重的」。

(8) 題意:「你認為數學比英語難嗎？」根據題目中的 than 可以知道用比較級形式，所以選 C。

(9) 題意:「那個主題樂園非常受歡迎，每年前來遊覽的遊客越來越多。」「比較級 +and+ 比較級」表示「越來越…」；由 very popular 可以知道，more and more「越來越多的」符合題意。

(10) 題意:「他今天早上遲到了，因為公車太擠了，他上不去。」crowded「擁擠的」，符合題意。quiet「安靜的」；tidy「整齊的，整潔的」；noisy「喧鬧的」。

■ (1) **D** (2) **A** (3) **D** (4) **C** (5) **C** (6) **A** (7) **A** (8) **C** (9) **D** (10) **B**

(1) 題意：「我不喜歡這部電影，它沒有那部好看。」表示在某種程度上前者不如後者，用「not so/as+ 形容詞原級 +as」句型。

(2) 題意：「你好，金太陽飯店。有什麼能幫您的？」「這個週末有空房嗎？」available「可用的」，符合題意。useful「有用的」；typical「典型的」；possible「可能的」。

(3) 題意：「露西和莉莉這對雙胞胎姐妹誰比較大？」「露西。她早出生 10 分鐘。」由比較範圍 twins 和 ...ten minutes earlier 可以知道選 elder。失分陷阱！這一題要考語境跟比較級。看到答句「早出生 10 分鐘」的語境，也知道是兩者之間的比較。

(4) 題意：「重慶比日本的任何一個城市都大。」重慶不屬於日本，也就是跟被比較的物件不屬於同一範圍內，被比較的部分用「any + 單數名詞」或「all the +名詞複數」句型。

(5) 題意：「羅斯，你看起來很開心。」「是的，蒂娜，我有一些令人興奮的事要告訴你。」形容詞修飾不定代名詞時，要放在不定代名詞後面；something 意為「一些事」；anything 在肯定句中意為「任何事」，所以選 C。

(6) 題意：「你參觀博物館後覺得怎麼樣？」「很開心，比我想像中要有趣得多。」interesting 是多音節字，它的比較級是在前面加 more；副詞 so 不能修飾比較級，far 可以，意為「…得多」。

(7) 題意：「中國的人口比印度多。」在形容詞比較級中，相比較的事物必須屬於同類或同一範疇，排除 B、C；為了避免重複，常用 that 代替前面出現的名詞。

(8) 題意：「我們發現每天閱讀很有用處。」所填的字在句中作受詞補語，由形容詞充當，helpful「有益的；有用的」，符合題意。useless「無用的」；excited「興奮的」，interested「感興趣的」，都用來說明人。

(9) 題意：「太陽、月球和地球三者中，哪個最小？」「當然是月球。」三者相比用最高級 the smallest。

(10) 題意：「大家都知道那個棒球隊正變得越來越強大。」用「形容詞比較級 +and+ 形容詞比較級」表示「越來越…」，形容詞 strong 的比較級形式是 stronger。

副詞

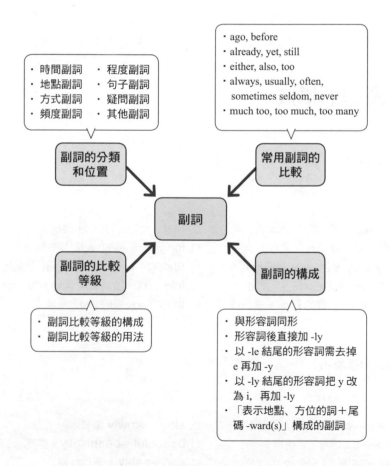

- 時間副詞　· 程度副詞
- 地點副詞　· 句子副詞
- 方式副詞　· 疑問副詞
- 頻度副詞　· 其他副詞

- ago, before
- already, yet, still
- either, also, too
- always, usually, often,
  sometimes seldom, never
- much too, too much, too many

副詞的分類和位置

常用副詞的比較

副詞

副詞的比較等級

副詞的構成

- 副詞比較等級的構成
- 副詞比較等級的用法

- 與形容詞同形
- 形容詞後直接加 -ly
- 以 -le 結尾的形容詞需去掉 e 再加 -y
- 以 -ly 結尾的形容詞把 y 改為 i，再加 -ly
- 「表示地點、方位的詞＋尾碼 -ward(s)」構成的副詞

　　副詞是表示行為或狀態的特徵的字。在句中屬於修飾性詞類，可以修飾動詞、形容詞或其他副詞的字，也可以修飾全句、子句、片語等。副詞可表示時間、地點、程度、方式等概念，多作副詞，也可以作限定詞、主詞補語或受詞補語。副詞也有原級、比較級和最高級之分。

1 副詞的構成

A

與形容詞同形

□ late（adj. 遲的，晚的；adv. 晚，遲）	□ fast（adj. 快的；adv. 快地）
□ high（adj. 高的；adv. 高地）	□ long（adj. 長的；adv. 長時間地）
□ early（adj. 早的；adv. 早期地）	□ enough（adj. 足夠的；adv. 足夠地）
□ hard（adj. 硬的；adv. 努力地）	□ low（adj. 低的；adv. 低地）
□ straight（adj. 直的；adv. 一直地）	□ slow（adj. 慢的；adv. 慢地）

B

形容詞後直接加 -ly

□ careful—carefully（細心地）	□ slow—slowly 慢慢地
□ quick—quickly（迅速地）	□ beautiful—beautifully（漂亮地）
□ safe—safely（安全地）	□ sad—sadly（傷心地）

C

以 -le 結尾的形容詞，
需去掉 e 再加 -y

◄◄◄

- □ gentle—gently（輕柔地）
- □ possible—possibly（可能地）
- □ comfortable—comfortably（舒適地）

D

以 -ly 結尾的形容詞把
y 改為 i，再加 -ly

◄◄◄

- □ easy—easily（容易地）
- □ happy—happily（高興地）
- □ heavy—heavily（沉重地）
- □ busy—busily（繁忙地）
- □ lucky—luckily（幸運地）
- □ merry—merrily（興高采烈地）

E

其他形式的副詞

◄◄◄

　　有些副詞具有兩種形式，一種跟形容詞同形，一種是形容詞後面加-ly構成的。這兩種形式的副詞，有時意思相同或略有不同。有時意思完全不同。

- □ hard（努力地）—hardly（幾乎不）
- □ near（靠近地）—nearly（幾乎）
- □ high（高地）—highly（高度地）
- □ most（大多數）—mostly（大部分地）
- □ deep（深地）—deeply（深深地）
- □ close（靠近）—closely（密切地）
- □ late（遲，晚）—lately（最近，近來）

F

「表示地點、方位的字＋ -ward（s）」
構成的副詞，意為「向…」。

◄◄◄

- □ backward(s)（向後）
- □ northward(s)（向北）
- □ skywards（向天空）

副詞的分類和位置

A

時間副詞 ◀◀◀

☐ now（現在）
☐ then（那時）
☐ just now（剛才）
☐ right now（立刻）
☐ now and then（不時）
☐ recently（最近）
☐ today（今天）
☐ tomorrow（明天）

☐ soon（很快）
☐ ago（以前）
☐ before（從前）
☐ already（已經）
☐ finally（最終）
☐ since（自從）
☐ yet（已經）

> **注意一下** 當副詞的 every day 跟 last week
> 也有像 every day（每天）跟 last week（上週）這樣兩個單字，當作一副詞。

• Will you be free **tomorrow**?
（你明天有空嗎？）

B

地點副詞 ◀◀◀

☐ abroad（在國外，到國外）
☐ ahead（在前，向前）
☐ away（離開）
☐ back（向後）
☐ down（向下，在下面）
☐ downstairs（在樓下）
☐ downtown（在城市的商業區）

☐ eastward(s)（向東）
☐ anywhere（任何地方）
☐ everywhere（各地）
☐ out（在外，向外）
☐ over（在上方）
☐ outdoors（在戶外）
☐ there 那裡

> **特別強調** 地點前、時間後；小到大的原則
> 表示時間和地點的副詞同時出現時，地點在前、時間在後，多個地點或時間副詞同時出現時，則按照從小到大的順序排列。

• He lived **abroad** for many years.
（他在國外住了很多年。）

7 副詞

C 方式副詞

修飾動詞的方式副詞表示動詞的行為方式。一般放在動詞（及其受詞）的後面，有時也放在動詞的前面。

☐ slowly（慢慢地）　　☐ alone（獨自）
☐ politely（禮貌地）　　☐ fast（迅速）
☐ carelessly（粗心地）　☐ well（好）
☐ happily（開心地）　　☐ highly（高度地；非常）
☐ hurriedly（匆忙地）　☐ closely（仔細地；密切地）
☐ surprisingly（吃驚地）

注意一下 方式前，地點中間，時間在最後
方式副詞、地點副詞、時間副詞等一起使用時，通常是方式副詞在前，地點副詞在中間，時間副詞在最後。

- We must learn to speak English **fluently** and **correctly**.
（我們應當學會講流利且正確的英語。）
- They **warmly** welcomed me at their office.
（他們在辦公室熱烈歡迎了我。）
- The boy read **quietly over there all afternoon**.
　　　　　　方式副詞　地點副詞　時間副詞
（這個男孩整個下午都在那裡靜靜地看書。）
- The children played **happily in the park last Sunday**.
　　　　　　　　方式副詞　地點副詞　時間副詞
（上個星期天，孩子們在公園裡玩得很開心。）

D 頻度副詞

頻度副詞表示動作發生的頻率。往往放在實義動詞之前，助動詞、情態動詞或be動詞等非實意動詞之後。

☐ always（總是）　　☐ seldom（很少）
☐ often（經常）　　　☐ ever（曾經）
☐ usually（通常）　　☐ never（從未）
☐ sometimes（有時）　☐ hardly（幾乎不）

補充一下 how 片語的比較
how long 意為「多久、多長時間」，答語通常用一段時間；how far 意為「多遠」，問某地到某地的距離；how often 意為「多久一次」，問頻率、頻度；how soon 意為「還要多久」，用在一般未來式。答語通常是「in+一段時間」。不分清楚，容易誤選喔！

- He **sometimes** goes there on business.
（他有時到那裡出差。）
- He has **never** been late.
（他從未遲到過。）
- She is **always** kind to us.
（她對我們總是很好。）

E

程度副詞

程度副詞，是對一個形容詞或副詞在程度上加以限定或修飾的副詞。一般放在所修飾的形容詞或副詞之前，助動詞、情態動詞或聯繫動詞之後。

enough 為副詞時

enough 作為副詞時，總是放在被修飾的形容詞或副詞之後。

- The book is <u>easy enough</u> for the little kids.
（這本書對小孩來說太容易了。）
- The train runs <u>fast enough</u>.
（這輛火車跑得夠快了。）

- □ too（太）
- □ very（非常）
- □ much（…得多）
- □ almost（幾乎）
- □ nearly（幾乎）

- □ enough（足夠）
- □ quite（相當）
- □ pretty（非常）
- □ hardly（幾乎不）

- The film was **quite** good.
（這部影片相當好。）
- He can **hardly** understand you.
（他不太懂你的意思。）
- He is **almost** forty years old.
（他快四十歲了。）

hardly 含有否定

hardly 表示「幾乎…沒有」的否定意味。

F

句子副詞

修飾句子的副詞一般放在句首。

- □ luckily（幸運地）
- □ unluckily（不幸地）
- □ generally（大體上說）
- □ seriously（說正經的）
- □ probably（可能）
- □ anyway（無論如何）

- **Luckily**, it was not so hot.
（幸好那天不太熱。）
- **Seriously**, I wish to work here.
（說正經的，我願意在這裡工作。）

G

疑問副詞

疑問副詞常放在句首構成疑問句。

- □ where（哪裡）
- □ when（何時）
- □ why（為什麼）
- □ how（怎麼樣）

- **Why** haven't you come to see me all this time?
（你為什麼那麼久沒來看我？）
- **How** did you enjoy your Christmas?
（你聖誕節過得如何？）

H
其他副詞

◀◀◀

- ☐ also（也）
- ☐ either（也）
- ☐ only（僅僅）
- ☐ therefore（因此）〔表結果〕
- ☐ besides（況且）〔表補充〕
- ☐ however（不管怎樣）〔表轉折〕
- ☐ then（然後）〔表時間〕
- ☐ though（但是）

3 副詞的比較等級

● T-25

A
副詞比較等級的構成

◀◀◀

❶ 規則變化

構　成	原　級	比　較　級	最　高　級
一般在字尾加 er, est	fast（快地）	**faster**（更快地）	**fastest**（最快地）
以 e 結尾的只加 r, st	late（晚地）	**later**（更晚地）	**latest**（最晚地）
後面三個字母和音標的排列是「子母子」的情況，就要重複字尾，再加 er, est	thin（薄地）	thin**ner**（更薄地）	thin**nest**（最薄地）
以「子音+y」的詞，去 y 再加 ier, iest	early（早期地）	**earlier**（更早，早些時候）	**earliest**（最早時候）
其他雙音節詞和多音節詞，在詞前加 more 或 most	quickly（快地）	**more** quickly（更快地）	**most** quickly（最快地）

❷ 不規則變化

原　級	比　較　級	最　高　級
well（好地）	better（更好地）	best（最好地）
badly（差地）	worse（更差地）	worst（最差地）
much（多）	more（更多地）	most（最多地）
little（少）	less（更少）	least（最少）
far（遠）	farther（較遠地）〔常指距離〕	farthest（最遠地）〔常指距離〕
	further（較深遠地）〔常指抽象概念〕	furthest（最深遠地）〔常指抽象概念〕

B

副詞比較等級的用法

◀◀◀

❶ 原級的用法

　ⓐ「as ＋原級副詞＋ as」表示前後兩者的程度或數量一樣。

　　• She speaks English **as fluently as** you do.
　　（她英語說得跟你一樣流利。）

　　• I'll arrive **as early as** I can.
　　（我會盡可能提早到達。）

　ⓑ「not as/so ＋原級副詞＋ as」表示前者不如後者。

　　• It **doesn't** rain **as/so often** here **as** it does in my country.
　　（這裡不像我們國家那麼常下雨。）

　　• You **don't** speak English **as/so fluently as** the other students.
　　（你英語說得不如其他學生流利。）

❷ 比較級的用法

　ⓐ「比較級＋ than」用在表達一方超過或低於另一方的情況。

　　• He always gets up **earlier than** I.
　　（他總是比我起得早。）

　　• Mary jumps much **higher than** she used to.
　　（瑪莉跳得比以前高多了。）

 補充
一下 almost as...as...

要表示「幾乎一樣」用
「almost as...as...」。

• Seoul is almost as
hot as Tokyo in July.
（7 月首爾跟東京幾乎
一樣熱。）

注意
一下 可單獨使用的比較
級

比較級有時可以單獨使
用，它所比較的物件暗含
於句中。

• Good food and
exercise help me to
study better.（好的食
物和運動有利於我更
好的學習。）

ⓑ「比較級＋and＋比較級」用於表示某種情況「越來越…」。

- The wind is blowing **harder and harder** now.
  （現在風颳得越來越猛了。）
- He is driving **faster and faster**.
  （他車開得越來越快。）

ⓒ「the＋比較級…, the＋比較級…」常表示一方的程度隨著另一方的程度平行增長，意為「越…,（就）越…」。

- **The older** I grow, **the more** I can read your heart.
  （隨著年紀增加，我更懂你的心。）
- **The harder** you work, **the more** knowledge you will obtain.
  （你越努力學習，獲得的知識就越多。）

❸ 最高級的用法

　　「the＋最高級＋表示範圍的片語或子句」句型為副詞的最高級的用法，其中定冠詞the可以省略。

- Brandon jumps **(the) highest** but runs **(the) most slowly** of the three boys.
  （這三個男孩中，布蘭登跳得最高，但跑得最慢。）
- Of all the students, she can dance **(the) best**.
  （在所有學生裡面，她舞跳得最好。）

❸ 比較級和最高級的修飾語

類　別	修　飾　語
修飾比較級	even（更）　　still（更）　　　much（…得多）　　a little（有點） a lot（很）　　a bit（有點）　　(by) far（大大地）　　a great deal（大量地）
修飾最高級	much（…得多）　　almost（幾乎）　　nearly（幾乎）　　(by) far（大大地）

- Mary speaks Japanese **a lot** better than before.
  （瑪莉的日語説得比以前好多了。）
- Why don't you do it **a little** earlier?
  （你為什麼不早點做這件事呢？）
- Mike runs **almost** the fastest of the players in the team.
  （邁克幾乎是隊裡跑得最快的選手。）

4 常用副詞的比較

A

ago, before

ago用在表示以現在為起點的「以前」，而before用在以過去某時刻或將來為起點的「以前」，所以ago經常跟一般過去式連用，before則用在完成時態的句子中。

- I visited him two days **ago**, but he had gone to London four days **before**.
  （我兩天前去拜訪他，可是他早在四天前就去倫敦了。）
- One year **ago**, I was a primary school student.
  （一年前我還是一名小學生。）
- Has she visited Japan **before**?
  （她曾經造訪過日本嗎？）

B

already, yet, still

❶ 作「已經」講，already 用在肯定句，yet 用在疑問句。
- Ted has **already** read that book.
  （泰德已經看過那本書了。）
- Have you been to South Korea **yet**?
  （你去過南韓了嗎？）

 yet 及 already

用「已經…了嗎」來詢問時，一般用 yet（還沒），yet 常配合否定句和疑問句使用；already 雖是「已經」的意思，但一般用在肯定句。如果用在疑問句就有吃驚或意外的含意。

❷ already 用在疑問句時表示驚訝。
- Have you gone abroad **already**?
  （你竟然出國了？）
- Is he back **already**?
  （他怎麼就回來了呢？）

❸ 作「還」講，yet 用在否定句；still 主要用在肯定句、疑問句。still 表示「依然，繼續」，有時也用在否定句。
- The wind hasn't stopped **yet**.
  （風還沒停。）
- It is **still** snowing now.
  （現在雪還在下。）
- We **still** can't decide what to do.
  （我們還不能決定要做什麼。）

C

either, also, too

◀◀◀

7
副詞

❶ also 和其他表示程度的副詞一樣，放在 be 動詞之後、行為動詞之前。一般放在句中。

- Eating fruits is **also** good for this.
  （吃水果對這也有好處。）
- Some students **also** walk or ride bikes to school.
  （有些學生走路或騎腳踏車去上學。）

❷ too 的語氣比 also 輕些，它們都是用在肯定句中。too 在句中的位置較靈活，一般用在句末。

- We are students, **too**. （我們也是學生。）

❸ either 用在否定句，位置固定放在句尾。

- —Sorry. I'll just take a photo.
  （對不起，我只是拍張照片。）
- —No, you can't take a photo, **either**.
  （不行，你同樣不能在這裡拍照。）

> **注意一下** 幾種「也」的用法
>
> 考試中，要分清楚幾種「也」的用法，also 在句中；too 用在肯定句尾；either 用在否定句尾。

> **巧學妙記** either, also 和 too
>
> be also, also do；
> 句中位置記清楚。
> also 語氣比 too 重，
> 都是用來表肯定。
> 如果要是表否定，
> 我們要把 either 用。

D

always, usually, often, sometimes, seldom, never

◀◀◀

❶ always 意為「總是，一直」，是頻度最大的詞，表示一直持續的狀態。

- He **always** comes home early.
  （他總是很早就回家了。）

❷ usually 意為「通常」，表示習慣性動作或狀態，很少例外，頻度僅次於 always。

- When do you **usually** have breakfast?
  （你通常什麼時候吃早餐？）

❸ often 意為「經常」，表示反覆性的動作或狀態，中間有間斷，在頻度上不如 usually 那麼頻繁。

- Li Ping **often** asks strange questions.
  （李平經常問奇怪的問題。）

❹ sometimes 意為「有時候」，表示動作偶爾發生，間隔時間較長，頻度比 often 小。

- **Sometimes** I watch TV in the evening. （晚上我有時會看電視。）

❺ seldom 意為「很少，不常」，頻度較低。
  ▪ His father **seldom** plays basketball with him.
  （他父親很少陪他一起打籃球。）

❻ never 意為「從不，決不」，頻度等於零。
  ▪ My parents have **never** been abroad.
  （我父母從未出過國。）

 用法辨異
頻率高低的比較

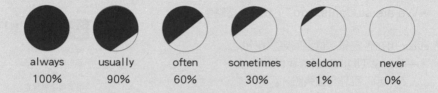

always	usually	often	sometimes	seldom	never
100%	90%	60%	30%	1%	0%

sometimes, sometime, some times 和 some time 的區別

★ sometimes 意為「有時；不時」，常用在描述現在或過去常發生的情況。
She **sometimes** goes to school by bike.
（她有時騎腳踏車去上學。）

★ sometime 意為「某個時候，有朝一日」，常用在過去時或將來，某一未知或未確定時間。
We will visit Los Angeles **sometime** next year.
（我們明年有時間會去遊覽洛杉磯。）

★ some times 表示「幾次；幾倍」，time 在這裡是可數名詞，意為「次；倍」。
I have been there **some times**.
（我去過那裡幾次了。）

★ some time 表示「一些時間，一點時間」，time 是不可數名詞。
Don't worry, there is still **some time** left.
（不要著急，還有一點時間。）

E

much too, too much, too many

◄◄◄

　　much too 意為「太」，後面接形容詞或副詞；too much 意為「太多」，後面可以接不可數名詞或修飾動詞；too many 後面可以接複數可數名詞，意為「太多的」。

- The shoes are **much too** expensive, I don't have **too much** money to pay for them.
  （這雙鞋太貴了，我沒有那麼多錢買。）
- You are coughing a lot—I think you smoke **too much**.
  （你咳嗽得很厲害，我看你是抽太多菸了。）
- I have **too many** books to read.
  （我有太多的書要讀了。）

巧學
妙記

too much 和 much too

too much, much too, 用法均以後為主，

much 表數量，too 則表程度。

too much, much too, 去掉前詞看後頭，

much 可接不可數，too 則修飾形或副。

考題演練

■（一）高中入試考古題：Choose the correct answer.（選擇正確的答案）

(1) Elephants eat _____, but they can move _____ when necessary.
   A. noisy; silent
   B. noisily; silently
   C. noisily; silence
   D. noisy; silence

(2) When he heard a cry for help, he ran out as _____ as he could.
   A. hardly
   B. quickly
   C. finally
   D. slowly

(3) —_____ do I save the document on the computer?
   —Please click "save" and write a name for it.
   A. What
   B. How
   C. When
   D. Where

(4) —Steve is good at writing short stories.
   —So he is. But he writes _____ than us. So he can't get good grades in writing.
   A. most carefully
   B. more carefully
   C. less carefully
   D. least carefully

(5) He said he would come to see us _____ the next afternoon.
   A. sometime
   B. some time
   C. sometimes
   D. some times

(6) —We're doing a lot to protect our environment, but it is not good enough.
   —So we should try _____ to look after it.
   A. hard
   B. harder
   C. hardest
   D. hardly

(7) —Did Kate do best in the final exam?
   —No, but of all the students she did _____.
   A. the most careful B. more careful C. most carefully D. more carefully

(8) —_____ do you play football?
   —Once a week.
   A. How much
   B. How long
   C. How often
   D. How far

■（二）模擬試題：Choose the correct answer.（選擇正確的答案）

(1) I didn't sleep＿＿＿＿last night. I feel tired now.

　　A. well　　　　　B. nice　　　　　C. fine　　　　　D. good

(2) —How much will you be paid?

　　—I don't do it for money, but for experience.＿＿＿, it's voluntary work.

　　A. However　　　B. Besides　　　C. Finally　　　D. Possibly

(3) My classmate Wang Ming doesn't know the answer. I don't know,＿＿＿＿.

　　A. too　　　　　B. either　　　　C. also　　　　　D. already

(4) It's twelve o'clock at night, but he is＿＿＿working.

　　A. already　　　B. ever　　　　C. still　　　　　D. yet

(5) —＿＿＿＿is it from your school to the bus stop?

　　—About 100 metres.

　　A. How long　　　B. How far　　　C. How soon　　　D. How much

(6) ＿＿＿＿you speak English,＿＿＿＿you can speak it.

　　A. The more; better　　　　　　B. More; the better

　　C. More; better　　　　　　　　D. The more; the better

(7) Jimmy often eats＿＿＿＿meet, so he is＿＿＿＿fat now.

　　A. too much; much too　　　　B. much too; too much

　　C. too much; too much　　　　D. much too; much too

(8) John did＿＿＿＿in the exam, and I did even＿＿＿＿.

　　A. good; better　　　　　　　B. badly; more badly

　　C. badly; worse　　　　　　　D. bad; more badly

▶ (1) **B** (2) **B** (3) **B** (4) **C** (5) **A** (6) **B** (7) **C** (8) **C**

(1) 題意：「大象吃東西時聲音很大，但必要時它們也能走得很安靜。」兩個空分別用來修飾動詞 eat 和 move，所以都用副詞，選 B。

(2) 題意：「聽到有人喊救命時，他盡快衝了出去。」quickly「迅速地」，符合題意。hardly「幾乎不」；finally「最終」；slowly「緩慢地」。

(3) 題意：「我如何在電腦上存檔？」「請點"保存"，並為它命一個名。」根據答句可以知道，問句的詢問方式，所以用疑問副詞 how 來詢問。what 詢問「什麼」；when 詢問「什麼時候」；where 詢問「哪裡」。

(4) 題意：「史蒂夫擅於寫短篇故事。」「他的確很擅長。但他沒有我們寫得認真。所以他的寫作得不到高分。」根據答句中的 than 可以知道，用比較級形式，排除 A、D 兩項；根據「So he can＇t get...」可以知道「史蒂夫寫得沒有我們認真」，所以選 C。

(5) 題意：「他說他第二天下午某個時間將來看我們。」sometime「某時」，用於將來時，符合題意。some time「一段時間」；sometimes「有時」；some times「幾次；幾倍」。

(6) 題意：「我們正為保護環境做些事情，但還不夠好。」「所以我們應該再多加把勁努力來保護環境。」hard「努力地」，hardly「幾乎不」。根據題意，should try hard 是與現在正在做的事相比較而言，所以用 hard 的比較級 harder。

(7) 題意：「期末考試凱特是考最好的嗎？」「不是的，但她是所有學生中做得最認真的。」修飾動詞應該用副詞，而且根據 of all the students 表示的範圍可以知道，本題應該用副詞最高級，所以答案是 C。

(8) 題意：「你多久踢一次足球？」「一週一次。」根據 once a week「一週一次」可以知道要選 how often，來詢問頻率。how much 詢問價錢或者不可數名詞的量；how long 詢問時間或物體的長度；how far 詢問距離。

▶ (1) **A** (2) **B** (3) **B** (4) **C** (5) **B** (6) **D** (7) **A** (8) **C**

(1) 題意：「我昨天晚上沒睡好覺。我現在覺得很累。」為了修飾動詞 sleep，所以應該用副詞 well「好地」，才符合題意。nice, fine 和 good 都是形容詞。

(2) 題意：「你會拿到多少酬勞？」「我做這件事並不是為了錢，而是為了經驗。而且，

這是志願工作。」besides「而且」，符合題意。however「然而」；finally「最終」；possibly「可能地」。

(3) 題意：「我的同學王明不知道答案，我也不知道。」either 表示前述否定的情況同樣適用後述的其他人或物，符合題意。too 和 also 常用在肯定句中；already 意為「已經」，常放在句中，和完成式連用。

(4) 題意：「晚上 12 點了，但他還在工作。」still「仍然」，符合題意。already「已經」；ever「曾經」；yet「然而」。

(5) 題意：「從你們學校到公車站有多遠？」「大約 100 公尺。」答句表示距離，所以用 how far 進行詢問。

(6) 題意：「你的英語說得越多，口語就越好。」表示「越⋯越⋯」，用句型「the ＋形容詞／副詞比較級⋯，the ＋形容詞／副詞比較級⋯」。

(7) 題意：「吉米經常吃太多的肉，所以他現在非常胖。」too much 修飾名詞；much too 修飾形容詞或副詞。

(8) 題意：「約翰考試考得不好，我考得更糟。」由 did 可以知道，後面應該用副詞修飾，所以排除 A、D；句子含有比較的意味，所以第二個空格應該用副詞 badly 的比較級 worse。

157

冠詞

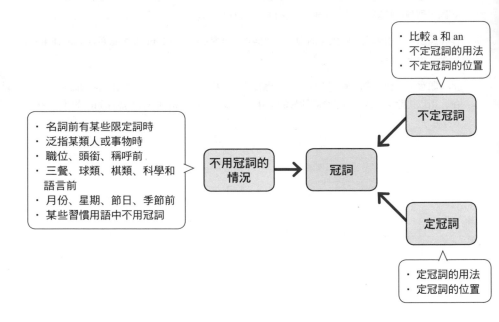

- 比較 a 和 an
- 不定冠詞的用法
- 不定冠詞的位置

不定冠詞

- 名詞前有某些限定詞時
- 泛指某類人或事物時
- 職位、頭銜、稱呼前
- 三餐、球類、棋類、科學和語言前
- 月份、星期、節日、季節前
- 某些習慣用語中不用冠詞

不用冠詞的情況 → 冠詞

定冠詞

- 定冠詞的用法
- 定冠詞的位置

Motto 【座右銘】

From a little spark may burst a mighty flame.

星星之火可以燎原。

　　英語中，名詞前面常會出現 a，an 或 the，用來幫助指明名詞的意義，這三個詞被稱為冠詞。冠詞是虛詞，是名詞的一種標誌，它不能脫離名詞而獨立存在，不能在句中單獨作成分。

　　冠詞分為不定冠詞和定冠詞。a/an 被稱為不定冠詞，用來說明不確定的人或事物，表示「一」的意義；the 被稱為定冠詞，用來說明確定的人或事物，表示特定的一個或一類人。

1 不定冠詞

T-27

A

比較 a 和 an

不定冠詞	讀音	用法說明	舉例說明	注意事項
a	[ə]	用在子音開始的單字前	a university, a pen	university 中的 u 雖是母音字母，但發音是 [ju]，所以是子音
an	[æn]	用在母音開始的單字前	an apple, an egg, an onion, an umbrella, an island, an hour, an honest man	hour [aʊr] 和 honest [ˋɑnɪst] 中的 h 是子音字母，但是它不發音，開頭都是母音

- I have **a** headache.
（我頭痛。）

- —Do you enjoy your school life?
（你喜歡你的學校生活嗎？）

- —Yes, of course. I've had **a** wonderful time here.
（當然喜歡，我在這裡過得很愉快。）

- He is **an** old worker.
（他是一位老工人。）

 **注意 一下** 用 a 或 an 要看第一個音素

當名詞前還有形容詞時，選用 a 或 an 取決於這個形容詞的第一個音素。

 補充 一下 冠詞怎麼來的

a, an 不可以「特定、限定、指定」名詞，所以叫不定冠詞；the 可以「特定、限定、指定」名詞，所以叫定冠詞。

巧學妙記

a, an 的用法

冠詞 a, an 兩種帽，許多名詞常需要。

開頭讀音若是母，要把 an 帽來挑選。

子音起首戴 a 帽，記住規律莫亂套。

B

不定冠詞的用法

❶ 用在單數可數名詞之前，指一類人或事物，表示「一」的意義，但一般不譯出「一」的意思。

- —What do you do?
（你從事什麼行業？）

- —I'm **a** reporter.
（我是記者。）

- **An** ant is much smaller than **an** elephant.
（螞蟻比大象小得多。）

❷ 泛指某人或某物，但不具體說明是何人或何物時，a/an 就具有 one 的意思，譯為「一」。

- Yang Lei enjoyed her time as **a** volunteer very much.
（作為一名志工，楊蕾過得很開心。）

- Join **a** club or **a** sports team.
（加入一個社團或者運動隊伍。）

❸ 用在時間速度、價格、頻率等意義的名詞片語中，表示「每一」的意思，不可以用 one 代替。

- He drove his car at eighty kilometres **an** hour.
  （他以每小時 80 公里的速度開車。）
- I love junk food too, and I eat it two or three times **a** week.
  （我也喜歡垃圾食品，而且我每星期吃兩、三次。）
- —How much are the apples?
  （蘋果要多少錢？）
- —Fifty dollars **a** pound.
  （每磅五十美金。）

❹ 用在一些專有名詞前表示「類似；某一個」。

- Tamsui is **a** Venice in Taiwan.
  （淡水像是台灣的威尼斯。）
- **A** Mr White wants to see you downstairs.
  （樓下有一位懷特先生要見你。）

特別強調

● 不定冠詞還可用在一些物質名詞前面表示「一種」、「一場（雨、風、雪等）」；不定冠詞用在集合名詞前表示「一個（班、組、隊、家等）」；不定冠詞用在抽象名詞前，往往出於一種習慣搭配的需要。

- I would like **a coffee** and **two beers**.
  （我想要一杯咖啡和兩瓶啤酒。）
- I was put in **a large class** this term.
  （這個學期我被編入一個大班。）
- We think it **an honour** to be invited to your party.
  （我們很榮幸被邀請參加你的聚會。）

❺ 用在序數詞前，表示「又一；再一」。

- We'll have to do it **a** second time.
  （我們得再做一次。）
- They have put forward **a** third plan.
  （他們已提出了第三個方案。）
- I have three books. I want to buy **a** fourth one.
  （我已經有三本書了，還想再買一本。）

常用必備
含不定冠詞的常用片語

- a few（一些，少量）
- a lot of（許多，大量）
- after a while（一會兒）
- half an hour（半個小時）
- with a smile（微笑著）
- in a hurry（急匆匆地）
- have a good time（過得愉快）
- have a cold（感冒）
- make an effort（努力）
- make a face（=make faces）（做鬼臉）

C

不定冠詞的位置

❶ 一般說來，不定冠詞常位於名詞或名詞修飾語前。
- John is **an** honest and warm-hearted boy.
  （約翰是一個誠實、熱心的男孩。）

❷ 在 as/so...as... 或 so...that... 句型中，一般應放在 as 或 so 修飾的形容詞之後。
- It's **as large a room as** I've ever seen.
  （這是我見過最大的房間了。）
- I have never spent **as delightful a time as** this Sunday.
  （我從未度過像這個星期天那麼愉快的時光。）
- Our hometown **is so attractive aplace that** many people come for vacation.
  （我們的家鄉很吸引人，每年都有很多遊客來度假。）

❸ 一般應放在 such 後面，形容詞前面。
- However did you make **such a** mistake?
  （你怎麼會犯這種錯誤呢？）
- He has never written **such an interesting** book as that one.
  （他從未寫過像那本一樣有趣的書。）
- Miss Green is **such a strict** teacher.
  （格林老師很嚴厲。）

❹ 在 too...（to...）句型中，放在 too 修飾的形容詞後面。
- Maggie is **too young a girl to** be left by herself at home.
  （麥琪太小，不能把她單獨留在家裡。）

❺ 在由 what 和 how 構成的感歎句中，不定冠詞要放在 what 後面，或由 how 修飾的形容詞後面。

- **What a** cool story!
  （多棒的一個故事啊！）
- **How timely a** rain we've got in such a dry season!
  （在這麼乾燥的季節，這真是一場及時雨呀！）

❻ 在一般情況下，不定冠詞放在 half 後面，如 half an hour, half an apple 等。以下情況，必須說 a half，不能說 half a/an：

ⓐ 當構成複合詞時。

- **a half**-hour test（半小時的測試）

ⓑ 當表示「幾個半」時。

- two and **a half** weeks / two weeks and **a half**（兩週半）

定冠詞

定冠詞通常和一個名詞連用，說明或限定某個特定的人事物。定冠詞 the 與 this/that/these/those 同源，在子音前讀〔ðə〕，在母音前或強調時讀作〔ðɪ〕。

- **The** earth goes round **the** sun.（地球繞著太陽轉。）
- Albert Einstein was **the** greatest physicist of his times.
  （阿爾伯特·愛因斯坦是他那個時代最偉大的物理學家。）

A

定冠詞的用法

◄◄◄

❶ 用在某些特指的人事物前，這些人事物一般帶有限定詞。

- **The** blue whale lives in oceans around the world.
  （藍鯨棲息在世界各地的海洋裡。）
- **The** woman in a purple skirt is Betty's mother.
  （那個穿紫色裙子的女士是貝蒂的母親。）

❷ 指說話雙方都知道的人事物。

- —Where is **the** mouse?（滑鼠在哪裡？）
- —It is in **the** drawer.（在抽屜裡。）

1
2
3
4
5
6
7
8
9
10
11
12
13
14
15
16
17
18
19
20

❸ 指上文中已提到過的人事物。

- A dog got out and walked down Center Street...**The** dog left the shop and then visited the Central Park.
（一隻狗走出來，沿著中心大街走……這隻狗離開商店，然後去了中央公園。）

❹ 用在世界上獨一無二的事物或自然現象的名詞前，以及表示江河、海洋、山脈、群島名稱的名詞之前。

- There are seven continents and four oceans in **the** world.
（世界上有七大洲四大洋。）

- I can see a bird in **the** sky.
（我能看到天空中有一隻小鳥。）
- **The** Mt.Yu is the highest one in Taiwan.
（玉山是台灣第一高峰。）

❺ 用在普通名詞構成的專有名詞前。

- **the** Great Wall（長城）
- **the** Grand Canyon（大峽谷）
- **the** Summer Palace（頤和園）
- **the** National Palace Museum（故宮博物院）

❻ 用在序數詞、固定句型、表特指的比較級或最高級前面。

- Jenny was **the** first to be there.
（詹妮是第一個到那裡的人。）
- **The** more careful you are, **the** fewer mistakes you'll make.
（你越仔細，出的錯就越少。）
- David is **the** taller of the two.
（大衛是兩人中比較高的那個。）
- Have you heard **the** latest news?
（你聽到最新消息了嗎？）
- Light travels **(the)** fastest of all forms of matter.
（在所有物質中，光傳播得最快。）

 the 可以省略
副詞最高級前的 the 可以省略。

注意一下 第一、二、三的表現方式
「the+ 序數詞＋最高級」表示最上級的「最…」之意。但表示第二、第三時，用 second 跟 third 等序數詞。
· I like math(the) second best.（我第二喜歡的是數學。）

164

❼ 用在某些形容詞前面，表示一類人事物。

- **The** rich wish to be richer, **the** poor fear to be poorer.
（富人希望更富，窮人害怕更窮。）

- **The** new is to take the place of **the** old.
（新事物最終會替代舊事物。）

❽ 用在單數可數名詞前面，表示某一類人事物。

- **The** mobile phone is a very useful tool for communication.
（手機是一種非常有用的通訊工具。）

- **The** panda is one of the animals in danger.
（熊貓是瀕危動物中的一種。）

特別強調

- 表示一類人事物可以用不定冠詞或定冠詞加名詞單數，也可以直接用名詞複數形式。
  - **A/The rabbit** is a weak animal.
  - **Rabbits** are weak animals.
  （兔子是〈一種〉弱小的動物。）

---

❾ 用在表示彈奏的西洋樂器名稱前。

- The little girl is good at playing **the** violin.
（那個小女孩擅長拉小提琴。）

❿ 用在姓氏複數形式前，表示「全家人」或「夫妻倆」。

- **The** Bakers came to see us yesterday.
（昨天貝克一家人來看我們了。）

- **The** Lins have moved to Germany. （林氏夫婦已經搬到德國了。）

⓫ 用在表示具體的地點、方位、時間或某天的一段時間。

□ in **the** east（在東方）	□ in/at **the** end（在末尾）
□ from **the** west（從西方）	□ in **the** morning（在早晨）
□ on **the** left（在左邊）	□ in **the** afternoon（在下午）
□ on **the** right（在右邊）	□ in **the** centre of...（在…中央）
□ in/at **the** beginning（在開始）	□ in **the** middle of...（在…中間）

常用必備

含有定冠詞的常用片語和句型

- all **the** time（一直）
- at **the** age of（在…歲時）
- at **the** same time（同時）
- in **the** day（在白天）
- in **the** middle of（在…的中間）

- in **the** world（在世界上）
- in **the** front of（在…的前部）
- by **the** way（順便說）
- on **the** whole（總之）
- with **the** help of（在…的幫助下）

- What's **the** matter with...? (What's wrong with...?)（…怎麼了?）
- What's **the** date today?（今天是幾號?）

巧學妙記

！

定冠詞的用法

特指雙方熟悉，上文已經提及。

世上獨一無二，方位名詞樂器。

某些專有名詞，外加複數姓氏。

序數詞最高級，習慣用語要特記。

B

定冠詞的位置

◀◀◀

定冠詞通常位在名詞或名詞修飾語的前面，但名詞前有all, both, double, half, twice, three times等時，定冠詞放在這些詞的後面、名詞的前面。

- **Half the** class won't come.

  （這個班一半的同學都不會來。）
- **All the** theatres are good.

  （所有的劇院都設備完善。）
- **Both the** winners were very modest.

  （兩位獲勝者都很謙虛。）

3 不加冠詞的情況

A

名詞前面有某些限定詞時

名詞前面有作限定詞的所有格代名詞、指示代名詞、不定代名詞或所有格修飾時，名詞前不加冠詞。

- This is **my** backpack. That is **Jim's** backpack.
  （這是我的背包，那是吉姆的背包。）
- I'd like **some** books about cars and toys.
  （我想買些關於汽車和玩具的書。）
- **Bill's** camera is like mine.
  （比爾的照相機跟我的很類似。）

B

泛指某類人事物時

不可數名詞、名詞複數泛指某類人事物時，前面通常不加冠詞。

- **Students** should obey the school rules.
  （學生應當遵守校規。）
- **Bread** is made of flour.
  （麵包是用麵粉做的。）

C

職位、頭銜、稱呼前

表示職位及頭銜的名詞用作補語、受詞補語及同位語時，前面通常不加冠詞。

- Obama became **President** of the US.
  （歐巴馬成了美國總統。）
- He is **head** of the factory.
  （他是工廠的廠長。）
- He will be made **captain** of the football team.
  （他將被選為足球隊隊長。）
- What are you reading, **Boy**?
  （孩子，你在讀什麼？）

D

三餐、球類、棋類
、學科和語言前

- What do you usually have for **lunch**?（你午餐通常都吃些什麼？）
- Let's go and **play basketball**.（我們去打籃球吧。）
- I'm not fond of **playing chess**.（我不太喜歡下棋。）
- We are all interested in **physics**.（我們大家都對物理感興趣。）
- He is learning **French** now.（他正在學法語。）

Extension 【延伸學習】

• 表示語言的名詞之後加上language 時，前面要加定冠詞the。

   The English language is playing an important role in international affairs.

   （英文在國際事務上正起著舉足輕重的作用。）

E

月份、星期、節日
、季節等前

- School begins in **September**.

   （學校九月開學。）

- She has been here since **Monday**.

   （她從星期一就一直待在這裡。）

- We will visit my grandparents at **Christmas**.

   （聖誕節期間我們會去探望我的爺爺奶奶。）

- **Spring** is the best season of the year.

   （春天是一年中最好的季節。）

Extension 【延伸學習】

• 當談論具體的季節或日期時常用定冠詞。

   I don't like **the** spring here. It's too sandy.（我不喜歡這裡的春天，沙太多了。）

• 台灣有些傳統節日由 festival 組成，其前加定冠詞。

   the Mid-Autumn Festival（中秋節）

   the Spring Festival（春節）

F

某些習慣用語中不
用冠詞

◄◄◄

- [ ] at night（在晚上）
- [ ] at noon（在中午）
- [ ] at home（在家裡）
- [ ] at table（在吃飯）
- [ ] at school（在上學）
- [ ] at college（在上大學）
- [ ] at work（在上班）
- [ ] at dinner（在吃飯）
- [ ] at breakfast（在吃早餐）
- [ ] after school（放學後）
- [ ] at first（起初）
- [ ] by bus/car/taxi/water/plane/train
  （搭乘公車／汽車／計程車／輪船／飛機／火車）

- [ ] at last（最終）
- [ ] go to school（上學）
- [ ] go to college（上大學）
- [ ] in hospital（住院）
- [ ] in danger（在危險中）
- [ ] in time（及時）
- [ ] on time（按時）
- [ ] in fact（事實上）
- [ ] on foot（步行）
- [ ] go to bed（上床睡覺）

 不用冠詞的情況

泛指複數、日三餐,
球類運動、季節前,
星期、月份、節假日,
抽象、物質成習慣,
顏色、語種和國名,
稱呼、習語及頭銜。

 用法辨異

下列片語中有加 the 跟沒有加 the, 意義差別就很大

- at the table（在桌子旁）
  at table（在吃飯）
- go to the bed（往床邊走去）
  go to bed（上床睡覺）
- go to the school（到學校去）
  go to school（上學）
- go to the prison（去監獄）
  go to prison（入監獄, 服刑）

- in the hospital（在醫院裡）
  in hospital（住院）
- at the school（在學校裡）
  at school（在上學）
- in the class（在班上）
  in class（在上課）
- in the future（將來）
  in future（今後）

- in the front of（在…前部）
  in front of（在…前面）
- the next year（第二年）
  next year（明年）
- by the sea（在海邊）
  by sea（乘船）
- on the earth（在地球上）
  on earth（究竟）

1
2
3
4
5
6
7
8
9
10
11
12
13
14
15
16
17
18
19
20

考題演練

（一）高中入試考古題：Choose the correct answer.（選擇正確的答案）

(1) —What do you usually have for_____breakfast, Peter?

—A fried egg, three pieces of bread and a glass of milk.

    A. a   **B.** an   **C.** the   **D.** /

(2) —Have you seen_____pen? I left one here this morning.

—Is it_____black one? I think I saw it somewhere.

    A. the; the   **B.** a; a   **C.** the; a   **D.** a; the

(3) I usually go to school on_____foot.

    A. a   **B.** the   **C.** /

(4) —What do you want to be in the future, Nick?

—I want to be_____pilot. It is_____exciting job.

    A. a; a   **B.** a; an   **C.** the; an   **D.** a; the

(5) Jack likes playing_____soccer, but he doesn't like playing_____ piano.

    A. /; /   **B.** the; /   **C.** the; the   **D.** /; the

(6) After school we usually play_____basketball for half an hour on_____ playground.

    A. the; the   **B.** /; /   **C.** /; the   **D.** the; /

(7) We can see _____ full moon on the evening of August _____ 15th every year.

    A. the; a   **B.** a; a   **C.** a; the   **D.** the; the

(8) There's _____ 800-metre-long road behind _____ hospital.

    A. an; an   **B.** a; a   **C.** an; the   **D.** a; the

(9) I really like _____ book you lent me yesterday.

    A. a   **B.** an   **C.** the   **D.** /

(10) What _____ exciting news it is! Is _____ news true?

    A. an; an   **B.** an; a   **C.** /; the   **D.** /; a

(11) Mary has a bad cold. She has to stay in _____ bed.

A. a   B. /   C. the

(12) —What _____ sweet music! Do you know who wrote it?

—Beethoven, I think.

A. /   B. a   C. an   D. the

■（二）模擬試題：Choose the correct answer.（選擇正確的答案）

(1) We work five days _____ week.

A. a   B. an   C. the   D. /

(2) We can't see _____ sun at _____ night.

A. a; /   B. a; the   C. the; /   D. the; the

(3) English is _____ useful language in _____ world.

A. an; the   B. a; the   C. the; the   D. an; an

(4) After _____ supper, he stayed at home and played _____ violin.

A. the; the   B. /; the   C. /; a   D. /; /

(5) Look, Simon, _____ computer that I bought last year doesn't work.

A. a   B. an   C. the   D. /

(6) I've tried it three times. Let me try _____ fourth time.

A. a   B. an   C. the   D. /

(7) _____ woman over there is _____ popular teacher in our school.

A. A; an   B. The; a   C. The; the   D. A; the

(8) Bill is _____ English teacher. He likes playing _____ football.

A. a; the   B. an; the   C. a; /   D. an; /

(9) _____ Blacks are going to the park this Sunday. Why don't we go for _____ walk with them?

A. A; a   B. An; /   C. The; a   D. /; a

(10) He is _____ cleverest boy in our school.

A. a   B. the   C. an   D. /

答案・解說 1

▶ (1) **D** (2) **B** (3) **C** (4) **B** (5) **D** (6) **C** (7) **C** (8) **C**
(9) **C** (10) **C** (11) **B** (12) **A**

(1) 題意：「彼得，你早餐通常吃什麼？」「一個煎蛋、三片麵包和一杯奶。」表示三餐的名詞前面一般不用冠詞，所以選 D。

(2) 題意：「你有看到一支鋼筆嗎？我今天早上掉在這裡一支。」「是一支黑色的嗎？我想我好像在哪裡看到過。」pen 與 black one 在這裡都是指不確定的任意一個，所以前面都用不定冠詞。

(3) 題意：「我經常步行去上學。」on foot「步行」，是固定用法。

(4) 題意：「尼克，你將來想做什麼？」「我想成為一名飛行員。那是一份令人興奮的工作。」兩個空都表示泛指，用不定冠詞；pilot 發音是以子音開頭，所以第一個空格用 a；exciting 發音是以母音開頭，所以第二個空格用 an。

(5) 題意：「傑克喜歡踢足球，但他不喜歡彈鋼琴。」表示運動的名詞前面不加冠詞；表示演奏的西洋樂器的名詞前面加定冠詞。

(6) 題意：「放學後我們通常都會在操場上打半個小時的籃球。」表示球類運動的名詞前面不加任何冠詞。playground 是特指，所以前面加 the。

(7) 題意：「每年八月十五的晚上我們都能看見一輪明月。」泛指「一輪…的月亮」，第一個空格加不定冠詞；序數詞前面加定冠詞 the。

(8) 題意：「那家醫院後面有一條 800 公尺長的路。」複合詞 800-metre-long 發音是以母音開頭的，所以前面加 an；hospital 是說話雙方都知道的事物，所以前面加 the。

(9) 題意：「我非常喜歡你昨天借給我的那本書。」由 book 的限定詞 you lent me yesterday 可以知道這裡需要用定冠詞 the 表示特指。

(10) 題意：「多麼令人激動的消息啊！這消息是真的嗎？」news 是不可數名詞，在感歎句中作中心詞時前面不加冠詞；第二次提到時表示特指，news 前面應該加定冠詞。

(11) 題意：「瑪麗患了重感冒，不得不躺在床上休息。」in bed 是固定搭配，意為「睡在床上」。

(12) 題意：「多美妙的音樂啊！你知道是誰寫的嗎？」「我認為是貝多芬。」music 是不可數名詞，在感歎句中作中心詞時，前面不用任何冠詞。

答案・解説②

D (1) **A** (2) **C** (3) **B** (4) **B** (5) **C** (6) **A** (7) **B** (8) **D**
(9) **C** (10) **B**

(1) 題意：「我們每週工作五天。」不定冠詞跟表示時間、距離等的名詞連用，表示「每一」。

(2) 題意：「我們在晚上看不到太陽。」sun 是表示獨一無二的事物名詞，前面要用定冠詞；at night 是固定片語，不用冠詞。

(3) 題意：「英語在世界上是一種有用的語言。」第一個空格是泛指，且 useful 發音以子音開頭，所以用 a；world 是表示獨一無二的事物的名詞，前面應該加定冠詞 the。

(4) 題意：「晚飯後，他待在家裡拉小提琴。」表示一日三餐的名詞前不加冠詞；表示彈奏的西洋樂器名詞前要加定冠詞。

(5) 題意：「西蒙，你看！我去年買的電腦不能播放了。」表示說話雙方都知道的人事物前面應該加定冠詞。

(6) 題意：「我已經試過三次了，讓我再試一次吧！」序數詞前面一般用定冠詞表示順序，但前面加不定冠詞時，則意為「再一，又一」。

(7) 題意：「那邊的那位女士是我們學校一名受歡迎的老師。」「那邊的那位女士」是特指；「一名受歡迎的老師」是泛指。

(8) 題意：「比爾是一位英語老師，他喜歡踢足球。」an 用在發音以母音開頭的單字前，表示泛指；表示球類運動的名詞前不加冠詞。

(9) 題意：「布萊克一家人這個星期天要去公園。我們為什麼不和他們一起去散散步呢？」在表示姓氏的複數名詞前面用定冠詞 the，表示該姓氏的「一家人」或「夫婦二人」；go for a walk 是固定片語，意為「去散步」。

(10) 題意：「他是我們學校裡最聰明的男孩。」在形容詞最高級前面應該加定冠詞。

動詞

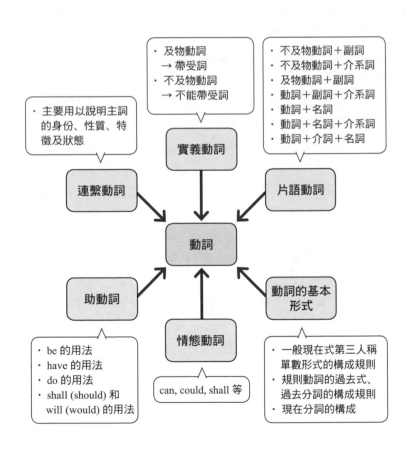

- 及物動詞
  → 帶受詞
- 不及物動詞
  → 不能帶受詞

- 不及物動詞＋副詞
- 不及物動詞＋介系詞
- 及物動詞＋副詞
- 動詞＋副詞＋介系詞
- 動詞＋名詞
- 動詞＋名詞＋介系詞
- 動詞＋介詞＋名詞

- 主要用以說明主詞的身份、性質、特徵及狀態

實義動詞

連繫動詞

片語動詞

動詞

助動詞

情態動詞

動詞的基本形式

- be 的用法
- have 的用法
- do 的用法
- shall (should) 和 will (would) 的用法

can, could, shall 等

- 一般現在式第三人稱單數形式的構成規則
- 規則動詞的過去式、過去分詞的構成規則
- 現在分詞的構成

用來描述主詞的動作或狀態的字叫做動詞。動詞在句子中作述詞，是句子不可缺少的部分。英語中的動詞有不同的形式，這些形式表現出動作發生的時間（時態）、主動發出的動作還是被動接受的動作（語態），或是說話者的口氣、情感等（語氣）。

根據意義還有在句中的功能，動詞可以分為實義動詞、連繫動詞、助動詞和情態動詞四類。

述詞是跟主詞相對，動詞述詞主要在描述主詞的動作、行為或變化。

分　類	概念及特點	舉例說明
實義動詞	有完整的意義，能單獨作述詞	put（放）　　bring（帶來） find（發現）　come（來） appear（出現）
連繫動詞	用來說明主詞與主詞補語關係的動詞，不能單獨作述詞，一般跟主詞補語一起構成複合述詞	be（是、存在）　look（看起來） sound（聽起來）　feel（摸起來） smell（聞起來）
助動詞	幫助主動詞構成不同的時態、語態及肯定、否定、疑問句式，本身沒有實際意義，也不能單獨作述詞	be (am, is, are, was, were) have, has, had do, does, did will, would, shall, should
情態動詞	本身具有意義，用來表達揣測、義務、命令等意義，不能單獨作述詞，只能和主動詞一起構成述詞	can（能夠）　　should（應該） may（也許）　　will（願意）

1 實義動詞

● T-30

A

及物動詞
◀◀◀

❶ 單受詞及物動詞

只跟著一個受詞的及物動詞叫做單受詞及物動詞。

- I've **finished** my homework.
  （我已經做完家庭作業了。）
- And the coolest thing was the belt. Everyone **loved** it.
  （最酷的東西是這個腰帶，大家都愛死它了。）
- I write them down, but I **forget** them quickly.
  （我把它們寫了下來，但很快就忘了。）

❷ 雙受詞及物動詞

可以同時跟著兩個受詞的及物動叫做為雙受詞及物動詞。動詞直接涉及的事物稱為直接受詞；動詞的動作涉及到的人叫做間接受詞。

- I returned **him the storybook**.
  間接受詞←┈┈┘ └┈┈→直接受詞
  （我把故事書還給了他。）
- I'll find **you a better one**.
  間接受詞←┈┈┘ └┈┈→直接受詞
  （我會再找個更好的給你。）

ⓐ 有些雙受詞及物動詞後面的間接受詞，會放在直接受詞後面，這時間接受詞前面要加 to。其中 to 強調動作的方向，表示「朝著；向著；對著」。

□ bring（帶來）	□ pass（遞）	□ read（讀）	□ teach（教）
□ give（給）	□ pay（付款）	□ return（返還）	□ tell（告訴）
□ hand（遞）	□ post（寄）	□ sell（賣）	□ throw（扔）
□ lend（借）	□ promise（答應）	□ show（展示）	

- Tom **gave** me a nice picture.
  → Tom **gave** a nice picture **to** me.
  （湯姆給了我一張美麗的圖片。）
- I **showed** each student six things and asked them about each one.
  → I **showed** six things **to** each student and asked them about each one.
  （我給每個學生看六樣東西，然後就每樣東西問他們問題。）

ⓑ 有些雙受詞及物動詞後面的間接受詞，會放在直接受詞後面，這時間接受詞前面
要加 for。其中 for 更強調動作的受益者，表示「為了；替」。

□ buy（買）	□ draw（畫）	□ order（訂購）	□ save（節省）
□ book（預訂）	□ find（找到）	□ play（演奏）	□ spare（節省）
□ choose（選擇）	□ get（得到）	□ paint（繪畫）	□ sing（唱）
□ cook（烹飪）	□ make（做）	□ prepare（準備）	

- My mum **made** me a beautiful dress.
  → My mum **made** a beautiful dress **for** me.
  （媽媽給我做了一件漂亮的裙子。）
- I will **find** you another chance.
  → I will **find** another chance **for** you.
  （我會再幫你找機會的。）

ⓒ 有些雙受詞動詞，如 do, play, sing, get, read 等處於以上的情況時，間接受詞前面
可以加 to 也可以加 for。

- Could I **read** you this letter?
  → Could I **read** this letter **to/for** you?
  （我可以為你讀這封信嗎？）
- Nicole **sang** us several English songs.
  → Nicole **sang** several English songs **to/for** us.
  （妮可為我們唱了幾首英文歌曲。）

❸ 接複合受詞的及物動詞

　　有些動詞只跟一個受詞意義會顯得不夠完整，因此受詞後面必須再加上一個成分
（受格補語），才能完整表達意義。

ⓐ 以形容詞（片語）作受格補語的及物動詞：

□ believe（相信）	□ get（使）	□ make（使）	□ set（使）
□ drive（使）	□ keep（使保持）	□ push（推）	□ think（認為）
□ find（發現）	□ leave（留下）		

- The noise almost **made** me **mad**.
  （噪音幾乎把我逼瘋了。）
- We all **believe** him **honest** and **kind**.
  （我們都相信他誠實又善良。）

ⓑ 以名詞（片語）作受格補語的及物動詞：

□ call（叫）　□ make（使變為）　□ consider（認為）□ keep（使）
□ name（命名）　□ wish（祝願）　□ find（發現）　□ choose（選擇）

- I do **consider** Mary my best **friend**.
  （我確實是把瑪麗當成我最好的朋友。）

ⓒ 跟帶 to 的不定詞，作受格補語的及物動詞：

□ get（使）　　□ tell（告訴）　□ want（想要）　□ warn（警告）
□ order（命令）　□ teach（教）　□ wish（希望）　□ ask（要求，讓）

- Mother often **tells** me **to make** friends carefully.
  （媽媽經常告誡我交友要謹慎。）

ⓓ 跟不帶 to 的不定詞，作受格補語的及物動詞：

□ have（使）　　□ hear（聽見）　　□ look at（看）
□ make（使）　　□ notice（注意）　　□ listen to（聽）
□ let（讓）　　　□ feel（感覺）　　□ observe（觀察）
□ see（看見）　　□ watch（注意看）　□ discover（發現）

> **特別強調　需加符號 to**
>
> 這些詞變為被動語態時，需要加上符號 to，但 let 除外。
> - Paul doesn't have to <u>be made to learn</u>.
>   （保羅不必被逼著學習。）

- **Let's go** swimming on Sunday.（我們星期天去游泳吧。）
- What **made** you **think of** that?
  （是什麼讓你想起那件事的？）

ⓔ 跟 V-ing 形式作受格補語的及物動詞：

□ see（看見）　□ catch（抓住）　□ watch（注意看）
□ hear（聽見）　□ find（發現）　□ smell（聞到）
□ keep（使）　　□ have（讓）　　□ look at（看）
□ listen to（聽）□ get（使）

> **注意一下　see, watch, look at**
>
> 三者都有「看」的意思，但「看」法不同。see 表示自然地進入視線裡；watch 表示專注地看在動的東西，常用在看電視、看球賽等；look at 表示為了看某物，而把視線朝向某物。
> - see stars（看星星）
> - watch TV（看電視）
> - look at the picture
>   （看畫）

- Don't **keep** the light **burning** all the day.
  （不要整天開著燈。）
- I **smell** something **burning** in the kitchen.
  （我聞到廚房裡有什麼東西燒焦了。）
- Can you **hear** someone **playing** the piano next door?
  （你能聽到隔壁有人在彈鋼琴嗎？）

❻ 跟 V-ed 形式作受格補語的及物動詞:

				9
□ have(使)	□ make(使)	□ find(發現)	□ see(看見)	動
□ get(使)	□ hear(聽見)	□ feel(感覺)	□ think(以為)	詞

- I couldn't **make** myself **heard** by all the listeners.
  (我沒辦法讓所有的聽眾都聽到我的聲音。)
- When he woke up, he **found** the world outside **changed**.
  (醒來後,他發現外面的世界全變了。)

B

不及物動詞
◄◄◄

不及物動詞的後面一般不可以直接接受詞,但有不及物動詞和介系詞或副詞一起使用,而構成片語動詞,這種情況就可以接受詞。

- What will **happen** without electricity?
  (沒有電會發生什麼事?)
- The kangaroos **come from** Australia.
  (袋鼠原產於澳大利亞。)

特別強調

● 一個動詞是及物動詞還是不及物動詞,不是固定不變的。同一個動詞在不同的句子中,有時用作及物動詞,後面跟受詞;有時用作不及物動詞,後面不能跟受詞。

【及物】
- I am **eating** an apple.(我正在吃蘋果。)
- He **met** his teacher yesterday.(他昨天遇見了他的老師。)
- Please **pass** me the sugar.(請把糖遞給我。)
- But to his surprise, this phone call **changed** his life.
  (但令他驚奇的是,這通電話改變了他的生活。)

【不及物】
- We **eat** at twelve.(我們十二點吃飯。)
- When shall we **meet**?(我們什麼時候見面?)
- Winter **passed** quickly.(冬天很快就過去了。)
- Now Martin has really **changed**.(現在馬丁確實變了。)

C

持續性動詞和終止
性動詞
◀◀◀

根據動作或狀態是否能延續，英語中的動詞可以分為持續性動詞和終止性動詞。

❶ 持續性動詞

持續性動詞表示一種可以持續的行為過程或狀態。

☐ drink（喝）	☐ know（認識）	☐ sing（唱）	☐ talk（説）
☐ eat（吃）	☐ lie（躺著）	☐ sleep（睡覺）	☐ wait（等）
☐ fly（飛）	☐ live（住）	☐ snow（下雪）	☐ walk（走）
☐ have（有）	☐ play（玩）	☐ stand（站）	☐ wear（穿）
☐ keep（保持）	☐ read（讀）	☐ study（學習）	☐ work（工作）

❷ 終止性動詞

終止性動詞又叫做非持續性動詞或瞬間動詞，表示行為或過程是在短時間內完成的。

☐ arrive（到達）	☐ close（關閉）	☐ hit（擊中）	☐ marry（結婚）
☐ begin（開始）	☐ come（來）	☐ join（加入）	☐ open（打開）
☐ borrow（借）	☐ die（死）	☐ jump（跳）	☐ put（放）
☐ buy（買）	☐ fall（倒下）	☐ leave（離開）	☐ start（開始）
☐ break（打破）	☐ go（走）	☐ lose（丟）	☐ stop（停）

❸ 持續性動詞和終止性動詞的用法區別

ⓐ 持續性動詞可以用表示一段時間的副詞來修飾，而終止性動詞不可以。

‧ **How long** can I **keep** the book?（這本書我可以借多久？）

‧ They will **work** here **till next Friday**.
（他們要在這裡工作到下週五。）

ⓑ 持續性動詞表示一時的動作時，可以在該動詞前加 get, begin, come。

- When did you **get to know** him?（你是什麼時候認識他的？）
- They **began to see** that they had made a serious mistake.
  （他們開始意識到自己犯了個大錯。）

ⓒ 有時，終止性動詞也能跟表示一段時間的時間副詞搭配。這種表示一段時間的副詞，實質上是表示一段時間內，或一段時間後的某個時間「點」。

- The fire **broke out during the night**.（火災是在夜晚發生的。）
- The play **will start in half an hour**.（這齣戲半個小時後開始演出。）

ⓓ 終止性動詞的否定式表示動作的否定，這時候可以跟表示一段時間的副詞搭配。

- We **haven't come** here **for ages**.（我們很多年沒來這裡了。）
- The rain **hasn't stoppedsince three hours ago**.
  （這場雨已經連續下了三個小時。）

連繫動詞

連繫動詞指連繫主詞和補語的動詞，主要用來說明主詞的身份、性質、特徵及狀態。連繫動詞只有主動形式。常見的連繫動詞有：

分　類	舉例說明		
表示感官	look（看起來）　sound（聽起來）　taste（嘗起來） smell（聞起來）　feel（摸起來）		
表示狀態、變化等	be（是） get（變得） go（變得） seem（看起來;似乎）	keep（保持） remain（保持） grow（變得） become（變成）	turn（變得） prove（證明） appear（顯得）

> **巧學妙記 初中階段常用連繫動詞**
> 一「是」(is, am, are)，一「感覺」(feel)，一「保持」(keep)，三個「變了」(become, get, turn)，四個「起來」(taste, smell, look, sound)。
> 一句話概括為：
> 一是一覺一保持，起來四個，變了三個。

- They **look** cool.（他們看起來很酷。）
- What food **tastes** delicious?（什麼食物嘗起來美味？）
- I'**m** very busy when people go out to dinners.
  （當大家出去吃飯時我忙得很。）
- The weather is **becoming** warmer and warmer as the spring is coming.
  （春天來了，天氣變得越來越暖和。）
- He always **kept** silent at meeting.（他開會時總是保持沉默。）
- All the trees and grass **turn** green in spring.（春天所有的樹和草都轉綠了。）

3 助動詞

助動詞本身沒有意義，不能單獨作述詞，只能和實義動詞一起構成述詞，表示時態、語態、語氣等特徵，幫助構成否定、疑問、強調、省略等形式。主要的助動詞有 be, do, have, shall, will 等。

A 助動詞 be 的用法

be動詞用在不同的人稱、時態時，要變成相應的形式，如下表：

人稱形式		現在時態	過去時態	現在分詞	過去分詞
第一人稱	單數	am	was	being	been
	複數	are	were		
第二人稱	單數	are	were		
	複數				
第三人稱	單數	is	was		
	複數	are	were		

❶ 構成進行時態（be ＋ V-ing 形式）。
- What **are** they **talking** about?（他們在談什麼？）
- They **were holding** a sports meeting.（他們在開運動會。）

❷ 構成被動語態（be ＋ V-ed 形式）。
- They **were invented** last year.（它們是在去年被發明的。）
- This kind of machine **is not made** in Japan.
  （這種機器不是日本製造的。）
- —Have the postcards **been posted**?（賀卡已經寄出去了嗎？）
- —No, they haven't.（還沒有呢。）

巧學妙記 ！

助動詞 be 的用法

我（I）用 am，你（you）用 are，is 連著他（he）、她（she）、它（it）。
名詞單數用 is，名詞複數全用 are。變問句，往前提，句末問號莫丟棄。
變否定，也簡單，be 後只把 not 添。
疑問、否定隨你變，句首大寫也關鍵。

B

助動詞 have 的用法

have作助動詞時，可以構成完成時態，其各種形式如下表：

形　式	肯定式	縮略肯定式	否定式	縮略否定式
原形	have	've	have not	haven't 或 've not
一般現在式 第三人稱單數	has	's	has not	hasn't 或 's not
過去式	had	'd	had not	hadn't 或 'd not

- I **have interviewed** three students at my school about the TV programmes they like.
  （我採訪了我們學校的三位學生談談他們喜歡的電視節目。）
- She **has phoned** me about your coming.
  （她已經打電話告訴我說你要來。）
- I **haven't heard** from her since she left California.
  （從她離開加州以後，我就沒收過她的來信。）
- I **had read** this book long before it reached Taiwan.
  （早在這本書進入台灣市場的很久以前，我就讀過了。）

C

助動詞 do 的用法

形　式	肯定式	否定式	縮略否定式
原形	do	do not	don't
一般現在式 單數第三人稱	does	does not	doesn't
過去式	did	did not	didn't

❶ 構成一般現在式和一般過去式的否定句、疑問句以及祈使句的否定句。

- He **doesn't** like Chinese food at all.
  （他根本不喜歡中國菜。）
- Where **did** you go yesterday?
  （昨天你去哪裡了？）
- **Don't** stand in the way.（不要擋路。）

助動詞
do/does/did

實義動詞
do

❷ 放在動詞原形前面，加強語氣。

- **Do come** earlier tomorrow.（明天一定早點來。）
- I **did return** the book to the library.（我的確把書還給圖書館了。）

❸ 代替前面剛出現的動詞，以避免重複。

- You sang as well as she **did**.
  └──→代替 sing
  （你唱得和她一樣好。）
- —Do you like drinking orange?
  （你喜歡喝柳橙汁嗎？）
- —Yes, I **do**.（是的，喜歡。）
  └──→代替 like

巧學妙記 **動詞 do 的用法**

實義動詞「做」和「幹」。does 表示主詞是「三單」。簡略答語可用 do，代替「上述」免重複。don't 加「動原」構否定，do 加陳述、疑問型。

D

助動詞 shall，should 和 will，would 的用法

助動詞 shall，should 和 will，would 後接動詞原形構成一般（過去）未來式。shall，should 主要用於第一人稱；will，would 常用於各種人稱。

肯定式	縮略肯定式	否定式	縮略否定式
shall	'll	shall not	shan't
should	'd	should not	shouldn't
will	'll	will not	won't
would	'd	would not	wouldn't

- I **shall** have a class meeting next week.（下週我要開班會。）
- We thought we **should** never see you again.
  （我們原以為再也見不到你了。）
- **Will** you be present at the meeting?（你〈們〉將出席會議嗎？）
- They said it **would** be fine the next day.
  （他們說第二天天氣應該不錯。）

巧學妙記 ❗

助動詞的用法

時態、人稱、疑問、否，be, do, will, have 少不了。

現在分詞表進行，離開 be 動事難成。

被動語態少了 be，時態、人稱、意不達。

要想構成完成式，have, had 作標誌。

一般疑問句，助動詞放到句首去。

變否定，也簡單，助動詞後面 not 添。

4 情態動詞

情態動詞的用法詳見第 10 章《情態動詞》。

5 動詞的基本形式

英語動詞有五種基本形式，也就是動詞原形、一般現在式單數第三人稱形式、過去式、過去分詞和現在分詞。規則動詞的五種形式如下表：

原　形	一般現在式 單數第三人稱	過去式	過去分詞	現在分詞
work	works	worked	worked	working
try	tries	tried	tried	trying
stop	stops	stopped	stopped	stopping
play	plays	played	played	playing

9
動詞

1
2
3
4
5
6
7
8
9
10
11
12
13
14
15
16
17
18
19
20

一般現在式單數第三
人稱形式的構成規則
◀◀◀

變化規則	原　形		單數第三人稱形式	
一般情況加 -s	write（寫）	read（閱讀）	writes	reads
	play（玩）	live（居住）	plays	lives
以發音以 [s]、[ʃ]、[tʃ] 結尾或以字母 o 結尾的動詞，加 -es	pass（傳遞）	push（推）	passes	pushes
	watch（觀看）	go（去）	watches	goes
以「子音＋y」結尾的動詞，去 y 加 -ies	try（嘗試）	carry（攜帶）	tries	carries
	study（學習）		studies	

B

規則動詞的過去式、
過去分詞的構成規則
◀◀◀

　　動詞的過去式主要用來構成一般過去式，過去分詞主要用來構成現在完成式、過去完成式和被動語態。（常用不規則動詞的過去式、過去分詞。詳見本書附錄《不規則動詞表》）

變化規則	原　形	過去式	過去分詞
一般情況加 -ed	help（幫助）	helped	helped
	stay（停留）	stayed	stayed
	want（想要）	wanted	wanted
字尾是不發音的字母 e 時，直接加 -d	like（喜歡）	liked	liked
	live（居住）	lived	lived
字尾為「子音＋y」時，去 y 再加 -ied	try（嘗試）	tried	tried
	study（學習）	studied	studied
後三個字音標排列是「子母子」，且字尾只有一個子音，就要重複字尾，再加 -ed	plan（計畫）	planned	planned
	stop（停止）	stopped	stopped

c

現在分詞的構成

◀◀◀

現在分詞主要用在構成現在進行式和過去進行式。

變化規則	原　形	現在分詞
一般情況下直接加 -ing	buy（買）　sleep（睡覺）	buy**ing**　sleep**ing**
以不發音的 e 結尾，去掉 e 再加 -ing	use（使用）　move（移動）	us**ing**　mov**ing**
後三個字音標排列是「子母子」，且字尾只有一個子音，就要重複字尾，再加 -ing	begin（開始）　put（放）	begin**ning**　put**ting**
少數以 ie 結尾，先變 ie 為 y，再加 -ing	die（死）　lie（躺）　tie（繫）	dy**ing**　ly**ing**　ty**ing**
以 oe, ee, ye 結尾，直接加 -ing	see（看見）　eye（用眼看）	see**ing**　eye**ing**

原形　-S　-ed　-ing

★ | **常用必備**

★ 變為過去式、過去分詞和現在分詞時須要重複字尾的動詞有 begin, cut, dig, drop, forget, get, hit, let, prefer, put, run, sit, shop, stop, swim 等。

★ 以「子音＋y」結尾的動詞，去 y 加 ies 成為動詞第三人稱單數形式，去 y 加 ied 成為過去式和過去分詞的常用動詞有 carry, copy, cry, fry, hurry, spy, study, try, tidy, worry 等。

6 片語動詞

由兩個或兩個以上的字一起構成一個片語，相當於一個動詞，叫做片語動詞。

A

不及物動詞＋副詞

「不及物動詞＋副詞」結構在句中直接作述詞，其後不加任何受詞。常用的這類副詞有away, along, back, down, in, off, on, out, up等。

- □ break out（爆發）
- □ break up（分解）
- □ come up（出現）
- □ fall behind（落後）
- □ get along（進展）
- □ give in（屈服）
- □ go on（繼續）
- □ grow up（長大）
- □ hold on（等一會兒）
- □ pass away（去世）
- □ run out（用光）
- □ start off（出發）

B

不及物動詞＋介系詞

「不及物動詞＋介系詞」結構在句中作述詞時，其後需要接受詞。常用的這類介系詞有for, about, over, after, into, at, to, on, across, with等。

- □ look at（看）
- □ look through（流覽）
- □ break into（破門而入）
- □ care for（喜歡）
- □ come across（偶然碰到）
- □ laugh at（嘲笑）
- □ look after（照顧）
- □ look into（調查）
- □ look for（尋找）

C

及物動詞＋副詞

「及物動詞＋副詞」結構有的必須加受詞，有的不能加受詞，相當於一個不及物動詞。

- □ use up（用光）
- □ eat up（吃光）
- □ find out（查明；查出）
- □ hold up（舉起）
- □ put off（推遲）
- □ put on（穿上；上演）
- □ put up（舉起；張貼）
- □ pick up（撿起；接某人）
- □ take off（起飛）
- □ turn down（調小）
- □ turn up（出現；調大）
- □ work out（計算出）

注意一下 接 turn 的片語動詞

turn on 表示「打開」；turn off 表示「關掉」；turn down 意思是「調低，關小」；turn over 意思是「打翻，變換頻道」。

特別強調

- 該結構中，受詞如果是人稱代名詞的受格形式，必需把它放在動詞和副詞之間；如果是名詞或nothing, everything 等代名詞，就可以放在動詞和副詞中間，也可以放在副詞後面。

D

動詞＋副詞＋介系詞

- □ break away from（擺脫）
- □ catch up with（追上）
- □ settle down to（開始靜下心來做）
- □ keep up with（與…保持同步）
- □ go on with（繼續）
- □ get away from（逃離）
- □ keep away from（遠離）
- □ look forward to（期盼）

E

動詞＋名詞

- □ catch fire（著火）
- □ have a cold（感冒）
- □ make the bed（整理床鋪）
- □ make faces（做鬼臉）
- □ lose heart（灰心）
- □ lose interest（失去興趣）
- □ lose weight（減肥）
- □ take care（當心）
- □ take place（發生）

F

動詞＋名詞＋介系詞

- □ make friends with（與…交朋友）
- □ make fun of（取笑…）
- □ make room for（為…騰出空間）
- □ make use of（利用…）
- □ take care of（照顧…）
- □ take part in（參加…）

G

動詞＋介系詞＋名詞

- □ go to bed（上床睡覺）
- □ get in touch（取得聯繫）
- □ keep...in mind（牢記…）
- □ keep in touch（保持聯繫）
- □ learn...by heart（背熟…）
- □ set...on fire（點火燒…）

考題演練

■（一）高中入試考古題：Choose the correct answer.（選擇正確的答案）

(1) I hated my new school at first, but I made lots of friends and now I _____ it.
    A. get   B. take   C. fit   D. love

(2) This silk dress _____ so smooth. It's made in Thailand.
    A. feels   B. smells   C. sounds   D. tastes

(3) —Mom, can I leave my homework for tomorrow?
    —I'm afraid not. Don't _____ what you can do today till tomorrow.
    A. put on   B. put down   C. put up   D. put off

(4) Tom _____ his father, because they both are cheerful and easygoing.
    A. looks like   B. takes after
    C. doesn't take after   D. isn't like

(5) —We must act now because time is _____ .
    —Yes. Let's start.
    A. coming out   B. giving out   C. cutting out   D. running out

(6) —What are you doing, Uncle Wang?
    —I am sorting out old books and I'll _____ to kids in Texas.
    A. give them up   B. give them away
    C. give them off   D. give them in

(7) Would you please _____ my baby brother while I'm cooking?
    A. take out of   B. take care of
    C. take part in   D. take away from

(8) —I'm afraid a car is too expensive for me.
    —But more and more people can _____ to buy one.
    A. expect   B. afford   C. choose   D. offer

(9) —The T-shirt looks nice on you! How much does it _____?
    —I just _____ten dollars for it.
    A. take; afforded   B. cost; paid   C. cost; spent

(10) —I like reading.

—Great! It can _____ your mind.

A. read **B.** lose **C.** feed **D.** feel

（二）模擬試題：Choose the correct answer.（選擇正確的答案）

(1) —What a nice bag! Is it yours?

—Of course. I _____ 300 dollars on it.

A. cost **B.** spent **C.** paid **D.** took

(2) Don't talk loudly at the meeting. If you _____, you will have to leave.

A. are **B.** do **C.** did **D.** can

(3) I have a dream. When I _____, I want to be a scientist.

A. make up **B.** come up **C.** grow up **D.** turn up

(4) —Would you please show me your new digital camera?

—All right. I'll _____ it here this afternoon.

A. carry **B.** take **C.** bring **D.** put

(5) —Look! There is a horse racing programme on TV now.

—Hmm... It _____ exciting.

A. seems **B.** looks like **C.** feels **D.** seems like

(6) —Sorry, Mr Green. I have _____ my homework at home.

—That's OK. But don't forget next time.

A. forgotten **B.** put **C.** left **D.** kept

(7) —Let's go to see the pandas.

—That _____ interesting.

A. looks **B.** gets **C.** keeps **D.** sounds

(8) We need trees because they _____ CO_2 and let out O_2.

A. take off **B.** take in **C.** take out **D.** take away

(9) Oh, it's raining very hard! Our sports meeting has to be _____ till next Sunday.

    A. put off   **B.** put down   **C.** put away   **D.** put on

(10) The line was bad. We couldn't _____ each other clearly.

    A. hear   **B.** sound   **C.** listen to   **D.** listen

答案・解說 ①

■ (1) **D** (2) **A** (3) **D** (4) **B** (5) **D** (6) **B** (7) **B** (8) **B** (9) **B** (10) **C**

(1) 題意：「我剛開始很討厭我的新學校，但我交了許多朋友，現在我很喜歡它。」love「愛，非常喜歡」，符合題意。get「變得；得到」；take「帶走」；fit「合身；合適；安裝」。

(2) 題意：「這條真絲裙子摸起來真是順滑。它是泰國製造的。」feel「摸起來」，符合題意。smell「聞起來」；sound「聽起來」；taste「嘗起來」。

(3) 題意：「媽媽，我可以把作業留到明天再做嗎？」「恐怕不行。不要把今天能做的事拖到明天。」put off「推遲，延期」，符合題意。put on「穿上」；put down「放下；鎮壓；寫下」；put up「張貼；舉起」。

(4) 題意：「湯姆很像他爸爸，因為他倆都很樂觀也很隨和。」根據原因的副詞子句可以知道，需要的答案是要表示在性情上「相像」的意思，take after「像，與⋯相似」，符合題意。look like「看起來像」；C 項與 D 項表示否定意義，與題意不符。

(5) 題意：「我們必須立即行動，因為時間不多了。」「好的。我們開始吧。」run out「用完，耗盡」，符合題意。come out「出版；出現」；give out「分發；宣佈」；cut out「剪下」。

(6) 題意：「王叔叔你在幹什麼？」「我在整理舊書，我要把它們送給德州的孩子們。」give away「贈送；頒發」，符合題意。give up「放棄」；give off「發出」；give in「呈遞；屈服，讓步」。

(7) 題意：「我做飯的時候請你照顧一下我弟弟好嗎？」take care of「照顧，照看」，符合題意。take out of「拿出」；take part in「參加」；take away from「從⋯拿走」。

(8) 題意：「車子對我來說恐怕是太昂貴了。」「但越來越多的人都買得起車子了。」afford「買得起」，符合題意。expect「期待」；choose「選擇」；offer「提供」。

(9) 題意：「這件 T 恤衫你穿起來很好看。多少錢？」「我只花了 10 美元。」it 指 the T-shirt, 而 take 多指花費時間, 故第一空格用 cost；作「花費」講, 與介系詞 for 搭配用動詞 pay。

(10) 題意：「我喜歡閱讀。」「太好了！它可以充實你的心靈。」feed「餵養；使滿足」, 符合題意。read「閱讀」；lose「失敗」；feel「摸起來；感到」。

答案・解說 ②

■ (1) **B** (2) **B** (3) **C** (4) **C** (5) **A** (6) **C** (7) **D** (8) **B** (9) **A** (10) **A**

(1) 題意：「多漂亮的包包啊, 是你的嗎？」「沒錯, 我花了 300 美金買的。」spend 的主詞必須是人, 常用在「spend +時間／金錢＋ on sth./（in）doing sth.」句型中。cost 只能以事物來當作主詞；pay 和介系詞 for 搭配, 主詞是人；take 主要指花費時間。

(2) 題意：「在會議上不要大聲講話, 否則你會被趕出去。」do 作助動詞, 代替前面提到的 talk loudly at the meeting。

(3) 題意：「我有一個夢想, 我長大了想當一位科學家。」grow up「成長；長大」, 符合題意。make up「編造；組成」；come up「出現；發生」；turn up「開大；扭亮（燈火等）」。

(4) 題意：「你可以給我看一下你的新數位相機嗎？」「可以, 我今天下午給你帶過來。」bring「拿來, 帶來」, 指把某物或某人從別處帶到說話處。take「拿去, 帶去」, 指把某物或某人從說話處帶到別處, 它與 bring 所表示的方向是相反的。由 here 確定正確答案是 。

(5) 題意：「你看！現在電視正在播放賽馬的節目。」「哦, 似乎挺精彩的。」seem「似乎」, 是連繫動詞, 後面接形容詞作補語, 符合題意。feel「摸起來；感覺」, 也是連繫動詞, 後面接形容詞作補語；look like「看起來像」和 seem like「仿佛…似的, 好像」後面常接名詞（片語）、代名詞、子句等。

(6) 題意：「對不起, 格林先生, 我把作業忘在家裡了。」「沒關係, 下次別忘了。」leave「遺忘某物在某處」, 後面應該接具體的地點, 符合題意。forget「遺忘某物」, 指忘記一件具體的東西, 但不能有具體的地點。put「放」；keep「繼續；保持」。

(7) 題意：「我們去看熊貓吧。」「聽起來不錯。」that 表示「看熊貓」這件事, sound 是連繫動詞, 表示「聽起來」。

(8) 題意：「我們需要樹木, 因為它們會吸收二氧化碳, 吐出氧氣。」take in「吸收」；take off「脫下；（飛機）起飛」；take out「取出, 拿出」；take away「取走, 拿走」。眾所周知, 樹木的光合作用是吸收二氧化碳, 釋放氧氣, 所以選 。

(9) 題意:「唉呀，雨下這麼大！我們的運動會不得不延到下個星期天了。」put off「推遲」；put down「放下」；put away「收拾好」；put on「穿上，戴上」。根據「it's raining very hard」可以知道運動會要拖延，應選 。

(10) 題意:「線路不好，我們無法清楚聽見對方說的話。」hear「聽見」，符合題意。sound「聽起來」，listen to「聽」，listen 是不及物動詞，都不符題意。

情態動詞

情態動詞的特徵 → 情態動詞 ← 情態動詞的用法

情態動詞的特徵
- 多數情態動詞沒有人稱和數的變化（have to 和 be able to 除外）
- 情態動詞不能單獨作述語，後跟動詞原形，與其一起構成述語
- 敘述句變為一般疑問句時，要將情態動詞提到句首，其他不變，但 have to 和 used to 常借助於 do/does/did
- 在意義上，情態動詞有「多義性」

情態動詞的用法
- can, could 的用法
- may, might 的用法
- must, have to 的用法
- shall, should 的用法
- ought to 的用法
- will, would 的用法
- used to 的用法
- need 的用法
- had better 的用法
- be able to 的用法

情態動詞是表示說話人對某一動作或狀態的態度，認為可能、應當、必須、猜測等的動詞。情態動詞本身有各種意義，但不能單獨作述詞，只能和主要動詞一起構成述詞，表示說話人的語氣和情態。情態動詞沒有人稱和數的變化（但 have to 和 be able to 除外）。

情態動詞	否定式	疑問式	過去式	過去式的否定式	疑問式
can	can not	Can ＋主詞	could	could not	Could ＋主詞
be able to	am/is/are not able to	Am/Is/Are ＋主詞＋ able to	was/were/ able to	was/were/ not able to	Was/Were ＋主詞＋ able to
may	may not	May ＋主詞	might	might not	Might ＋主詞
must	must not	Must ＋主詞	must	must not	Must ＋主詞
have to	do not/does not have to	Do/Does ＋主詞＋ have to	had to	did not have to	Did ＋主詞＋ have to
will	will not	Will ＋主詞	would	would not	Would ＋主詞
shall	shall not	Shall ＋主詞	should	should not	Should ＋主詞
ought to	ought not to	Ought ＋主詞＋ to	ought to	ought not to	Ought ＋主詞＋ to
need	need not	Need ＋主詞	need	need not	Need ＋主詞
dare	dare not	Dare ＋主詞	dared	dared not	Dared ＋主詞
used to	used not to ／ did not use to	Used ＋主詞＋ to ／ Did ＋主詞＋ use to	／	／	／

1 情態動詞的特徵

A

| 沒有人稱和數的變化 |

多數情態動詞沒有人稱和數的變化（但have to和be able to除外）。

◄◄◄

- **People can** book tickets online.
  （大家可以上網訂票。）
- **Anybody may** make mistakes.
  （任何人都可能犯錯。）
- He **has to** arrive at 7 o'clock.
  （他必須在 7 點鐘抵達。）
- **Are you able to** come to my party?
  （你能來參加我的派對嗎？）

B

| 不能單獨作述詞 |

態動詞不能單獨作述詞，後面要跟動詞原形，跟動詞原形一起構成述詞。

◄◄◄

- They **could make** some room for you.（他們可以為你騰出一些空間。）

C

| 敘述句變疑問句時移到句首 |

敘述句變成一般疑問句時，要將情態動詞移到句首，其他不變。但have to和used to常要借助於do/does/did。

◄◄◄

- **Shall** I call a doctor for you?
  （需要我幫你叫醫生嗎？）
- **May** I come in?（我可以進來嗎？）
- **Do** you **have to** put on warm clothing in winter?
  （你們在冬天需要穿上保暖的衣物嗎？）
- You **didn't use to** smoke.（你以前不抽菸。）

D

| 多義性 |

在意義上，情態動詞有「多義性」。

◄◄◄

- Tara **can** play the piano very well.（塔拉鋼琴彈得很好。）〔表能力〕
- **Can** Tina be a singer?（蒂娜是個歌手嗎？）〔表猜測的可能性〕

情態動詞的用法

A

can, could 的用法

◀◀◀

❶ 表示能力

　　can一般指體力、知識、技能等方面的能力，意為「能夠；會」。could表示能力時，是can的過去式。

- Everyone here **can** speak English.
  （這裡每個人都會説英語。）〔表示現在的能力〕
- I **couldn**'t play the piano five years ago.
  （我五年前還不會彈鋼琴。）〔表示過去的能力〕

❷ 表示可能性

　　二者都可以表示現在的可能性，could比can的可能性小。can通常只用在否定句或疑問句中。could還可以表示過去的可能性。

- What **can** they be doing?
  （他們在做什麼呢？）〔表示現在的可能性〕
- —My house is very near a busy street. （我家很靠近一條熱鬧的街道。）
- —It **can**'t be very quiet. （那裡不可能非常安靜。）〔表示現在的可能性〕
- Someone is knocking at the door. Who **could** it be?
  （有人在敲門，會是誰呢？）〔表示現在的可能性〕
- He said the news **could** be true.
  （他説那則消息可能是真的。）〔表示過去的可能性〕

❸ 表示請求、許可

　　表示請求時，could不表示過去，它比can更委婉。

- **Can** I watch TV for a while, Mum?
  （媽，我可以看一下電視嗎？）
- **Could** I take this seat,sir?
  （先生，我可以坐這個位子嗎？）
- —**Could/Can** I borrow your car?
  （我可以借一下你的車子嗎？）
- —Yes, of course you **can**. （當然可以。）
- —No, I'm afraid not. （不，恐怕不行。）

 用 can 不用 could

表允許時，對於 could 的一般疑問句的回答，用 can 而不用 could。

注意
一下 更尊敬的說法用 Could

Can you...? 跟 Can I...？是比較一般的說法，如果要對上司或長輩，可以用更尊敬的 Could you...? 或 Could I...? 的說法。

❹ can 表示「有時候會」

表示理論上的可能性，也就是事件或情況可能發生。

- It **can** be very hot in summer.
  （夏天有時很熱。）
- Driving on these roads **can** be very dangerous.
  （在這些馬路開車有時很危險。）

Extension【延伸學習】

- can 的習慣用法：can but 意為「只好」；can't help but do 和 can't help doing 意為「禁不住做…」；cannot...too 意為「再…也不過分，越…越好」。

  We **can but** wait until Jane comes.（我們只好等到簡來。）

  I **can't help but** think of my parents.（我禁不住想起了我的父母。）

  Hearing the joke, we **can't help laughing**.（聽了這個笑話，我們忍不住笑了起來。）

  You **cannot** be **too** careful to cross the road.（過馬路時你怎麼小心也不為過。）

B

may, might 的用法

◀◀◀

❶ 表示請求、許可

may 和 might 都可以表示請求、許可，might 比 may 語氣更委婉。may/might 比 can/could 更正式。

- **May/Might** I have a word with your manager, please?
  （我可以和你的經理談一談嗎？）
- **May** I ask a question?
  （我可以問個問題嗎？）
- —**May** I go to the cinema, Dad?
  （爸，我可以去看電影嗎？）
- —Yes, you **may**.
  （是的，可以。）〔肯定回答〕
- —No, you **mustn't**.
  （不，不可以。）〔否定回答〕

 特別強調 may 的肯定及否定回答

may 是表示徵求對方的意見時，肯定的回答用「Yes, you may.」或「Yes, please.」等；否定回答用「No, you can't.」或「No, you mustn't.」，不用「No, you may not.」。

❷ 表示可能性

　　may和might都可以表示將要發生或正在發生的事的可能性，might比may的可能性小。might還是may的過去式，可以指過去的可能性。

- The lady **may** be fifty.
  （這位女士可能五十歲了。）〔現在的可能性〕
- She **may** come tomorrow.
  （她明天也許會來。）〔將來的可能性〕
- He told me he **might** be late.
  （他告訴我也許會遲到。）〔過去的可能性〕
- Mike **might** phone.
  （邁克或許會打電話來。）〔將來的可能性〕

C

must, have to 的用法

時態＼形式	肯定式	否定式	疑問式
現在式	have to / has to	don't / doesn't have to	Do / Does +主詞+ have to... ?
過去式	had to	didn't have to	Did +主詞+ have to... ?
未來式	will/shall have to	will/shall not have to	Will / Shall +主詞+ have to... ?
完成式	have/has had to	have/has not had to	Have /Has +主詞+ had to... ?

❶ 表示必須

ⓐ must 意為「必須；一定要」，指說話人的主觀語氣；have to 意為「不得不」，大多表示客觀必要。

- I **must** go now, or I'll be late.
  （我必須現在就走，否則就要遲到了。）
- The children **have to** get up early to catch the first bus.
  （孩子們為了趕第一輛班車而不得不早起。）
- —**Must** I go with them?
  （我必須跟他們走嗎？）
- —Yes, you **must**. （是的，你必須。）〔肯定回答〕
- —No, you **needn't** / **don't have to**.
  （不，你不必。）〔否定回答〕

注意一下 **must 的肯定及否定回答**

must 表示「必須」時，對一般疑問句的肯定回答用「Yes, 主詞 +must.」，否定回答用「No, 主詞 +needn't.」或「No, 主詞 +don't/doesn't have to.」。

❶ must 大多指現在或將來的情況，否定式為 mustn't；have to 有各種時態和人稱的變化，否定式和疑問式要借助助動詞 do/does/did。

- All these exhibits **mustn't** be touched.（這些展覽品全都不得碰觸。）
- I **have to** go to work every day.（我必須每天去上班。）
- I **had to** leave early this morning.（我今天早上不得不早點離開。）
- You **don't have to** tell him the truth.（你沒有必要告訴他真相。）

用法辨異

mustn't 與 may not 表禁止

★ mustn't 表示說話人不許可，may not 表示按規定不許可。

You **mustn't** go before I come back.（我回來之前，你不准走。）

Students **may not** stay out after midnight.（不允許學生過了半夜十二點還待在外面。）

❷ must 表示推測

must 表示非常肯定的推測，意為「一定，準是」，後面跟動詞原形表示對現在情況的肯定判斷。

- You **must** know Ann.（你一定認識安。）
- It **can't** be Father. He hasn't returned from work.

（不可能是爸爸。他去上班還沒回來。）

- What do you think this letter **can** mean?

（你認為這封信意味著什麼？）

> **注意一下** must 的肯定、否定和疑問句
>
> 肯定句中 must 表示對一件事有把握的推測；否定句和疑問句中，要分別用 can't 和 can 代替。

用法辨異

may/might, can/could 和 must 表推測

★ 表否定猜測時，may not 表示「可能不」，而 cannot/can't 表示「不可能」。

She **may not** be in the classroom.（她可能不在教室。）

She **can't** be in the classroom. I just saw her on the playground.

（她不可能在教室裡。我剛才看見她在操場上。）

★ can/could 表推測時，其可能性比 may/might 要大，相當於 possibly。might 的可能性比 may 小，而且可以用 could 代替。must 語氣最強，最肯定。

★ 表示對過去的狀態、動作的推測時，可用 must/may/might+have done 表示肯定的推測，用 can/could not + have done 表示否定的推測。

shall, should 的用法

shall和should作為情態動詞的各種形式與作助動詞的形式相同。

❶ shall 表示徵求對方的意見，用在第一、三人稱的疑問句中。

- —**Shall** I leave the door open?（我可以開著門嗎？）
- —Yes, please.（可以，請。）
- —Sorry, I feel a little cold.（不好意思，我覺得有點冷。）
- **Shall** we start off now?（我們現在可以開始了嗎？）
- **Shall** John go there with me tomorrow?
  （約翰明天可以和我一起去嗎？）
- Henry is waiting outside. **Shall** he come in, sir?
  （亨利正在門外等著。先生，可以讓他進來嗎？）

> **注意一下** shall 的肯定及否定回答
>
> shall 用來向對方提出建議。肯定回答是「All right./Yes, let's...」；否定回答是「Sorry, I'm afraid we can't./No, let's not.」。

❷ should 表示「勸告、建議」或「有義務、職責去做某事」，相當於 ought to。

- The children **should** learn to respect their elders.（小孩子應當學著尊敬長輩。）

❸ should 表示可能性。常譯為「按道理應該」。

- It's already 10. She **should** be here at any moment.（已經 10 點了，她早該到了。）

E

ought to 的用法

ought to表示「應該」（因責任、義務等該做），口氣比should稍重。

- You are his father. You **ought to** take care of him.（你是他父親，理應照顧他。）
- You **oughtn't to** smoke so much.（你不該抽這麼多菸。）
- —**Ought I to** write to thank him?（我應該寫信向他致謝嗎？）
- —Yes, you **ought to/should**.（是的，你應該。）

F

will, would 的用法

❶ 表示自願做或主動提出做什麼，如意志、願望或決心等。would 作為 will 的過去式，多用在子句中。

- —Can someone help me?（有人能幫我一下嗎？）
- —**I will**.（我來幫你。）
- Jane said she **would** not go with Tom, for she didn't like him.
  （簡說她不願意和湯姆一起去，因為她不喜歡他。）

❷ 與 you 連用表示請求或要求時，would 不表示過去，比 will 更客氣、委婉。用 won't you 可以加強邀請的語氣。

- **Will you** come this way, please?
  （你能走這條路嗎？）
- **Won't you** come in and take a seat?
  （你怎麼不進來找個位子坐下？）
- **Would you** open the window, please?
  （請打開窗戶好嗎？）

常用必備
表示提建議的固定句型

- Will you...? (請你…好嗎?)〔請求、勸阻對方做某事〕
- Would you...? (可以請你…嗎?)〔請求對方做某事〕
- Would you like...? (你想要…嗎?)〔請人吃東西、徵詢對方的意見〕
- Shall I...? (我…好嗎?)〔建議或徵求對方的意見〕
- Shall we...? (我們一起…好嗎?)〔詢問對方的意向〕

---

❸ 表示習慣、經常性等，帶有主觀意願，意為「總會；註定會」。will 用在現在式，would 用在過去式。

- People **will** die without air or water.
  （人沒有空氣或水將會死亡。）
- You **will** regret forever.（你會終身遺憾。）
- The machine **won't** work well without power.
  （沒有電，這台機器就不能正常運轉。）
- She **would** be disappointed if you didn't come.
  （如果你沒來，她會失望的。）

G

used to 的用法

used to表示曾經習慣做某事或曾經存在某種狀態，而現在不再做，或狀態不再存在了。可以跟過去的時間副詞連用。

- I **used to** study in a nearby primary school.（（我以前在附近的一所小學上學。）
- He **didn't use to** be so careless.（他從前沒這麼粗心。）
- **Used he to** work in a hospital?（他以前在醫院工作嗎？）
- **Did she use to** be a football player?（她曾是個足球員嗎？）

用法辨異

be used to doing, used to do 與 be used to do

be used to（doing）sth.（意為「習慣於（做）某事」，可用在多種時態。）

used to do sth.（意為「過去常做某事」，只有過去式一種形式。）

be used to do sth.（意為「被用來做某事」，可以用在多種時態。）

H

---

need 的用法

◀◀◀

❶ need 作情態動詞時，用在否定句或疑問句。

- You **needn't** be so worried.

  （你沒有必要如此擔心。）

- **Needn't** he come again?

  = **Need** he not come again?

  （他沒必要再來嗎？）

- —**Need** I tell him everything?

  （我必須告訴他一切嗎？）

- —Yes, you **must**.（是的，你必須。）

  / No, you **needn't**.（不，沒必要。）

❷ need 作實義動詞時，有人稱和數的變化，後面要跟名詞、代名詞、不定詞、V-ing 形式等。

- We **need** a great deal of money now.

  （我們目前需要很多錢。）

- You **need to** be careful.（你要細心一點。）

- He **doesn't need to** be so worried.

  （他不必如此擔心。）

- **Do** I **need to** say my telephone number again?

  （我需要再說一遍我的電話號碼嗎？）

- —**Do** you **need to** leave now?

  （你現在得走了嗎？）

- —Yes, I **need to**.（是的，我得走了。）

  / No, I **don't need to**.（不，我不必走。）

- The door **needs** painting.（那扇門需要油漆一下。）

注意
一下　need 的肯定及否定回答

以 need 開頭的問句，否定回答用 needn't，肯定回答用 must。

補充
一下　need 用在什麼句子中呢？

need 作實義動詞時，可以用在肯定句、否定句和疑問句中。

失分
陷阱　must 提問的回答方式

以 must 提問的一般疑問句，否定的回答經常用 needn't，而不用 mustn't。

· Must I write this letter in English?（我需要用英文寫這封信嗎？）

　—No, you needn't.

　（不，你不需要。）

need 的用法

情態動詞表「必要」，此時不能用肯定；

其後直接跟動詞；多用於疑問和否定。

實義動詞表「需要」，後接名、代、不定詞；

need 後接動名詞；主動形式表被動。

I

had better 的用法

　　had better常略作'd better，意為「最好做某事；還是做某事比較好」。否定形式是在had better後面加not。

- You **had better** leave right now.（你最好立刻離開。）
- You'**d better not** do that again.（你最好別再做那種事了。）

J

be able to 的用法

　　be able to後跟動詞原形，表示具體的能力，與can用法相近。be able to有各種時態和人稱的變化。

- I **shall be able to** speak English well.
  （我的英語應該可以講得很好。）
- His mother **isn't able to** pay for the coat.
  =His mother **can't/cannot** pay for the coat.
  （他媽媽買不起那件外套。）
- I'm sorry I **haven't been able to** answer your letter in time.
  （真抱歉沒能及時回覆你的信。）

★ **用法辨異**

can（could）和 be able to 的用法區別

★ can 只有一般現在式與一般過去式（could）兩種時態；而 be able to 可以用在各種時態，包括現在式、過去式、未來式和完成式。

★ 在過去式中，could 單純表示有能力做某事，而 was/were able to 表示有能力做、並且經過努力做到了。

He **could** run faster than anyone else.（他能跑得比其他任何人都快。）

He worked very hard, and **was able to** pass the examination.
（他學習很努力，因而通過了考試。）

考題演練

■（一）高中入試考古題：Choose the correct answer.（選擇正確的答案）

(1) —Excuse me, can I smoke here?

  —No, _____ .

  A. you must   **B.** you'd not better

  C. you can   **D.** you'd better not

(2) —Look, Sue is over there.

  —That _____ be her. She is in Canada now.

  A. mustn't   **B.** can't   **C.** neither   **D.** won't

(3) —Fifty dollars for such a T-shirt! You _____ be joking!

  —I'm serious. It's made of silk.

  A. must   **B.** need   **C.** may   **D.** can

(4) I _____ keep dogs for protection, but now I keep them as pets.

  A. would rather   **B.** had better   **C.** used to   **D.** have to

(5) —Where's David?

  —He _____ be in the playground because he is fond of playing basketball.

  A. will   **B.** may   **C.** can't   **D.** mustn't

(6) The work is too hard for him. He _____ finish it on time.

  A. can't   **B.** mustn't   **C.** shouldn't   **D.** needn't

(7) The magazine _____ be Lily's, for we can find her name on the cover.

  A. may   **B.** might   **C.** could   **D.** must

(8) —Let's go dancing tonight.

  —Sorry, I _____ . I have to go to my guitar lesson.

  A. mustn't   **B.** needn't   **C.** can't

(9) —_____ I borrow your history book?

  —Sure. Here you are.

  A. Must   **B.** May   **C.** Need   **D.** Will

(10) _____ you wait a few more minutes? It'll be your turn soon.

  A. Must   **B.** Should   **C.** Could   **D.** Might

(11) The talented boy _____ write lyrics when he was at the age of ten.
    A. may   **B.** could   **C.** must

(12) —Can you ride a horse?
    —No, I _____ .
    A. needn't   **B.** may not   **C.** can't   **D.** mustn't

(13) You _____ eat the soup if you don't like it.
    A. shouldn't   **B.** mustn't   **C.** needn't   **D.** can't

(14) —Can I skate on the lake now?
    —No, you _____ . It's dangerous.
    A. can't   **B.** mustn't   **C.** needn't   **D.** won't

(15) —Oil is everywhere in this store, so you _____ know smoking is forbidden here.
    —I'm sorry.
    A. can   **B.** may   **C.** must

■ （二）模擬試題：Choose the correct answer.（選擇正確的答案）

(1) —Must I finish the work in two days, Mrs. White?
    —_____. You can hand it in next week.
    A. Yes, you need   **B.** No, you mustn't
    C. No, you needn't   **D.** Yes, you must

(2) —Would you like to join us in the game?
    —_____ , for I have something important to attend to.
    A. I will   **B.** I'd love to   **C.** I won't   **D.** I'm afraid not

(3) —_____ I borrow your pencil, please?
    —Sure. Here you are.
    A. Need   **B.** Must   **C.** Can   **D.** Have to

(4) I _____ in this small mountain village when I was a child.
    A. use to live   **B.** used to living
    C. used to live   **D.** was used to live

(5) —Mary, _____ you speak Chinese?

—Yes, only a little.

    A. must   **B.** need   **C.** may   **D.** can

(6) —May I try on the jeans?

—Of course you _____.

    A. should   **B.** need   **C.** can   **D.** must

(7) John _____ go there with us tonight, but he isn't very sure about it.

    A. must   **B.** can   **C.** will   **D.** may

(8) This toy bear _____ be Jane's. She's the only kid at the picnic.

    A. must   **B.** can   **C.** need   **D.** have to

(9) —I didn't pass the maths test. I think I have spent too much time playing computer games recently.

—I agree. You _____ play like that any more.

    A. needn't   **B.** mustn't   **C.** may not   **D.** wouldn't

(10) —Whose ball is this?

—It _____ be Amy's. She never has a ball with her.

    A. might   **B.** must   **C.** can   **D.** can't

答案 · 解說 ①

◤ (1) **D** (2) **B** (3) **A** (4) **C** (5) **B** (6) **A** (7) **D** (8) **C** (9) **B** (10) **C** (11) **B** (12) **C** (13) **C** (14) **A** (15) **C**

(1) 題意：「請問，我可以在這裡抽煙嗎？」「不，你最好別在這裡抽煙。」had better not do sth.「最好不要做某事」，符合題意。A、C 兩項是肯定形式，與 no 矛盾；had better 後接動詞原形，其否定式在動詞原形前面加 not。

(2) 題意：「看，蘇在那邊。」「那不可能是她。她現在在加拿大。」表示很有把握的否定推測，用 can't「不可能」。mustn't「禁止，不允許」；根據空格後是動詞原形 be，可以排除 neither；won't「不願意；不會」。

(3) 題意：「這麼一件 T 恤衫要 50 美元！你一定在開玩笑吧！」「我是認真的。這是真絲做的。」「You must be joking」是固定的口語用法，意為「你一定是在開玩笑吧」，用來表示某人說的話很奇怪或愚蠢，你無法相信他們是認真的。need「需要」；may「可以；可能」；can「能，會；可能」。

(4) 題意：「我過去養狗是為了保護安全，但我現在養狗是當作寵物看待。」根據 but now 的提示可以知道，前後兩個分句有對比意義。used to do sth.「過去常常做某事（現在已不做）」，符合題意。would rather do sth.「寧願做某事」；had better do sth.「最好做某事」；have to do sth.「不得不做某事」。

(5) 題意：「大衛在哪裡？」「他可能在操場上，因為他喜歡打籃球。」根據答句「他喜歡打籃球」可推測出「可能」在操場上，用 may。will 表示意願；can't「不可能；不能」；mustn't「禁止」，不表示推測。

(6) 題意：「這項工作對他來說太難了。他不能按時完成。」can't「不能」，符合題意。mustn't「禁止」；shouldn't「不應該」；needn't「不必」。

(7) 題意：「那本雜誌一定是莉莉的，因為我們可以在封面找到她的名字。」根據後一分句可以知道，所選的字要表示很有把握的肯定推測，所以用 must「一定」。may 和 might 都表示把握性不大的推測；could「能夠；可以」，表示對現在情況的推測時，一般不用在肯定句中。

(8) 題意：「我們今晚去跳舞吧。」「不好意思，我不能去。我得去上吉他課。」can't「不能」，符合題意。mustn't「禁止，不允許」；needn't「不必」。

(9) 題意：「我能借一下你的歷史書嗎？」「沒問題，給你。」may「可以」，表示請求允許，符合題意。must「必須；必定」；need「需要」；will「會；願意」。

(10) 題意：「你能再等幾分鐘嗎？很快就輪到你了。」情態動詞 could 在此表示語氣委婉客氣地請求允許，符合題意。must「必須」；should「應該」；might「可能」。

(11) 題意：「十歲的時候，這個天才男孩就會作曲了。」情態動詞在這裡表示能力，could「能夠」，符合題意。may「可以；可能」；must「必須；一定」。

(12) 題意：「你會騎馬嗎？」「不，我不會。」這裡的情態動詞表示能力，can't「不能，不會」，符合題意。needn't「不必」；may not「可能不；不許」；mustn't「禁止，不允許」。

(13) 題意：「如果你不喜歡這道湯，就不要喝了。」needn't「不需要」，符合題意。shouldn't「不應該」；mustn't「禁止，不允許」；can't「不可能；不能」。

(14) 題意：「現在我能在湖面上滑冰嗎？」「不，你不能。那很危險。」根據問句表示請求許可，還有答句中的 no 可以知道，用 can't「不能」。mustn't「禁止，不許」；needn't「不必」；won't「不會；不願意」。

(15) 題意：「這家店裡面到處是油，所以你一定知道這裡是禁止吸煙的。」「對不起。」根據答句可以知道，表示很有把握的肯定推測，用 must「一定」。表示推測時，用在肯定句中 can 意為「有時會」；may 表示不太有把握的推測，意為「可能」。

答案·解說 ②

■ (1) **C** (2) **D** (3) **C** (4) **C** (5) **D** (6) **C** (7) **D** (8) **A**
(9) **B** (10) **D**

(1) 題意：「懷特夫人，我必須兩天內完成這項工作嗎？」「不，你不需要。你可以下週交出來。」must 表「必須」時，對其一般疑問句的肯定回答用「Yes，主詞 +must.」，否定回答用「No，主詞 +needn't/don't have to.」。

(2) 題意：「你願意和我們一起玩遊戲嗎？」「恐怕不行，因為我有一些重要的事情必須去做。」「Would you like to...?」表邀請，由後半句答語可以知道，應該用否定來回答；拒絕別人的邀請時，一般用委婉語氣，所以選 D。

(3) 題意：「我可以借一下你的鉛筆嗎？」「當然可以，給你。」「Can I...?」用在請求別人允許自己做某事，符合題意。

(4) 題意：「孩提時我曾住在這個小山村裡。」由 when 引導的副詞子句可以知道，時態為一般過去式，used to do sth. 意為「過去常常做某事」，符合題意。

(5) 題意：「瑪麗，你會說中文嗎？」「是的，會一點。」can 可以指體力、知識、技能等方面的能力，意為「能夠，會」，符合題意。

(6) 題意：「我可以試穿一下這條牛仔褲嗎？」「當然可以。」「May I...?」用在請求別人允許自己做某事，肯定回答用 may/can。should「應該」；need「需要」；must「必須」。

(7) 題意：「約翰晚上也許會跟我們一起去那裡，但是他還不確定。」由後半句 but he isn't very sure about it 可以知道，要一個表示沒有把握的肯定推測，所以選 D。

(8) 題意：「這個玩具熊一定是簡的，她是這次野餐中唯一的小孩。」must「一定」，表示非常有把握的肯定推測，符合題意。

(9) 題意：「我沒有通過數學考試。我想是我最近花太多時間在玩電腦遊戲。」「我同意。你不能再像那樣玩遊戲了。」mustn't「禁止，不允許」，表示說話人的主觀意願，符合題意。

(10) 題意：「這個球是誰的？」「一定不會是艾米的，她從來不玩球。」由後面的答句可以知道，球不可能是艾米的，表示很有把握的否定推測，用 can't。

動詞的時態

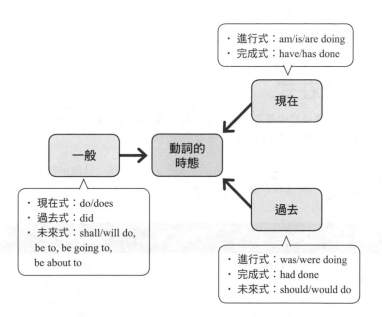

Motto 【座右銘】

God helps those who help themselves.

天助自助者。

　　英語中除了運用時間副詞表示動作發生的時間外，述語動詞本身也可以通過其形式的變化來表示時間，這種用來表明述語動作發生時間的動詞形式被稱為時態。初中階段接觸到的時態主要有一般現在式、一般過去式、一般未來式、現在進行式、過去進行式、現在完成式、過去完成式、過去未來式。

 一般現在式 T-35

一般現在式是英語中最基本的時態，用來表示現在的事實、狀態或動作，也表示經常性或習慣性發生的動作、存在的狀態等。

A

有 be 動詞的一般現在式的構成

　　be動詞的現在式有am, is, are三種，具體用哪一種，由主詞的人稱和數來決定，如下表：

人 稱	主 詞	be 動 詞
第一人稱	I （我）	am
	we （我們）	are
第二人稱	you （你, 你們）	are
第三人稱	he （他）	is
	she （她）	
	it （它）	
	they （他／她／它們）	are

212

❶ 肯定句：主詞＋be 動詞現在式（am/is/are）＋⋯

- I **am** a student.
  （我是學生。）
- Tainan **is** an old city.
  （台南是一座古老的城市。）
- They **are** good friends.
  （他們是好朋友。）

❷ 否定句：主詞＋be 動詞現在式（am/is/are）＋not＋⋯

- I **am not** a student.
  （我不是學生。）
- Tainan **isn't** an old city.
  （台南不是一座古老的城市。）
- They **aren't** good friends.
  （他們不是好朋友。）

❸ 一般疑問句：Be 動詞現在式（Am/Is/Are）＋主詞＋⋯？

- —**Are** you a student? （你是學生嗎？）
- —Yes, I am. （是的，我是。）〔肯定回答〕
- —No, I'm not. （不是，我不是。）〔否定回答〕
- —**Is** Tainan an old city? （台南是一座古老的城市嗎？）
- —Yes, it is. （是的，它是。）〔肯定回答〕
- —No, it isn't. （不，它不是。）〔否定回答〕
- —**Are** they good friends? （他們是好朋友嗎？）
- —Yes, they are. （是的，他們是。）〔肯定回答〕
- —No, they aren't. （不，他們不是。）〔否定回答〕

B

含有實義動詞的一
般現在式的構成
◀◀◀

❶ 肯定句：主詞＋實義動詞原形 / 第三人稱單數形式＋⋯

- They **like** living in the city.
  （他們喜歡住在城市裡。）
- She **speaks** German.
  （她講德語。）

特別強調　第三人稱單數作主詞時

在一般現在式中，第三
人稱單數作主詞時，實
義動詞後面要加 s 等，
具體變化規則請見第 9
章《動詞》。
在變否定句和疑問句
時，第三人稱單數作主
詞，要用 does，其他人
稱用 do，且實義動詞要
變回原形。

11
動詞的時態

1
2
3
4
5
6
7
8
9
10
11
12
13
14
15
16
17
18
19
20

❷ 否定句：主詞＋ don't/doesn't ＋實義動詞原形＋…

- They **don't like** living in the city.
  （他們不喜歡住在城市裡。）
- She **doesn't speak** German.
  （她不講德語。）

❸ 一般疑問句：Do/Does ＋主詞＋實義動詞原形＋…？

- —**Do** they like living in the city?
  （他們喜歡住在城市裡嗎？）
- —Yes, they do.（是的，他們喜歡。）〔肯定回答〕
- —No, they don't.（不，他們不喜歡。）〔否定回答〕
- —**Does** she speak German very well?
  （她德語講得很好嗎？）
- —Yes, she does.（是的，她講得很好。）〔肯定回答〕
  —No, she doesn't.（不，她講得不好。）〔否定回答〕

C

> 一般現在式的基本
> 用法
◀◀◀

❶ 表示習慣性的動作，經常或反覆發生的動作。

- She **usually gets up** at 6 a.m.
  （她通常早晨 6 點起床。）
- I **often go** to school on foot.
  （我經常走路上學。）
- We **play football** after school **every afternoon**.
  （我們每天下午放學後都去踢足球。）

常用必備
常跟一般現在式連用的時間副詞

- often（經常）
- usually（通常）
- sometimes（有時）
- always（總是）
- once a week（每週一次）
- every day/week...（每天/週…）
- never（從不）
- on/at weekends（在週末）
- seldom（很少）

❷ 表示現在的特徵或狀態，通常不帶時間副詞。

- She **likes** bread, but she **doesn't like** pizza.
  （她喜歡吃麵包，但不喜歡吃比薩餅。）
- **Do** you **have** lessons on Mondays?
  （你星期一有課嗎？）

❸ 表示不變的真理、科學事實或格言等。

- The sun **always rises** in the east.
  （太陽都是從東方升起。）
- Twice three **makes** six.
  （2 乘 3 等於 6。）
- Walls **have** ears.
  （隔牆有耳。）

❹ 一般現在式表示將來。

   ❹ 表示按照預先的計畫或安排，到時候就會發生的事情或動作。
- The train **arrives** at 10:30.
  （火車會在 10：30 到達。）
- The final exams **take place** next week.
  （期末考試將在下週舉行。）

   ❺ 在時間副詞子句和條件副詞子句中表示將來。主句用一般未來式，子句用一般現在式。
- I will discuss this with you **when** we **meet** next time.
          └─────→時間副詞子句
  （下次見面時我們再討論這個問題。）
- We won't leave **until** you **come**.
          └────→時間副詞子句
  （你來了我們再走。）
- **If** the weather **is** fine tomorrow, we'll go on a picnic.
      └──→條件副詞子句
  （如果明天天氣好，我們就去野餐。）

巧學
妙記
!

一般現在式的用法
用好一般現在式，時間副詞需牢記。
主詞人稱是三單，動詞要把 s 添。
基本用法要記清，副詞習慣經常性。
客觀真理和能力，有時還表未來時。

2 一般過去式

A

含有 be 動詞的一
般過去式的構成
◀◀◀

用來表示過去的事實、狀態或動作，也表示經常或習慣發生的動作、存在的狀態等。be動詞的過去式有was, were兩種，具體用哪一種，由主詞的人稱和數來決定，如下表：

人　稱	主　詞	be 動 詞
第一人稱	I　（我）	was
	we　（我們）	were
第二人稱	you　（你, 你們）	were
第三人稱	he　（他）	was
	she　（她）	
	it　（它）	
	they　（他 / 她 / 它們）	were

❶ 肯定句：主詞＋ be 動詞的過去式（was/were）＋…
- Grace **was** very tired yesterday night.
  （格蕾絲昨晚很累。）
- All the animals **were** together.
  （所有的動物都在一起。）

❷ 否定句：主詞＋ be 動詞過去式（was/were）＋ not ＋…
- Grace **wasn't** very tired yesterday night.
  （格蕾絲昨晚不累。）
- All the animals **weren't** together.
  （不是所有的動物都在一起。）

❸ 一般疑問句：Be 動詞過去式（Was/Were）＋主詞＋…?
- —**Was** Grace very tired yesterday night?（格蕾絲昨晚很累嗎？）
- —Yes, she was. （是的，她很累。）〔肯定回答〕
- —No, she wasn't. （不，她不累。）〔否定回答〕
- —**Were** all the animals together?（所有的動物都在一起嗎？）
- —Yes, they were. （是的。）〔肯定回答〕
- —No, they weren't. （不，沒有。）〔否定回答〕

B

有實義動詞的一般
過去式的構成
◀◀◀

❶ 肯定句：主詞＋實義動詞的過去式＋…

- I **visited** my friend last weekend.
  （上週末我去拜訪了我朋友。）
- She **helped** her father on the farm during the summer vacation.
  （暑假期間，她在農場幫忙父親。）

❷ 否定句：主詞＋ didn't ＋實義動詞原形＋…

- I **didn't visit** my friend last weekend.
  （上週末我沒去拜訪朋友。）
- She **didn't help** her father on the farm during the summer vacation.
  （暑假期間，她沒在農場幫忙父親的。）

❸ 一般疑問句：Did ＋主詞＋實義動詞原形＋…?

- —**Did** you **visit** your friend last weekend?
  （上週末你去拜訪朋友了嗎？）
- —Yes, I did. （是的。）〔肯定回答〕
- —No, I didn't. （不，沒有。）〔否定回答〕
- —**Did** she **help** her father on the farm during the summer vacation?
  （暑假期間，她在農場幫忙父親了嗎？）
- —Yes, she did. （是的。）〔肯定回答〕
- —No, she didn't. （不，沒有。）〔否定回答〕

> **注意一下 主詞前加 did 就可以**
>
> 實義動詞的一般過去式的疑問句結構，不管主語是第幾人稱、單數還是複數，只要在主詞前面加上 did 就可以了。

C

一般過去式的基本
用法
◀◀◀

❶ 表示過去某一具體時間內發生的動作或存在的狀態。

- Mr Smith **came** to see you **just now**.
  （史密斯先生剛才來看你了。）
- Susan **was** ill **last week**.
  （上週蘇珊生病了。）
- Monica **sent** me a card **yesterday**.
  （莫尼卡昨天寄了一張卡片給我。）
- He **left for** Shanghai **an hour ago**.（一小時前，他動身去了上海。）

常用必備

常與一般過去式連用的時間副詞

- last night（昨天晚上）
- yesterday（昨天）
- a few days ago（幾天前）
- last year（去年）
- the other day（前幾天）
- at that time（當時）

- at that moment（在那時）
- just now（剛才）
- an hour ago（一小時前）
- in 2009（在 2009 年）
- a moment ago（剛才）
- in the old days（在過去的歲月裡）

特別強調

- 有些句子中沒有表示過去時間的副詞，但實際上是指過去發生的動作或存在的狀態，這時也要用一般過去式。

  · What **was** the final score?

  （最後的比分怎麼樣?）〔說話的時候比賽已經結束了〕

  · I **didn't know** you were so busy.

  （我沒想到你這麼忙。）〔說話的時候已經知道「你很忙」了〕

  · Who **said** it?

  （這話是誰說的?）〔說話的時候已經聽到「某人說的話了」〕

❶ 表示過去一段時間內經常或反復發生的動作。

　　這時候常跟always, usually, often, sometimes, never, every day, once a week等時間副詞連用，翻譯時常加上「過去」。

- Betty **often helped** me when we were middle school students.

  （讀中學時貝蒂經常幫我。）

- She **always invited** me to her parties.

  （她以前經常邀我參加她的派對。）

❷ 描述過去先後發生的幾個動作。

- I **got up** early, **washed** my face, **had** a quick breakfast and **hurried** to school.

  （我很早就起床，洗完臉，迅速吃完早飯，然後趕忙上學去了。）

- I **got up** late, so I **missed** the first bus.

  （我起晚了，所以錯過了頭班車。）

❸ **在時間副詞子句和條件副詞子句中表示將來**。主句用過去未來式，子句用一般過去式。

- Melissa told me that she would ring me up **when** she **arrived**.
  →時間副詞子句

  （梅莉莎告訴我，她到了就打電話給我。）

- Alina said she would come **if** I **promised** to wait for her.
  →條件副詞子句

  （愛琳娜說如果我答應等她，她會來的。）

巧學妙記

一般過去式的用法

動詞一般過去式，表示過去發生事。

一般動詞過去式，過去時間作標誌。

否定句主詞之後 didn't 添，didn't 後面要用動詞原形。

如果對主詞來詢問，後面一切不用變。

動詞若是 was, were，否定句更簡單，

在它後把 not 添，如果是變疑問句，

直接提到主詞前，句末問號別忘添。

---

3 一般未來式

T-37

用來表示未來將發生的動作或狀態。

A

一般未來式的構成

一般未來式由「will/shall＋動詞原形」構成，shall 多用於第一人稱，will 用於各種人稱。

❶ **肯定句**：主詞＋ will/shall ＋動詞原形＋…

- Mory **will graduate** next year.

  （莫利明年就畢業了。）

- We **shall be** on holiday at this time next week.

  （下週的這個時候我們就在度假了。）

❷ **否定句**：主詞＋ shall/will not ＋動詞原形＋…

- Mory **won't graduate** next year.

  （莫利明年還不會畢業。）

- We **shan't be** on holiday at this time next week.

  （下週的這個時我們不會去度假。）

> **注意一下** **常跟表將來的時間副詞連用**
>
> 一般未來式常跟表示將來的時間副詞連用，如「next year」（明年）、「next week」（下週）等。

❸ 一般疑問句：Will/Shall ＋主詞＋動詞原形＋…？

- —**Will** Mory **graduate** next year?
  （莫利明年就畢業了嗎？）
- —Yes, she will.（是的，她會。）〔肯定回答〕
- —No, she won't.（不，她不會。）〔否定回答〕
- —**Will** you **be** on holiday at this time next week?
  （下週的這個時候你們會在度假嗎？）
- —Yes, we shall.（是的。）〔肯定回答〕
- —No, we shan't.（不，不是。）〔否定回答〕

B

一般未來式的基本
用法

◀◀◀

❶ 表示將來要發生的動作或狀態。

- We **shall/will not be** there till eleven.
  （我們要到 11 點才會到那裡。）
- When **will** the train **arrive**?（火車什麼時候到？）
- He **will come back** soon.（他很快就能回來的。）

❷ 表示事情的必然性。

- It **will be** Tuesday tomorrow.（明天是星期二。）
- I **will be** 18 years old next year.（明年我就 18 歲了。）

❸ 表示預料將要發生的動作或情況。

- I think it **will rain** this evening.（我想今晚會下雨。）
- You **will feel** better after having this medicine.
  （吃了這藥，你會感覺好些的。）

常用必備
常與一般未來式連用的時間副詞

- next time（下次）
- tomorrow（明天）
- tomorrow evening（明晚）
- before long（不久後）
- next year（明年）

- this afternoon（今天下午）
- the day after tomorrow（後天）
- in the future（將來）
- in an hour（一小時後）

220

C

一般未來式的其他
表達法

◀◀◀

❶ be going to 結構表將來的用法

　❹ 表示現在的意圖（事先經過考慮），即打算在最近或不久的將來做某事；主詞一
　　般是人；句子中可以帶有表示將來的時間副詞，也可以不帶。

　　・I **am going to** watch TV after dinner.
　　　（我打算晚飯後看電視。）
　　・What **are** you **going to** do today?（你今天準備做什麼？）
　　・**Are** you **going to** take a walk?
　　　（你要去散步嗎？）

　❺ 表示從現在的跡象顯示，即將發生某事；主詞有時是人，有時是物。

　　・Look at those clouds. It **is going to** rain soon.
　　　（看看那些雲層，快要下雨了。）
　　・We **are going to** be late, for the traffic is too heavy.
　　　（我們要遲到了，因為交通太擁擠了。）

 用法辨異
都表示未來的 be going to 和 will/shall 之區別

★ be going to 可以指主觀打算，也可以指從客觀的跡象顯示即將要發生的事；will/
shall 往往指沒有經過計畫、臨時決定將要發生的事，常伴有說話者的主觀意志
或將來必然發生的事。
I'm going to visit Shanghai this weekend.（這個週末我打算遊覽上海。）〔主觀打算〕
The little boy **is going to** fall over.（小男孩要摔倒了。）〔根據客觀跡象判斷〕
I'll answer the door.（我去開門。）〔事先未考慮的意圖〕
It **will** be Christmas soon.（很快就是聖誕節了。）〔表示必然性〕

❷ be to do 結構表示計畫中約定的，或按職責、義務、要求必須做的事，或即將發生
的動作。

　　・The Prime Minister **is to visit** South Korea in May.
　　　（首相將在五月訪問韓國。）
　　・I'm **to get married** next year.（我計畫明年結婚。）
　　・Your homework **is to be handed** in next Monday.（下週一你必須交作業。）

❸ be about to do 表示馬上就要發生的事，不強調主觀。一般不與具體的時間副詞連用。

- We're **about to** start off.

  （我們馬上就出發。）

- Be quiet. The film **is about to** start.

  （安靜點，電影就要開始了。）

❹ 一般現在式也可以表示將來。

  具體用法詳見本章「一般現在式的基本用法」。

❺ 一些表示位移的動詞，用在現在進行式往往表示計畫好，或準備要做的事，或表示馬上要做某事。

  具體用法詳見本章「現在進行式的基本用法」。

 現在進行式

 T-38

表示現在正在繼續或進行的動作。

A

| 現在進行式的構成 |

現在進行式由「助動詞be（am/is/are）＋V-ing形式」構成。

❶ 肯定句：主詞＋ be（am/is/are）＋ V-ing 形式＋…

- I'm **listening to** BBC programs.

  （我正在聽 BBC 的廣播節目。）

- Bob **is watching** TV.

  （鮑勃正在看電視。）

- The children **are playing** games.

  （孩子們正在玩遊戲。）

❷ 否定句：主詞＋ be（am/is/are）＋ not ＋ V-ing 形式＋…

- I'm **not listening to** BBC programmes.

  （我沒在聽 BBC 的廣播節目。）

- Bob **isn't watching** TV.

  （鮑勃沒在看電視。）

- The children **aren't playing** games.

  （孩子們沒在玩遊戲。）

❸ 一般疑問句：Be（Is/Are）＋主詞＋ V-ing 形式＋…？

- —**Are** you **listening to** BBC programs?
  （你正在聽 BBC 的廣播節目嗎？）
- —Yes, I am.（是的，我在聽。）〔肯定回答〕
- —No, I'm not.（不，我沒有。）〔否定回答〕
- —**Is** Bob **watching** TV?（鮑勃正在看電視嗎？）
- —Yes, he is.（是的，他在看。）〔肯定回答〕
- —No, he isn't.（不，他沒在看。）〔否定回答〕
- —**Are** the children **playing** games?
  （孩子們正在玩遊戲嗎？）
- —Yes, they are.（是的，他們在玩。）〔肯定回答〕
- —No, they aren't.（不，他們沒有。）〔否定回答〕

B

> 現在進行式的基本
> 用法

❶ 表示說話時正在進行的動作，常和 now, at the moment 等時間副詞連用。有時，句首會用 look, listen 等字，來表示現在（now）這一時間概念。

- —What **are** you **doing now**?（你現在正在做什麼。）
- —I **am cleaning** the window.（我正在擦窗戶。）
- **Look**! Uncle Wang **is making** a new kite **at the moment**.
  （你看，王叔叔正在做一個新的風箏。）

❷ 表示現階段正在進行的動作，常和 now, these days 等時間副詞連用。

- He **is now living** in Australia.（他目前住在澳洲。）
- How **are** you **getting along these days**?
  （這幾天你過得好嗎？）

 用法辨異
現在進行式與一般現在式的區別

★ 現在進行式表示現階段正在進行的動作，動作具有暫時性；而一般現在式中的動作則具有長久性。

She **is teaching** at a night school now.（目前她在一所夜校任教。）〔暫時在做〕

She **teaches** at a night school.（她在一所夜校任教。）〔長久做〕

❸ 一些表示位移的動詞，如 go, come, leave, start, arrive 等，用在現在進行式時可以表示計畫、安排要做某事，或表示馬上要發生的動作。

- We **are going** to Rome next week.
  （我們將在下週去羅馬。）
- When **are** you **starting**?
  （你什麼時候動身？）

❹ 現在進行式和 always, forever 等詞連用往往帶有某種感情色彩，使描述顯得更生動。

- She <u>**is always helping**</u> me in the kitchen.
  └─▶表示讚揚
  （她經常在廚房幫忙我。）
- Lucy <u>**is always changing**</u> her clothes.
  └─▶表示厭煩
  （露西老是在換衣服。）

5 過去進行式

T-39

表示過去某時正在繼續或進行的動作。

A

| 過去進行式的構成 | 過去進行式由「助動詞 be（was/were）＋V-ing 形式」構成。 |

❶ 肯定句：主詞＋ be（was/were）＋ V-ing 形式＋…
- Ted **was playing** the violin at that moment.
  （那時，泰德正在拉小提琴。）
- We **were having** an English class at 9 o'clock this morning.
  （今天早上 9 點，我們正在上英語課。）

❷ 否定句：主詞＋ be（was/were）＋ not ＋ V-ing 形式＋…
- Ted **wasn't playing** the violin at that moment.
  （那時，泰德沒在拉小提琴。）
- We **weren't having** an English class at 9 o'clock this morning.
  （今天早上 9 點，我們沒在上英語課。）

❸ 一般疑問句：Be（Was/Were）＋主詞＋ V-ing 形式＋…？

- **—Was** Ted **playing** the violin at that moment?
（那時，泰德正在拉小提琴嗎？）
- —Yes, he was.（是的。）〔肯定回答〕
- —No, he wasn't.（不，不是。）〔否定回答〕
- **—Were** you **having** an English class at 9 o'clock this morning?
（今天早上 9 點，你們正在上英語課嗎？）
- —Yes, we were.（是的。）〔肯定回答〕
- —No, we weren't.（不，不是。）〔否定回答〕

B

過去進行式的基本
用法

❶ 表示過去某一時刻正在進行的動作，常用的時間副詞有 at that moment, at ten o'clock last night, this time yesterday 等。

- — What **were** you **doing at seven last night**?
（昨晚 7 點鐘你在做什麼？）
- — I **was watching** a movie.（我在看一部電影。）

❷ 表示過去某階段正在進行或暫時性的動作，常用的時間副詞有 yesterday, last night, last winter 等。

- Your parents **were waiting** for you **yesterday**.
（昨天你父母一直在等你。）
- I **was writing** a letter **between 8 and 9 yesterday morning**.
（昨天上午 8 點到 9 點之間我正在寫信。）

❸ 用於描寫故事情景，或提供故事發生的時間背景。

- It was a dark night and it **was snowing** heavily.
（那是一個漆黑的夜晚，雪下得很大。）
- While I **was working** in the garden, the accident happened.
（正當我在花園做事時，事故發生了。）

❹ 過去進行式與 always, forever 等時間副詞連用時，表示說話者的特殊情感。

- Joe **was always complaining** about his busy life.
→表示不耐煩
（喬經常抱怨自己生活忙碌。）
- Jack **was always doing** his work very quickly.
→表示讚揚
（傑克工作總是很有效率。）

11 動詞的時態

225

❺ 表示過去兩個同時持續的動作。

- I **was doing** my homework while he **was listening** to music.
（我在做作業而他在聽音樂。）

 用法辨異
過去進行式和一般過去式的區別

★過去進行式常表示動作尚未完成；一般過去式則表示動作已經完成。
I **was reading** a book that evening.
（那天晚上我一直在看一本書。）〔沒有讀完〕
I **read** a book that evening.
（那天晚上我看了一本書。）〔讀完了〕

巧學妙記！ **過去進行式的用法**
過去進行概念清，字面含義已分明。
它與現進是姐妹，只是 be 詞不相同。
倘若變成過去時，過去之時正進行。
區別兩者並不難，特定環境來驗證。

❻ 不能用進行式的情況

① 表示感情、態度的動詞，如love, like, hate, know, understand, realize, remember, believe, want, hope, wish, need, agree等。但當表示一時的情緒時，偶爾也可用於進行時態。

② 表示所有的動詞，如have, own, belong to, have on等。

③ 表示感官的動詞，如seem, appear, look, sound, taste等。feel「感覺」用於進行時態時，表示一時的感覺。

④ 表示行為結果的動詞, 如accept, receive, allow, decide, promise等。

6 現在完成式

 T-40

表示到現在為止跟現在有關的動作或狀態。一般表示完成、經歷和繼續三種意思。

A
現在完成式的構成

現在完成式由「助動詞have/has＋過去分詞」構成。

❶ 肯定句：主詞＋ have/has ＋過去分詞…

- I **have lived** in Taichung for years.
（我在台中生活多年了。）
- He **has read** this book before.
（他以前就讀過這本書了。）

❷ 否定句：主詞＋ have/has ＋ not ＋過去分詞…

- I **haven't lived** in Taichung.（我沒住過台中。）
- He **hasn't read** this book before.
（他以前沒讀過這本書。）

❸ 一般疑問句：Have/Has ＋主詞＋過去分詞…?

- —**Have** you **lived** in Taichung for years?
（你住在台中很多年了嗎？。）
- —Yes, I have.（是的。）〔肯定回答〕
- —No, I haven't.（不，沒有。）〔否定回答〕
- —**Has** he **read** this book before?
（他以前就讀過這本書了嗎？。）
- —Yes, he has.（是的，他讀過。）〔肯定回答〕
- —No, he hasn't.（不，他沒讀過。）〔否定回答〕

B
現在完成式的基本用法

❶ 強調「已完成」的動作對現在所產生的影響和結果，常跟 already, just, yet 等連用，一般動詞用終止性動詞。

- He has **just** gone out.（他剛剛出去。）
- I have **already** finished my lunch.（我已經吃過午飯了。）
- Have you heard the news **yet**?（你聽到這個消息了嗎？）

注意一下　助動詞與實義動詞 have
助動詞 have，人稱、時態和數的變化與實義動詞 have 一致。

補充一下　現在式、過去式及現在完成式
- I <u>live</u> in this city now.（我現在住在這個城市。）〔現在式〕
- I <u>lived</u> in this city five years ago.（我五年前住過這個城市。）〔過去式〕
- I <u>have lived</u> in this city for five years.（這五來年我都住在這個城市。）〔現在完成式〕

現在式，表示現在「住著」這一事實。過去如何不清楚。
過去式，表示五年前這一過去「住過」的事實，現在如何呢?不清楚。
現在完成式，表示從五年前到現在為止，仍「持續住著」的意思。

注意一下　yet 常用在什麼句中呢?
yet 常用在否定句和疑問句中。

227

❷ 強調直到現在為止的生活經歷，常跟 never, ever,(only)once, twice, three times 等連用，可以用 how many times 來詢問，一般動詞用持續性動詞。

- He has **never** been late for school.
  （他上學從來不曾遲到。）
- —Have you **ever** climbed that mountain?
  （你爬過那座山嗎？）
- —Yes, several times.
  （是的，爬過幾次。）
- —**How many times** have you **ever** been to England?
  （你曾經去過英國幾次？）
- —**Only once**.
  （只去過一次。）

用法辨異
have gone to 和 have been to 的區別

★ have gone to 表示「到某地去了」，可能還在路上，也可能已經到達，但一定不在說話者這裡。

Mary **has gone to** the library.
（瑪麗去圖書館了。）〔現在還沒回來〕

★ have been to 表示「到過某地」，明顯地是回來之後再談論去過某地的情況。

Mary **has been to** Hong Kong.
（瑪麗去過香港。）〔現在不在香港〕

❸ 表示動作或狀態從過去某時開始，一直延續至今，可能剛剛結束，也可能繼續下去。常和 for 或 since 引導的時間副詞連用，可以用 how long 詢問，一般動詞用持續性動詞。

- —**How long** have you lived here?
  （你在這裡住多久了？）
- —I have lived here **for** about ten years.
  （我在這裡大約住了 10 年。）
- We have been very busy **since** the new term began.
  （新學期開學後，我們一直都很忙碌。）

用法辨異
現在完成式與一般過去式的用法區別

★ 這兩個時態都說明過去已經發生的事。現在完成式表示的動作與現在有關係或對現在有影響；而一般過去式只表示過去的事，與現在沒有聯繫。當句中有明確的過去時間副詞時，只能用一般過去式。

- Tom **has closed** the window.（湯姆關上了窗戶。）
〔有二意：一、湯姆曾經關了窗戶；二、剛剛關了窗戶，所以窗戶現在是關著的。〕
- Tom **closed** the window.（湯姆關了這扇窗戶。）
〔過去的動作，窗戶現在可能是關著，也可能是開著。〕

7 過去完成式

 T-41

A

過去完成式的構成

過去完成式由「助動詞had＋過去分詞」構成。

❶ 肯定句：主詞＋ had ＋過去分詞…
- Peter **had left** before I came.
（在我到之前彼得已經走了。）

❷ 否定句：主詞＋ had ＋ not ＋過去分詞…
- Peter **hadn't left** before I came.
（在我到之前，彼得還沒走。）

❸ 一般疑問句：Had ＋主詞＋過去分詞…?
- —**Had** Peter **left** before you came?
（在你到之前彼得已經走了嗎？）
- —Yes, he had.
（是的。）〔肯定回答〕
- —No, he hadn't.
（不，沒有。）〔否定回答〕

B

過去完成式的基本
用法

◀◀◀

❶ 表示一個動作在過去某一時間，或某一動作之前已經完成，常和時間副詞 by yesterday, by the end of last week, by the time…等連用。

- **By the end of** last month, he **had finished** the work.
  （他已經在上個月底完成工作了。）
- I **hadn't learnt** any English **before** I came here.
  （我來這裡之前沒學過英語。）
- I found your coat **after** you **had left** the house.
  （你離開房子以後，我找到了你的外套。）

❷ 在受詞子句中也經常使用過去完成式，表示先發生子句的動作再發生主句的動作。

- I thought I **had seen** him before.
  （我以為我以前見過他。）
- He said that the rain **had stopped**.
  （他說雨已經停了。）

❸ 表示一個動作在過去某一時間以前就已經開始，一直延續到這一過去時間，並有可能繼續下去。常和 for 或 since 表示時間的片語或子句連用。

- By 6 o'clock, they **had worked for 12 hours**.
  （到 6 點為止，他們已經工作了 12 個小時。）
- Mr. Lee and I **had known** each other **since** our school days.
  （李先生和我從讀書的時候就認識了。）

8 過去未來式

表示對過去某一時間而言，將要發生的動作或存在的狀態。

過去未來式有兩種基本形式：「助動詞 would/should＋動詞原形」和「was/were going to＋動詞原形」。

A

> **過去未來式的構成**
> ◀◀◀

❶ **助動詞 would/should ＋動詞原形**

- Lucy promised she **would come** the next day.
  → 肯定句
  （露西答應第二天會來。）
- I told Laura I **wouldn't go** home the following weekend.
  → 否定句
  （我告訴蘿拉下週末我不回家了。）
- **Would** you **stay** there for two days?
  → 一般疑問句
  （你本來打算要在那裡待兩天嗎？）

❷ **was/were going to ＋動詞原形**

ⓐ **肯定句：**主詞＋ was/were going to ＋動詞原形＋…
- She **was going to** get up early.（她本來打算早起。）
- They **were going to** give her a surprise.
  （他們本來打算給她個驚喜。）

ⓑ **否定句：**主詞＋ wasn't /weren't going to ＋動詞原形＋ ...
- She **wasn't going to** get up early.（她沒打算早起。）
- They **weren't going to** give her a surprise.
  （他們沒打算給她個驚喜。）

ⓒ **一般疑問句：**Was/Were ＋主詞＋ going to ＋動詞原形＋ ... ?
- —**Was** she **going to** get up early?（她本來打算早起嗎？）
- —Yes, she was.（是的。）〔肯定回答〕
- —No, she wasn't.（不，沒有。）〔否定回答〕
- —**Were** they **going to** give her a surprise?
  （他們本來打算給她個驚喜嗎？）
- —Yes, they were.（是的。）〔肯定回答〕
- —No, they weren't.（不，沒有。）〔否定回答〕

B

表示從過去某一時間來看，將要發生的動作或存在的狀態。過去未來式大多用在受詞子句（包括間接引語），表示子句的動作發生在主句動作之後。

• He said (that) he **would ring** me up at six.

（他說他會在 6 點鐘打電話給我。）

▪ I thought you **would change** your mind.

（我原以為你會改變主意的。）

考題演練

■ （一）高中入試考古題：Choose the correct answer. （選擇正確的答案）

(1) Paul and I_____tennis yesterday. He did much better than I.

    A. play   **B.** will play   **C.** played   **D.** are playing

(2) —I've not finished my project yet.

    —Hurry up! Our friends _____ for us.

    A. wait   **B.** are waiting   **C.** will wait   **D.** have waited

(3) Mary isn't here at the moment. She_____later.

    A. comes   **B.** came   **C.** has come   **D.** is coming

(4) —Mom, when can I go out to play football?

    —Finish your homework first, or I_____let you go out.

    A. don't   **B.** didn't   **C.** won't   **D.** haven't

(5) My grandmother_____a lot of changes in Chicago since she came here.

    A. sees   **B.** can see   **C.** will see   **D.** has seen

(6) —_____ you _____the Beatles' story?

    —Yes. And their songs are popular.

    A. Did; hear   **B.** Do; listen to

    C. Have; heard of   **D.** Have; listened to

(7) —Alan, it's late. Why not go to bed?

    —Jenny hasn't come back yet. I _____ for her.

    A. waited   **B.** have waited   **C.** am waiting   **D.** was waiting

(8) I_____along the road when I saw Peter. So we stopped and had a chat.

    A. walked   **B.** was walking   **C.** would walk   **D.** had walked

(9) If there_____no buying and selling of animals, there_____no killing in nature.

    A. is; will be   **B.** will be; will be

    C. is; is   **D.** will be; is

(10) John likes playing soccer very much and he _____ about one hour playing it every day.

    A. spent   **B.** will spend   **C.** has spent   **D.** spends

■（二）模擬試題：Choose the correct answer.（選擇正確的答案）

(1) Don't make any noise. The baby_____.

    A. sleep   **B.** sleeps   **C.** is sleeping   **D.** slept

(2) —I haven't seen Li Lei for a long time. Where is he?

    —He _____ abroad for further studying.

    A. has gone   **B.** has been   **C.** was   **D.** went

(3) His life _____ a lot in the last few years.

    A. have changed   **B.** did changed   **C.** has changed   **D.** does changed

(4) —Have you read the book called *Waiting for Anya*?

    —Who _____ it?

    A. writes   **B.** has written   **C.** wrote   **D.** had written

(5) We're not sure if it _____ tomorrow. If it _____, we won't climb the mountain.

    A. will snow; snows   **B.** will snow; will snow

    C. snows; snows   **D.** snows; will snow

(6) Then, my mum went to the market, _____ some apples and visited my grandparents.

    A. buys   **B.** bought   **C.** has bought   **D.** had bought

(7) What _____ you _____ at this time yesterday?

    A. are; doing   **B.** were; doing   **C.** did; do   **D.** do; do

(8) The girls _____ the farm by the time the farmers began to have lunch.

    A. got to   **B.** had reached at

    C. will have arrived in   **D.** had reached

(9) —When _____ you _____ the new car?

    —Well, I _____ it for a week.

    A. did; have; have had   **B.** did; buy; have had

    C. did; buy; have bought   **D.** did; have; have bought

(10) —You look so happy. What happened?

—Oh, my father _____ me to Hong Kong Disneyland next week.

A. take　　　　B. took　　　　C. have taken　　　　D. will take

答案 · 解說 ①

(1) **C**　(2) **B**　(3) **D**　(4) **C**　(5) **D**　(6) **C**　(7) **C**　(8) **B**

(9) **A**　(10) **D**

(1)　題意：「昨天我和保羅打了網球。他打得比我好很多。」根據時間副詞語 yesterday 可以知道，應該用一般過去式，所以選 C。

(2)　題意：「我還沒完成我的企畫。」「你得快點！我們的朋友正在等我們。」根據語境可以知道，wait 是正在發生的動作，所以用現在進行式。

(3)　題意：「瑪麗現在不在這裡。她隨後就來。」根據題意可以知道，come 這一動作是將來要發生的，位移動詞的現在進行式可以表示將來，所以選 D。

(4)　題意：「媽，我什麼時候可以出去踢足球？」「先做完你的作業，否則我不許你出去。」「祈使句 +or/and+ 陳述句」是固定句式，其中的祈使句意義上相當於 if 引導的條件副詞子句，所以後面的陳述句中常用一般未來式。

(5)　題意：「我祖母自從來到這裡以後，看到芝加哥發生了很大的變化。」句中有 since 引導一般過去式的時間副詞子句，主句用現在完成式。

(6)　題意：「你聽過披頭四樂隊的故事嗎？」「聽過。他們的歌很有名。」根據題意知道應該用現在完成式，排除 A、B；hear of「聽說」，符合題意。listen to「聽」，強調聽的過程。

(7)　題意：「艾倫，這麼晚了，為什麼還不睡覺？」「珍妮還沒回來呢，我正在等她。」wait 是說話當時正在發生的動作，用現在進行式。

(8)　題意：「我正在街頭散步時，碰見了彼得。於是我們停下來聊了一會兒。」be doing sth.when...「正在做某事，這時…」，是固定用法，when 是對等連接詞，意為「這時…」。失分陷阱！這一題 when 所引導的時間副詞子句的時態運用，如果沒有掌握好，就容易選錯。(9) 題意：「如果沒有買賣動物，那麼大自然中也將不會有殺戮了。」在含有條件副詞子句的複合句中，主句用一般未來式，子句用一般現式來代替一般未來式。

(10)　題意：「約翰非常喜歡踢足球，他每天大約花了一個小時的時間踢足球。」根據前一個分句的一般動詞 likes 及時間副詞語 every day 可以知道，後一分句也要用一般現在式。

答案 · 解說 ②

(1) **C** (2) **A** (3) **C** (4) **C** (5) **A** (6) **B** (7) **B** (8) **D** (9) **B** (10) **D**

(1) 題意：「不要吵吵鬧鬧的，寶寶正在睡覺。」句中用現在進行式表示說話時正在發生或進行的動作，給了「Don't make any noise」的原因。

(2) 題意：「我很久沒看到李雷了，他在哪裡？」「他出國深造了。」由第一句話可以知道，時態為現在完成式；has gone to 意為「去了某地（還沒回來）」，has been to 意為「去過某地（已經回來）」，根據題意應該選 A。失分陷阱！現在完成式跟一般過去式，都是表示在過去做的動作，但現在完成式表示的動作與現在有關係或對現在有影響；而一般過去式只表示過去的事，與現在沒有聯繫。如分不清楚，就容易選錯。

(3) 題意：「在過去幾年他的生活發生了很大的變化。」由時間副詞語 in the last few years 可以知道，時態為現在完成式；主詞 his life 是第三人稱單數，所以選 C。

(4) 題意：「你讀過一本名叫《等待安雅》的書嗎？」「誰寫的？」雖然第一句話是現在完成式，但第二句並不是對問句的答話，而是反過來問「誰寫的」，所以應該用一般過去式。

(5) 題意：「我們不確定明天是不是會下雪，如果明天下雪，我們將不會去爬那座山了。」第一個 if 意為「是否」，引導受詞子句，時間副詞語為 tomorrow，所以用 will snow；第二個 if 意為「如果」，引導條件副詞子句，主句為一般未來式，子句用一般現在式表示未來。

(6) 題意：「於是，我媽媽去市場買了一些蘋果，然後去看望我祖父母。」句中沒有明顯的時間副詞語，但從前後並列的動詞可以看出是一般過去式，所以選 B。

(7) 題意：「昨天的這個時候你在做什麼？」時間副詞語為 at this time yesterday，應該用過去進行式，所以選 B。

(8) 題意：「在農民們開始吃午飯時，這些女孩已經抵達農場。」by 後面加一個過去的時間點是過去完成式的標誌；到達某地可以用 get to, arrive in/at 或 reach 來表達。所以選 D。

(9) 題意：「你什麼時候買這輛新車的？」「哦，我已經買了一週了。」詢問過去發生的動作用一般過去式；buy 為非延續性動詞，用在完成時態不能和一段時間連用；have 為延續性動詞，用在完成時態，可以跟一段時間連用。

(10) 題意：「你看起來很開心，發生什麼好事了？」「哦，下週我爸爸要帶我去香港狄斯奈樂園。」答話的時間副詞語是 next week，應該用一般未來式表示將來要發生的事，所以選 D。

動詞的
被動語態

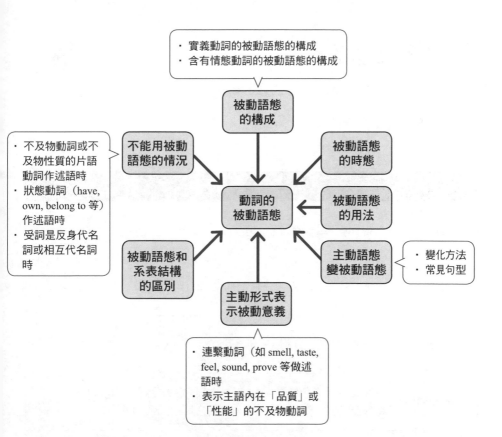

　　語態是動詞的一種形式，表示主詞和動詞之間的具體關係，分為主動語態和被動語態兩種。主動語態表示主詞是動作的執行者，被動語態表示主詞是動作的承受者。

1 被動語態的構成

 T-43

A

實義動詞的被動語態的構成

分　類	句　式
肯定句	主詞＋ be ＋過去分詞（＋ by...）.
否定句	主詞＋ be ＋ not ＋過去分詞（＋ by...）.
一般疑問句	Be ＋主詞＋過去分詞（＋ by...）？
特殊疑問句	特殊疑問詞（不作主詞）＋ be ＋主詞＋過去分詞（＋ by...）？ 特殊疑問詞（作主詞）＋ be ＋過去分詞（＋ by...）？

- The lecture **will be made by** an artist.
（這場演講將由一位藝術家主講。）
- The window **wasn't broken by** Lisa.
（窗子不是莉莎打破的。）
- —**Is** Mars now **being explored by** scientists?
（科學家們正在進行火星的探測嗎？）
- —Yes, it is. （是的。）〔肯定回答〕
- —No, it isn't. （不，不是。）〔否定回答〕
- **What** was stolen last night?
　　└─→作主語
（昨晚什麼東西被偷了？）
- **When** was the school football team set up?
　　└─→不作主語
（學校的足球隊是什麼時候成立的？）

B

含有情態動詞的被
動語態的構成

分　類	句　式
肯定句	主詞＋情態動詞＋ be 原形＋過去分詞(+ by...).
否定句	主詞＋情態動詞＋ not ＋ be 原形＋過去分詞(+ by...).
一般疑問句	情態動詞＋主詞＋ be 原形＋過去分詞(+ by...)?
特殊疑問句	特殊疑問詞(不作主詞)＋情態動詞＋主詞＋ be 原形＋過去分詞(+ by...)? 特殊疑問詞(作主詞)＋情態動詞＋ be 原形＋過去分詞(+ by...)?

- Such work **can be done** in an hour. （這項工作可以在一個小時內完成。）
- These books **mustn't be taken out of** the reading room.
（這些書不能帶出閱覽室。）
- —**Must** the homework **be handed in** by tomorrow?
（明天必須交作業嗎？）
- —Yes, it must be. （是的，必須。）〔肯定回答〕
- —No, it needn't be. （不，不必。）〔否定回答〕
- **When** can my computer be repaired?
　　└─→不作主詞
（我的電腦什麼時候能修好？）
- **What** can be reused? （什麼東西可以被再利用？）
　　└─→作主詞

2 被動語態的時態

被動語態由「be 動詞＋過去分詞」構成，它和主動語態一樣也有人稱、數和時態的變化，這些變化是通過 be 動詞的變化來體現的，be 動詞是什麼時態，全句就是什麼時態。

以動詞 speak 為例，其被動語態的各種時態構成如下：

時＼式	一 般 式	進 行 式	完 成 式
現在式	am is are ┐ spoken	am is are ┐ being spoken	has have ┐ been spoken
過去式	was were ┐ spoken	was were ┐ being spoken	had been spoken
未來式	shall will ┐ be spoken	–	shall will ┐ have been spoken
過去未來式	should would ┐ be spoken	–	should would ┐ have been spoken

- You **are required** to do this.
  └→一般現在式
  （你被要求做這件事。）
- The window **was broken** by Xiao Ming.
  └→一般過去式
  （窗子是小明打破的。）
- The problem **will be discussed** tomorrow.
  └→一般未來式
  （這個問題將在明天討論。）
- The road **is being widened**.（正在拓寬馬路。）
  └→現在進行式
- The new tool **was being made**.（正在製造新的工具。）
  └→過去進行式
- The door **has been painted**.（門已刷完漆了。）
  └→現在完成式
- He said that the work **had been finished**.（他說工作已經做好了。）
  └→過去完成式
- He said that the trees **would be planted**.（他說將要種植樹木。）
  └→過去未來式

3 被動語態的用法

 T-45

一般說來，主動與被動的選用，應該根據具體的情況而定。下面幾種情況一般用被動語態：

❶ 強調或突出動作的承受者，而不強調動作的執行者時。

- She **was asked** to sing a song yesterday.
  （昨天，她被要求唱一首歌。）

❷ 沒有必要或不想說出誰是動作的執行者時。

- This jacket **is made of** cotton.（這件夾克是棉質的。）

❸ 當動作的執行者是泛指時（如 people, one 等）。

- Thousands of trees **are planted** every year.
  （每年都種植了成千上萬棵的樹。）

❹ 為了說話講禮節等原因不願說出動作的執行者。

- You **are invited** to a party at eight o'clock tomorrow.
  （你受邀參加明天八點的一場派對。）

 動詞的五種變化

動詞大部分都有以下五種變化：

- 原形 →use（使用）
- 現在式 →use, uses
- 過去式 →used
- 現在分詞 →using
- 過去分詞 →used

巧學妙記

誰做的動作不知道，
說出誰做的沒必要。
突出承受者或禮貌，
用被動語態錯不了。

1
2
3
4
5
6
7
8
9
10
11
12
13
14
15
16
17
18
19
20

4 主動語態變被動語態

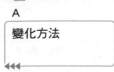

變化方法

例句：農民們在春天種植水稻。

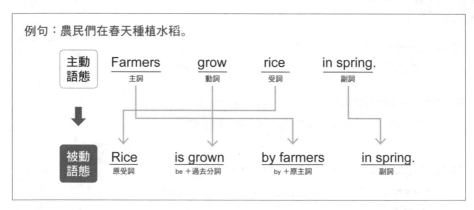

❶ 步驟一：把原主動句的受詞轉換成被動句的主詞。

❷ 步驟二：把原述語動詞改為「be ＋過去分詞」的形式。be 動詞的人稱和數要隨著新的主詞（原句中的受詞）而改變，同時 be 動詞的時態不變。不論是什麼時態，被動語態的句子都必定要有一個 be 動詞。

❸ 步驟三：原主動句的主詞，如果需要強調，主動句的主詞就變成被動句的介系詞 by 的受詞，來表示發出動作的人或物。如果沒有必要，則可以省略。

❹ 步驟四：其他成分（限定詞、副詞）不變。

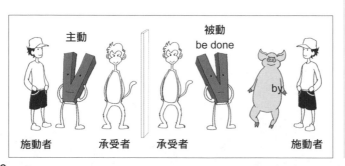

巧學
妙記 **主動變被動**

受詞提前主詞變，
時態人稱 be 關鍵，
過去分詞勿變錯，
原主變受 by 後見。

特別
強調

by 片語在被動語態中一般可以省略，但如果出現在下面的情況，就不可以省略：

①當動作的執行者是話題中心時。

· The classroom was cleaned by Grace, not by Jane.（教室是格麗絲打掃的，而不是簡打掃的。）

②省略 by 片語句意含糊時。

· English is spoken by many people.（很多人講英語。）

B

常見句型

◀◀◀

❶「主詞＋動詞＋受詞（＋其他）（S＋V＋O）」變為被動語態

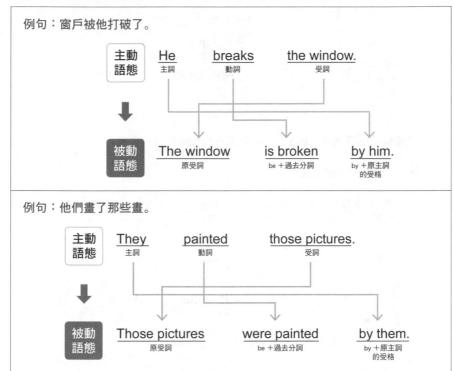

例句：窗戶被他打破了。

主動語態　He 主詞　breaks 動詞　the window. 受詞

被動語態　The window 原受詞　is broken be＋過去分詞　by him. by＋原主詞的受格

例句：他們畫了那些畫。

主動語態　They 主詞　painted 動詞　those pictures. 受詞

被動語態　Those pictures 原受詞　were painted be＋過去分詞　by them. by＋原主詞的受格

❷「主詞＋動詞＋間接受詞＋直接受詞（S＋V＋Oi＋Od）」變為被動語態

ⓐ　雙受詞及物動詞變成被動語態時，將間接受詞或直接受詞轉化為句子主詞。

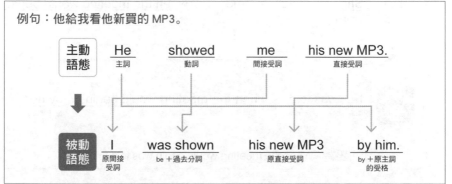

例句：他給我看他新買的 MP3。

主動語態　He 主詞　showed 動詞　me 間接受詞　his new MP3. 直接受詞

被動語態　I 原間接受詞　was shown be＋過去分詞　his new MP3 原直接受詞　by him. by＋原主詞的受格

243

例句：他給我看他新買的 MP3。

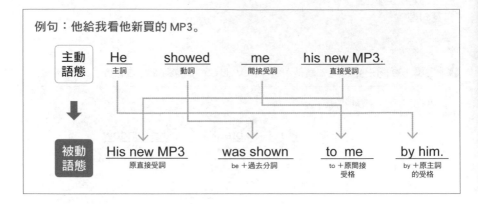

ⓑ 在變成被動語態時，有些間接受詞不可以作被動句的主詞。

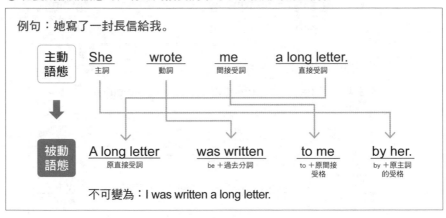

ⓒ 受詞子句作直接受詞，一般不可以作被動句的主詞。

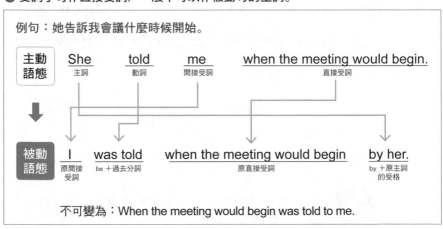

★ **常用必備**
常跟雙受詞的動詞

- give
- send
- take
- bring
- teach

- show
- get
- tell
- make
- sing

- write
- read
- sell
- draw
- buy

- ask
- pay
- borrow
- lend
- pass

在直接受詞作主詞時，必須在這些動詞後面加上 to 或 for。

❸「主詞＋動詞＋間接受詞＋直接受詞（S ＋ V ＋ Oi ＋ Od）」變為被動語態

ⓐ 主動句中的受詞變成主詞，受詞補語變成主詞補語。

例句：我們把那片空地變成了操場。

| 主動語態 | We
主詞 | have made
動詞 | the empty land
受詞 | a playground.
受詞補語 |

| 被動語態 | The empty land
原受詞 | has been made
be ＋過去分詞 | a playground
原受詞補語 | by us.
by ＋原主詞的受格 |

ⓑ 帶有形式受詞 it 的句子也可變成被動句。

例句：我們認為對犯錯的孩子大聲訓斥是不對的。

| 主動語態 | We
主詞 | consider
動詞 | it
形式受詞 | wrong
受詞補語 | to shout at children who make mistakes.
真正受詞 |

| 被動語態 | It
原形式受詞 | is considered
be ＋過去分詞 | wrong
原受詞補語 | to shout at children who make mistakes.
原真正受詞 |

245

常用必備

常見 it 作形式主詞的被動句

- It is said that ...（據說…）
- It is believed that ...（有人認為…）
- It is reported that ...（據報導…）
- It is thought that ...（有人認為…）

- It is hoped that ...（有望…）
- It is known that ...（眾所周知…）
- It is suggested that ...（有人建議…）

☯ 如果是不帶 to 的不定詞作受詞補語。那麼在變為被動句時前面要加 to。

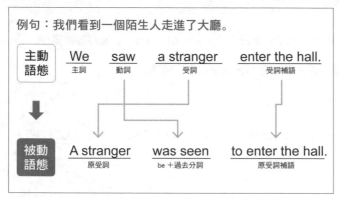

例句：我們看到一個陌生人走進了大廳。

| 主動語態 | We 主詞 | saw 動詞 | a stranger 受詞 | enter the hall. 受詞補語 |

| 被動語態 | A stranger 原受詞 | was seen be＋過去分詞 | to enter the hall. 原受詞補語 |

注意一下 一律要帶 to

在被動句中作主詞補語的不定詞一律要帶 to，不論其作受詞補語時是否帶 to（let 後的補語除外）。

❹ 及物片語動詞的被動結構

- We **have sent for** a doctor.
  → A doctor **has been sent for**.
  （已經派人去請醫生了。）
- I **turned off** the radio just now.
  → The radio **was turned off** just now.
  （收音機剛才〈被〉關掉了。）
- They **are taking** good **care of** the children.
  → The children **are being taken** good **care of**.
  （孩子們被照顧得很好。）

注意一下 介系詞或副詞不能遺漏

在將含有片語動詞的主動句轉換成被動句時，原片語動詞中的介系詞或副詞不能遺漏。

補充一下 被動語態形式的片語動詞不需加 by

由被動語態形成的片語動詞，本身就是被動語態的形式，不需要再加 by。例如：「be interested in」（對…感興趣）、「be made of」（用…製造的）等。

5 不能用被動語態的情況

T-47

A

不及物動詞或不及物性質的片語動詞作述語時

◄◄◄

- The price **has risen**.
  （價格上漲了。）
- A fire **broke out** during the night.
  （夜間發生了火災。）

B

狀態動詞（have, own, belong to 等）作述語時

◄◄◄

- I **have** a bike and a car.
  （我有一輛腳踏車和一輛汽車。）
- Does the pair of new shoes **suit** you?
  （那雙新鞋你穿起來合腳嗎？）

C

受詞是反身代名詞或相互代名詞時

◄◄◄

- You should help **each other** whatever happens.
  （不管發生了什麼事，你們都應該相互幫忙。）

6 主動形式表示被動意義

T-48

A

連繫動詞作述語時

連繫動詞（如smell, taste, feel, sound, prove等）作述語時。

- The dish **tastes** terrible.（這道菜嘗起來很難吃。）
- This dress **feels** soft.（這條裙子摸起來很柔軟。）

注意
一下 表品質、性能的動詞

常見的表示品質、性能的動詞有 lock, shut, open, move, read, write, sell, wash, clean, catch, draw, cut 等。

B

表示「品質」或「性能」

表示主詞內在「品質」或「性能」的不及物動詞。

- That kitchen **cleans** very easily.
  （那個廚房很容易清理。）
- The cloth **washes** well.
  （這種布料容易清洗。）
- Her book does not **sell well**.
  （她的書不好賣。）

C

在表示「需要」之意

在表示「需要」之意的need, want, require等詞的後面，動名詞用主動形式表示被動含義，其含義相當於動詞不定詞的被動形式。

- The house **needs repairing** (to be repaired).
  （這間房子需要修理。）
- My clothes **want washing** (to be washed).
  （我的衣服需要洗了。）

D

形容詞 worth

形容詞worth後面跟動名詞的主動形式表示被動含義，但不能跟動詞不定詞。

- The picture book is well **worth reading**.
  （這本畫冊相當值得一看。）
- Such a man as Mr Smith is not **worth helping**.
  （像史密斯先生那樣的人是不值得幫他的。）

E

不定詞的主動形式表示被動含義

當動詞不定詞在名詞後面作限定詞，不定詞和被修飾名詞之間有動受關係，且與句中另一名詞或代名詞有主述關係時，用不定詞的主動形式表示被動含義。

- I have a lot of work **to do** today.
  （我今天有很多工作要做。）
- He has three children **to look after**.
  （他有三個孩子要照顧。）

F

表開始、結束動詞的
主動形式表示被動

表示開始、結束類的動詞，如start（開始），begin（開始），open（開），close（關），finish（完成），stop（停止），end（結束）等的主動形式表示被動含義。

- The meeting **ended** at 11 o'clock yesterday morning.
  （會議在昨天上午 11 點結束。）
- The shop **opens** at 8:00 every day. （商店每天 8 點開門。）

7 被動語態和系表結構的區別 T-49

「be ＋過去分詞」這一結構可能是被動語態，也可能是系表結構。它們的區別在：

A

強調動作及主詞的
特徵

被動語態強調動作，而系表結構表示主語的特徵和所處的狀態。

- Our classroom **is painted** every year. （我們教室每年都會粉刷。）
  →被動語態
- Our classroom **is painted**. （我們教室已經粉刷完畢。）
  →系表結構

常用必備
常見的作主詞補語的過去分詞形容詞

- broken（碎了的）
- excited（興奮的）
- interested（感興趣的）
- lost（丟失的;迷路的）
- pleased（高興的）
- surprised（驚訝的）
- gone（走了;不見了）
- known（為人所知的）
- disappointed（失望的）

B

常用介系詞 by 及
常用其他介系詞

被動語態常由介系詞by引出發生動作的物件，而系表結構中常用其他介系詞，如about, at, in, on, with, over, to等。

- I**'m interested in** my own hobbies, such as collecting stamps, raising birds
  →系表結構
  and fishing.

（我熱衷於自己的愛好，如集郵、養鳥、釣魚等。）

- I **was interested by** what you showed me. （你給我看的東西讓我很感興趣。）
  →被動語態

C

被動結構常用greatly等詞修飾，而系表結構常由very, quite, rather, too, so, more, most等詞修飾。

- I**'m quite satisfied** with your work.
  └──→系表結構

（我對你的工作相當滿意。）

- We **were greatly moved** by what Tom did.
  └──→被動語態

（我們被湯姆的舉動深深感動了。）

D

述語動詞帶有時間、地點或方式副詞時

述語動詞帶有時間、地點或方式副詞時，多半是被動語態。

- The work **must be finishedby the end of the week**.
  └──→被動語態

（這項工作必須在週末之前完成。）

- He **was injured in the accident**.
  └──→被動語態

（他在事故中受了傷。）

E

用「be 動詞＋過去分詞」及 be 以外的 become 等

被動語態一般由「be動詞＋過去分詞」構成。系表結構中除了用be之外，還可以用become（變得），get（變得），turn（變得），sound（聽起來），lie（保持），look（看起來），keep（保持），remain（保持），seem（看上去），appear（看上去）等。

- She **became interested** in maths.
  └──→系表結構

（她對數學開始感興趣了。）

- The work **remained unfinished**.
  └──→系表結構

（這項工作依然尚未完成。）

- He **looked very tired** after a day's work.
  └──→系表結構

（工作一整天下來，他看起來非常疲倦。）

F

進行時態及一般式或完成式

被動語態可以用在進行時態；系表結構常用在一般式或完成式。

- The plan **is being carried out** successfully.
  └──→被動語態

（這項計畫正順利進行中。）

- Many kinds of art **have been lost** to the world.（世上已有許多種藝術失傳了。）
  └──→系表結構

考題演練

■（一）高中入試考古題：Choose the correct answer.（選擇正確的答案）

(1) —What happened to Billy?

　　—He _____ because of his drink-driving.

　　A. is caught　　　B. was caught　　　C. has caught　　　D. had caught

(2) Your donation _____ and the money will be used to help the students from poor families.

　　A. is greatly appreciating　　　　B. appreciates

　　C. has appreciated　　　　　　　D. is greatly appreciated

(3) Many accidents _____ by careless drivers last year.

　　A. are caused　　　　　　　　　B. were caused

　　C. have caused　　　　　　　　　D. will cause

(4) The Spring Festival _____ in January or February.

　　A. celebrates　　　B. is celebrated　　　C. celebrated　　　D. was celebrated

(5) Today a lot of information can _____ online.

　　A. receive　　　B. be received　　　C. is received　　　D. receiving

(6) Boys and girls, the books in the library should _____ good care of.

　　A. take　　　B. are taking　　　C. be taken

(7) These days students in some schools _____ not to use mobile phones.

　　A. ask　　　B. asked　　　C. are asked　　　D. were asked

(8) The radio says a wild animal zoo is going to _____ in our city.

　　A. be built　　　B. built　　　C. build　　　D. be building

(9) Don't worry. Your package _____ here until you come back, so enjoy shopping here.

　　A. will keep　　　B. has kept　　　C. will be kept　　　D. has been kept

(10) It is true that knowledge _____ rather than being taught.

　　A. learns　　　B. learned　　　C. is learned　　　D. was learned

(1) Attention, please! All the mobile phones must _____ before the meeting starts.

A. turn off   B. be turned off

C. be turning off   D. turned off

(2) —Will the football match _____ on TV next Saturday evening?

—Sorry, I don't know. But it _____ last Saturday evening.

A. show; was shown   B. be shown; was shown

C. be shown; showed   D. be showing; was showed

(3) The pen _____ well. It _____ well, too.

A. writes; sells   B. is written; is sold

C. writes; is sold   D. is written; sells

(4) —Are you going to the party?

—No, because I _____ .

A. have asked   B. haven't asked

C. have been asked   D. haven't been asked

(5) The wall _____ by those children now.

A. was being painted   B. is being painted

C. was painted   D. is painted

(6) I think young people _____ to go swimming in rivers.

A. shouldn't allow   B. shouldn't be allowed

C. shouldn't be allow   D. allow

(7) So far, people _____ not to pollute the water again and again.

A. have told B. have asked C. were told D. have been told

(8) Nobody likes _____ when he makes mistakes.

A. laugh at   B. to be laughed at

C. be laugh at   D. laughing at

(9) Tom has planned a big party on Sunday and many friends _____ to take part in.

A. will invite   B. has invited

C. will be invited   D. has been invited

(10) The television _____. It doesn't work now.

    A. must repair   **B.** was repairing

    C. must be repaired   **D.** has repaired

(答案・解說) ①

▶ (1) **B** (2) **D** (3) **B** (4) **B** (5) **B** (6) **C** (7) **C** (8) **A**
(9) **C** (10) **C**

(1) 題意：「比利怎麼了？」「他因為酒駕被抓了。」主詞 he 與動詞 catch 是被動關係，所以用被動語態；根據問句可以知道，答語用一般過去式。

(2) 題意：「人們很感激你的捐贈，捐款將用在幫助貧困家庭的學生。」主詞 donation 與動詞 appreciate 存在被動關係，所以用被動語態。

(3) 題意：「去年許多交通事故是因駕駛人的疏忽所造成的。」主詞 accidents 和動詞 cause 之間存在被動關係，應該用被動語態，且根據時間副詞語 last year 可以知道要用一般過去式，所以選 B。

(4) 題意：「春節慶祝活動在一、二月舉辦。」主詞 the Spring Festival 和 celebrate 之間存在被動關係，應該用被動語態，且句子說的是一般事實，應該用一般現在式，所以選 B。

(5) 題意：「現在，許多資訊都可以在線上接收。」主詞 information 與動詞 receive 存在被動關係，且含有情態動詞 can，故被動語態結構為「can+be+ 過去分詞」。失分陷阱！如果分辨不清句中主詞和述語動詞的關係，就容易選錯。

(6) 題意：「孩子們，圖書館裡的書應該得到妥善的保存。」books 與 take care of 存在被動關係，所以用被動語態，本題是含情態動詞的被動語態「should+be+done」。

(7) 題意：「近來，有些學校要求學生不能使用手機。」students 與 ask 之間存在被動關係，且根據時間副詞語 these days 可以知道，用一般現在式的被動語態。

(8) 題意：「收音機上說我們城市將興建一座野生動物園。」zoo 與 build 存在被動關係，所以用被動語態。be going to be done 是一般未來式的被動語態。

(9) 題意：「別擔心，你的行李會寄存在這裡，直到你回來，所以請在這裡享受購物的樂趣吧。」package 和動詞 keep 存在被動關係，應該用被動語態；含有時間副詞子句的主從複合句中，子句用一般現在式，主句用一般未來式。

(10) 題意：「知識確實是學來的而不是教來的。」主詞 knowledge 與 learn 存在被動關係，且時態為一般現在式，所以選 C。

答案・解說 ②

（1) **B** (2) **B** (3) **A** (4) **D** (5) **B** (6) **B** (7) **D** (8) **B** (9) **C** (10) **C**

(1) 題意：「請注意，會議開始之前請把所有的手機都關掉。」mobile phones 和片語動詞 turn off 存在被動關係，應該用被動語態；含有情態動詞的被動語態的結構為「情態動詞 +be+ 過去分詞」。所以選 B。

(2) 題意：「下週六晚上有足球賽比賽嗎？」「抱歉，我不知道。但是上週六晚上有。」football match 和動詞 show 存在被動關係，所以問句和答句都應該用被動語態。根據 next Saturday evening 可以知道問句中應該用一般未來式的被動語態；根據 last Saturday evening 可以知道答句中應該用一般過去式的被動語態。

(3) 題意：「這種鋼筆很好寫，賣得也很好。」此處 write 與 sell 用作不及物動詞，主詞為物，其主動形式表示被動含義，所以選 A 項。

(4) 題意：「你會去參加派對嗎？」「不，因為我沒有被邀請。」主詞 I 與動詞 ask 之間存在被動關係，應該用被動語態，排除 A、B。結合題意，應該選 D。

(5) 題意：「那些孩子正在粉刷牆壁。」主詞 the wall 與動作 paint 之間為被動關係，應用被動語態；由 now 判斷，應用現在進行式，所以選 B。

(6) 題意：「我認為不應該允許年輕人去河裡游泳。」含情態動詞的被動語態的否定式為「情態動詞 +not+be 原形 + 過去分詞」。

(7) 題意：「目前，人們被呼籲不要污染水資源。」由 so far 可以知道，時態為現在完成式；主詞 people 與動作 tell 之間存在被動關係，所以用現在完成式的被動語態，即「have/ has+been+ 過去分詞」的結構。

(8) 題意：「沒有人喜歡在自己犯錯的時候被嘲笑。」like 後可以跟不定詞，表示「喜歡做某事」；不定詞的被動語態是「to be+過去分詞」，所以選 B。

(9) 題意：「湯姆計畫星期天舉辦一場大派對，他的大多數朋友都將被邀請參加。」後面一個分句的主詞 many friends 為名詞複數，一般動詞也應用複數形式，排除 B、D 兩項；friends 與 invite 之間為被動關係，所以選 C。

(10) 題意：「這台電視必須修理了。它現在已經不動了。」主詞 the television 與一般動詞 repair 之間存在被動關係，應用被動語態；帶情態動詞的句子的被動語態形式為「情態動詞 +be+ 過去分詞」，所以選 C。

動狀詞

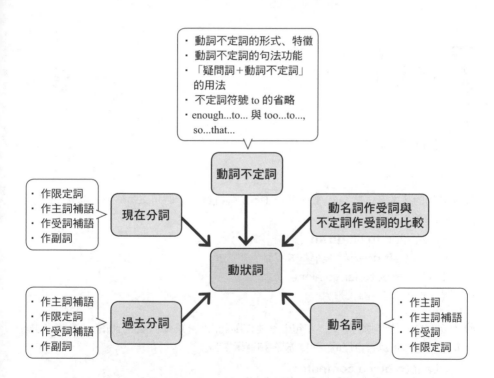

- 動詞不定詞的形式、特徵
- 動詞不定詞的句法功能
- 「疑問詞＋動詞不定詞」的用法
- 不定詞符號 to 的省略
- enough...to... 與 too...to..., so...that...

動詞不定詞

- 作限定詞
- 作主詞補語
- 作受詞補語
- 作副詞

現在分詞

動名詞作受詞與
不定詞作受詞的比較

動狀詞

- 作主詞補語
- 作限定詞
- 作受詞補語
- 作副詞

過去分詞

動名詞

- 作主詞
- 作主詞補語
- 作受詞
- 作限定詞

> **Motto 【座右銘】**
>
> Live and learn.
>
> 活到老，學到老。

　　動狀詞包括不定詞、動名詞、現在分詞和過去分詞。它們沒有人稱和數的變化，在句中不能作為動詞使用，但還保有動詞的特點，也就是可以有自己的受詞、副詞和邏輯主詞等。

 # 不定詞

 T-50

A
不定詞的形式、特徵
◀◀◀

❶ 不定詞的**基本形式是**：to +動詞原形（不定詞符號 to 有時可以省略）。否定形式是：not to +動詞原形。

- He wanted **to sit down**.（他想坐下。）
- Let him **sit down**.（讓他坐下。）
- Tell him **not to leave** alone.
　（告訴他不要一個人走開。）

❷ 不定詞是一種非動詞形式，在句中不能作動詞，它的形式不隨主詞的人稱、數的變化而變化，可以有自己的受詞、副詞和邏輯主詞。

- I want **to buy a computer**.
　└→做 buy 的受詞
　（我想買一台電腦。）
- She asked me **to drive quickly**.
　　　　　　　　　└→做 drive 的副詞
　（她要求我開快點。）
- It's important **for us to keep** healthy.（保持健康對我們來說是很重要的。）
　　　　　　　　└→for 引出邏輯主詞

256

B

不定詞的用法

❶ 作主詞

　　不定詞作主詞，相當於名詞或代名詞的作用，往往用形式主詞it代替，而將不定詞後置。要注意不定詞當作主詞時，視為單數名詞，所以接單數動詞is。

- **To learn a foreign language** is not easy.

  =**It** is not easy **to learn a foreign language**. （學習一種外語並不容易。）

- **To help the poor** is his duty.

  =**It** is his duty **to help the poor**. （幫助窮人是他的責任。）

 **Induct**
幫你歸納 | it 代替不定詞作形式主詞的句型

- It + be +形容詞+不定詞

  It's hard to say which one is better. （很難說哪個比較好。）

- It + be +名詞+不定詞

  It was great fun to have a picnic there. （在那裡野餐很有意思。）

- It +動詞+名詞 / 副詞+不定詞

  It took me 2 hours **to finish my homework**. （我花了兩個小時寫完我的作業。）

---

❷ 作主詞補語

　　不定詞用在連繫動詞be, seem, appear等的後面，表示主詞的具體內容、目的等。

- His wish is **to become a pianist**.

  （他的願望是成為一名鋼琴家。）

- He seems **to be ill**. （他似乎病了。）

❸ 作受詞

　　不定詞一般用在及物動詞的後面作受詞。其後跟補語時，常用it作形式受詞，而將不定詞後置。

- I hope **to see her** soon. （我希望盡快見到她。）

- She wants **to go to university** some day.

  （她希望有朝一日能上大學。）

- We found **it impossible to cross the river**.

  （我們發現無法渡過這條河。）

 仔細分析

it 是形式受詞，不定詞 to cross the river 是真正的受詞，impossible 是受詞補語。

★ 常用必備

常接不定詞做受詞的動詞

- agree (同意)
- ask (要求)
- choose (選擇)
- dare (敢)
- decide (決定)
- expect (期望)
- help (幫助)
- plan (計畫)
- hope (希望)
- offer (提供)
- arrange (安排)
- need (需要)
- promise (許諾)
- refuse (拒絕)
- manage (成功)
- prepare (準備)
- want (想)
- wish (希望)
- afford (承擔起)

❹ 作受詞補語

　　在「動詞＋受詞＋不定詞」結構中，不定詞作受詞補語。變為被動語態時，受詞補語相應地變為主詞補語。

- They asked him **to sing a pop song** at the party.
（在晚會上他們請他唱了一首流行歌。）
- She wants her brother **to go to university**.（她希望她弟弟上大學。）
- He invited his classmates **to take part in** his party.
（他邀請同學參加他的派對。）

❺ 作限定詞

ⓐ 不定詞作限定詞，可以用來修飾人或物，放在被修飾詞的後面。不定詞可與被修飾詞構成邏輯上的主述關係或動受關係。

- I am the only **man to hear the news**.（我是唯一聽到這個消息的人。）
〔man 與 to hear the news 有邏輯上的主述關係〕
- Would you like **something to drink**?（你想喝點什麼？）
〔to drink 與 something 有邏輯上的動受關係〕

★ 用法辨異

want to do sth. 與 want sth. to do

★ want to do sth. 意為「想要去做某事」，不定詞作受詞；want sth. to do 意為「想要某物來做某事」，不定詞作限定詞。

I want **to eat something**.（我想吃東西。）〔to eat 作受詞 , something 作 eat 的受詞〕

I want **something to eat**.（我想要點兒吃的東西。）〔to eat 作限定詞, 修飾 something〕

ⓑ 在邏輯動受關係中，如果不定詞是不及物動詞，其後應有必要的介系詞。

- Could you lend me a pen **to write with**?
  （能否借給我一支筆寫字？）
- Jazz is exciting music **to listen to**.
  （聽爵士樂令人興奮。）

ⓒ 如果句子中作主詞或受詞的人稱代名詞與作限定詞的不定詞沒有邏輯上的主述關係，不定詞多用被動形式。

- I'll go to the post office. Do **you** have letters **to be posted**?
  （我要去郵局，你要寄信嗎？）

❻ 作副詞

　　不定詞作副詞主要表示原因、目的和結果等。

- I'm sorry **to hear you were ill**.
  └→表原因
  （聽到你生病的消息我很難過。）
- **To arrive on time**, he got up very early.
  └→表目的
  （為了準時抵達，他很早就起床了。）
- She is old enough **to travel all by herself**.
  └→表結果
  （她已經到了可以單獨去旅行的年齡了。）

注意一下　表原因、結果時

不定詞表示原因、結果時，不可以放在句首。

c

「疑問詞+不定詞」
的用法
◀◀◀

　　疑問代名詞who, whom, what, which, whose和疑問副詞when, where, how等放在不定詞前構成一類特殊的不定詞，這種結構具有名詞的性質，可在句中作主詞、受詞、補語或同位語等。

- **When to start** has not been decided yet.
  └→作主語
  （還沒有決定什麼時候動身。）
- He doesn't know **where to go**.
  └→作受詞
  （他不知道該去哪裡。）
- The question is **how to learn English grammar**.
  └→作主詞補語
  （問題在於該如何學習英文文法。）
- The problem **where to go**, hasn't been known yet.
  └→作同位語
  （至於到哪兒裡去，還沒確定。）

注意一下　疑問詞+不定詞

「疑問詞+不定詞」往往可以與受詞子句相互轉換。

- But I can't decide which to buy.→But I can't decide which I should buy.（但我無法決定要買哪一個。）

巧學妙記　不定詞

不定詞，本領強，
六種成分都能當。
動詞特點它具備，
就是述詞不能當。
否定形式不一般，
to 前只把 not 添。
疑問詞加上它，
構成片語作用大。

D

不定詞符號 to 的
省略

❶ 當兩個或兩個以上的不定詞連用時，後面的不定詞往往省略 to。

- He began **to read** and **(to) write** after lunch.
  （午飯後，他開始讀書寫字。）

❷ 在表示感官及使役等意義的動詞後面，要用不帶 to 的不定詞作補語。但在變為被動
句時，需要補上不定詞 to（let 除外）。

- They **heard** him **sing** a song in the meeting room.
  （他們聽見他在會議室唱了一首歌。）
  → He **was heard to sing** a song in the meeting room.〔被動句〕
- The boy **saw** two men **enter** the house.
  （那孩子看見兩個人進了那棟房子。）
  → Two men **were seen to enter** the house.〔被動句〕

❸ help 後面用帶 to 或不帶 to 的不定詞都可以。

- The teacher **helped** the students **(to) learn** English well.
  （老師幫助學生學好英語。）

巧學
妙記

省略 to 的不定詞作受補的動詞

一感（feel）、二聽（hear, listen to）、三讓（let, make, have）、
四看（look at, see, watch, notice），半幫助（help）。
但在變為被動語態時，要加上 to（let 除外）。
這真是：感使動詞好奇怪，to 在句中不精彩；
主動句裡 to 拿走，被動句中 to 回來。

E

enough...to...,
too...to... 與 so...that...

so...that...意為「如此…以至於…」，在肯定句中可以和
enough...to...「…足夠…來…」句型互換，在否定句中可以和
too...to...「太…以至於不能…」句型互換。

- He is **so** strong **that** he can lift the box.
  =He is strong **enough to** lift the box.
  （他強壯得足以舉起這個箱子。）
- The box is **so** heavy **that** he can't lift it.
  =The box is **too** heavy for him **to** lift.
  （這個箱子太重了，他舉不起來。）

2 動名詞

T-51

動名詞由「動詞原形＋-ing」構成，相當於名詞。動名詞既具有動詞的特徵，可以有自己的受詞和副詞，也具有名詞的特徵，在句中作主詞、主詞補語、受詞、限定詞等。

A

作主詞

動名詞作主詞往往表示一種概念、習慣或經驗。有時用it作形式主詞，把動名詞後置。動名詞作主詞時要視為單數，所以要接動詞is。

◄◄◄

- **Saying so much** is useless.
  =**It** is useless **saying so much**.
  （說那麼多沒有任何作用。）

B

作主詞補語

動名詞用作補語表示主詞的內容，而不是主詞的性質或特徵。

◄◄◄

- My greatest pleasure is **collecting stamps**. （我最大的樂趣是集郵。）
- His job is **teaching Chinese** in a school. （他的工作是在一所學校教中文。）

C

作受詞

動名詞可以當動詞的受詞或介系詞的受詞，而不接不定詞。

◄◄◄

- She **enjoys going** to the cinema. （她喜歡看電影。）
- Mary **finished reading** the novel last night. （瑪麗昨晚把這本小說看完了。）
- I **look forward to receiving** your letter soon.
  （我盼望能儘快收到你的信。）
- His mother **is used to getting up** early. （他母親習慣早起。）

 常用必備

常接動名詞作受詞的動詞或片語動詞有：

- enjoy（享受）
- miss（錯過）
- suggest（建議）
- look forward to（盼望）
- finish（完成）
- practise（練習）
- give up（放棄）
- be used to（習慣…）
- keep（繼續）
- stop（停止）
- keep on（繼續）
- pay attention to（注意…）
- mind（介意）

1
2
3
4
5
6
7
8
9
10
11
12
13
14
15
16
17
18
19
20

D

作限定詞

動名詞單獨作限定詞修飾一個名詞，通常前置，表該名詞所表示的事物的用途。

T-52

- His grandfather always uses a **walking** stick.
  （他祖父總是拄著一支拐杖。）
- We need a **washing** machine.
  （我們需要一台洗衣機。）
- Jack often reads books in the **reading** room on Sunday afternoon.
  （週日下午傑克經常在閱覽室看書。）

 後置作限定詞的區別常考喔

動詞不定詞、動名詞、過去分詞後置作限定詞的區別，常考，要多注意喔！

3 現在分詞

現在分詞由「動詞原形＋-ing」構成，具有形容詞和動詞的性質。現在分詞可以和 be 動詞一起構成進行式，在句中用作限定詞、主詞補語、受詞補語或副詞等。現在分詞常含有主動的意味。

- She **is playing** the piano now.
  └→構成現在進行式
  （她現在正在彈鋼琴。）
- She **was watching** TV when I called.
  └→構成過去進行式
  （我打電話時，她正在看電視。）

A

作限定詞（形容詞）

作限定詞的現在分詞，往往具有形容詞的性質。單個的現在分詞作限定詞，往往放在被修飾詞的前面；現在分詞片語作限定詞往往放在被修飾詞的後面，其作用相當於關係子句。現在分詞表示一個正在進行的主動行為。

- a **sleeping** boy=a boy who is **sleeping**
  （一個正在睡覺的男孩）
- the **rising** sun=the sun that is **rising**
  （太陽正在升起）
- He is a young man with **pleasing** manner.
  （他是個禮儀周到的年輕人。）
- The room was full of people **waiting** for the headmaster.
  （房裡擠滿了等候校長的人。）

B

作主詞補語

現在分詞用作主詞補語時，已經完全形容詞化了，可以被very, rather等副詞修飾，而且可以有比較等級。常用的這類詞有interesting（令人感興趣的），exciting（令人興奮的），surprising（令人驚訝的），boring（令人厭煩的）等。

- The story of his life sounds (very) **interesting**.
  （他的生平事蹟聽起來相當有意思。）
- The news was very **surprising**.（那個消息令人非常驚訝。）

C

作受詞補語

在句子變為被動語態時，受詞補語相應地變為主詞補語。感官動詞後面接現在分詞作補語時，表示正在進行的動作；跟不帶to的不定詞作補語時，表示動作的全部過程。

- I find the book **interesting**.
  └→受詞補語
  （我覺得這本書很有趣。）
- The book is found very **interesting**.
  └→主詞補語
  （這本書被認為很有趣。）
- I see him **passing** by my house.
  └→受詞補語
  （我看見他正從我的房前走過。）
- He was seen **working** in the garden.
  └→主詞補語
  （有人當時看見他在花園裡做事。）
- I **heard** the door bell **ringing**.（我當時聽見門鈴在響。）
  └→聽的時候門鈴正在響
- I **saw** him **enter** the building.（我當時看見他進了大樓。）
  └→看到全部過程

D

作副詞

現在分詞在句中可以作時間副詞、原因副詞、結果副詞、條件副詞、行為方式或伴隨副詞等。

- **Reading** the newspaper, I heard the door bell ring.
  └→作時間副詞
  （看報紙時，我聽見門鈴響了。）
- **Living** far from the school, I have to get up early.
  └→作原因副詞
  （由於住的地方離學校很遠，我只好早起。）
- She fell off the bike, **breaking** her left leg.
  └→作結果副詞
  （她從腳踏車上跌下來，摔斷了左腿。）
- The boy ran away, **shouting** loudly.
  └→作伴隨副詞
  （男孩大聲喊叫並且跑走了。）

 注意一下 現在分詞作結果副詞

現在分詞作結果副詞，表示順其自然而產生的結果。

- The fire lasted a whole night, causing great damage.（大火持續了一整夜，造成了巨大的損失。）

13
動
狀
詞

1
2
3
4
5
6
7
8
9
10
11
12
13
14
15
16
17
18
19
20

 **過去分詞**

過去分詞可以在句中作主詞補語、限定詞、受詞補語、副詞等。保留許多動詞的特徵，在句中可以有自己的副詞和邏輯主詞，帶雙受詞的及物動詞的過去分詞，還可以有自己的受詞。否定形式是在前面加 not。常含有被動的意味。

A

作主詞補語

- She is very **tired**.（她非常疲憊。）
- You are **mistaken**.（你弄錯了。）

B

作受詞補語

- He found the city greatly **changed**.
  （他發現這個城市變化很大。）
- You should make yourself **understood**.
  （你應當讓別人明白你的意思。）

Extension 【延伸學習】

在 have 後用過去分詞作受詞補語可表示多種不同的含義。例如：

- Have you **had** your homework **finished**?
  （你的作業做完了嗎?）〔自己做〕
- Now let's **have** all the windows **cleaned**.
  （現在我們來擦洗所有的窗戶。）〔自己和別人一起做〕
- I **had** my computer **repaired** yesterday.
  （昨天我找人修好了電腦。）〔找人修理〕
- She **had** her money **stolen** on the bus.
  （她的錢在公車上被偷了。）〔遭遇某種情況〕

C

作限定詞（形容詞）

過去分詞作限定詞（形容詞）往往放在被修飾詞的前面，如果是過去分詞片語作限定詞，常放在被修飾詞之後。過去分詞作限定詞往往表示被動和完成，但不及物動詞的過去分詞作限定詞不表示被動，只表示完成。

· The **injured** soldier was sent to the hospital.（受傷的戰士被送到了醫院。）
　　　└→表被動和完成
· They are cleaning the **fallen** leaves.（他們正在清掃落葉。）
　　　　　　　　　└→表完成
· Here is a cup **filled** with coffee.（這兒有一個裝滿了咖啡的杯子。）
　　　　　　　└→表被動和完成

D

作副詞

過去分詞在句中作副詞，可以表示時間、原因、讓步、方式、條件等。

· **Finished the homework**, she went to bed.（做完作業以後，她就去睡覺了。）
　　　　　　　　└→時間副詞
· **Seriously hurt**, he can't go to school today.
　　　　　└→原因副詞
（由於受傷很嚴重，他今天不能去上學了。）
· **Given more time,** I can make a better cake.
　　　　　　└→條件副詞
（如果有更多時間，我可以做一個更棒的蛋糕。）

動名詞作受詞與不定詞作受詞的比較 ⬤ T-54

有些及物動詞後面既可以接動名詞作受詞，又可以接不定詞作受詞，其中不少動詞還會引起意義上的變化。

A

有些動詞可以接動名詞或不定詞當受詞，而且在意義上沒什麼差別

begin, start, hate, like, love, prefer等動詞後，用動名詞形式或不定詞作受詞，意義幾乎沒有區別。

· It starts to rain. =It starts raing.（開始下雨了。）
· The teacher said,"You **begin reading/to read** now." And the students began to read.
（老師說：「你們現在開始讀吧。」於是學生們開始閱讀了。）
· So you **prefer living/to live** abroad, do you?
（所以你寧願住在國外，是嗎？）
· I like **playing/to play football**, especially to play with friends.
（我喜歡踢足球，特別是和朋友們一起踢球。）

B

有些動詞可以接動名詞或不定詞當受詞，但在意義上有差別
◀◀◀

try, regret, mean, forget, go on, remember 等後既可以接不定詞也可以跟動名詞形式，但意義差別很大。

❶ try to do sth. 盡力做某事；try doing sth. 試著做某一件可能會出現某一結果的事。

- Jack **tried to improve** his learning method but failed.
  （傑克試圖改進學習的方法，但沒有成功。）
- Let's **try knocking** at the back door.
  （我們來試試敲一敲後門。）

❷ regret to do sth. 對馬上要做的事表示遺憾；regret doing/having done sth. 對已發生的事表示遺憾或後悔。

- I **regret to say** that I am unable to help him.
  （我很遺憾自己無法幫助他。）
- I really **regret missing/having missed** his lecture.
  （我深感遺憾沒能聽到他的演講。）

❸ can't help doing sth. 禁不住做某事；can't help to do sth.（不能幫忙做某事。）

- I couldn't **help shaking** with so few clothes on.
  （我衣服穿太少了，忍不住打起哆嗦來。）
- I can't **help to clean** the place up.（我無法幫忙打掃這個地方。）

❹ mean to do sth. 想做、打算做某事；mean doing sth. 意味著做某事。

- I **meant to go**, but my father would not allow me to.
  （我本來打算去，但我爸爸不允許。）
- Wasting time **means killing** life.（浪費時間意味著浪費生命。）

❺ forget to do sth. 忘記去做某事；forget doing/having done/to have done sth. 忘了已做過某事。

- Mary **forgot to watch** the Korean drama yesterday.
  （瑪莉昨天忘了看韓劇。）
- Mary **forgot seeing** the movie.（瑪莉忘記曾經看過這部電影。）

❻ go on to do sth. 繼續做另外一件事（強調事情的轉接）；go on doing sth. 繼續做未做完的事（強調動作的持續）。

- The music band **went on to play** another country music.
  （樂隊接著彈奏另一首鄉村音樂。）
- Get the children to **go on singing** one by one.
  （讓孩子一個接著一個繼續唱。）

❼ remember to do sth. 記著要做某事；remember doing/having done/to have done sth. 記著做過某事。

- Please **remember to give my best regards** to your family.

（請記得代我向你的家人問好。）

- I still **remember being sent to** school for the first time.

（我仍然記得第一次被送到學校上學的情景。）

失分陷阱 動作還沒發生還是已完成

有些動詞（片語）可以接不定詞或動名詞作受詞，但意義上有差別。如 remember, forget 等，當它們後接動詞不定詞時表示動作還沒有發生；後接動名詞時表示動作已經完成。常考，要注意喔！

考題演練

■（一）高中入試考古題：Choose the correct answer.（選擇正確的答案）

(1) —Excuse me, could you tell me how _____ to Taipei Zoo?
—Well, you may take MRT.
A. get   B. gets   C. getting   D. to get

(2) —They said sorry to me, but I wouldn't listen.
—It is foolish of you _____ others for their mistakes.
A. forgive   B. not forgive   C. to forgive   D. not to forgive

(3) Plan your time carefully and make sure you have some time _____ what you like every day.
A. do   B. to do   C. doing   D. done

(4) How kind you are! You always do what you can _____ me.
A. help   B. helping   C. to help   D. helps

(5) —I often chat with my friends on the Internet.
—You are so smart! Will you please tell me _____?
A. how to do   B. how to do it
C. how to use   D. when can I use it

(6) Try to sing more English songs, you will find it interesting _____ a foreign language.
A. learning   B. learns   C. learn   D. to learn

(7) —_____ a volunteer is great.
—I think so. Some of us want _____ volunteers for the London Olympics.
A. Being; being   B. To be; being   C. Being; to be   D. To be; to be

(8) —Why are you so excited?
—Peter invited me _____ on a trip to Ali Mountain.
A. to go   B. go   C. going   D. went

(9) At last the boy was made _____ and began to laugh.
A. stop crying   B. to stop to cry
C. to stop crying   D. stop to cry

(10) If you see the cartoon film, it will make you _____.

    A. laugh   **B.** to laugh   **C.** laughing   **D.** laughed

(11) May I have a rest? I have already finished _____ the report.

    A. write   **B.** writing   **C.** to write   **D.** written

(12) I saw Li Ming _____ near the river on my way home.

    A. plays   **B.** playing   **C.** to play   **D.** played

(13) We can make a fire _____ the room warm so that we can chat for a while.

    A. to keep   **B.** keeping   **C.** keep   **D.** kept

(14) —Would you like _____ or shall we go by bus?

    —I prefer _____, but we have to take a taxi, for time is short.

    A. walking; to walk   **B.** to walk; walking

    C. walk; to walk   **D.** walk; walk

(15) —What about _____ a rest?

    —OK. Let's go out and have a walk.

    A. to take   **B.** takes   **C.** taking

■ （二）模擬試題：Choose the correct answer.（選擇正確的答案）

(1) We wanted _____ here for the holidays.

    A. stay   **B.** to stay   **C.** stayed   **D.** staying

(2) If you practise_____ English every morning, you will improve it quickly.

    A. to read   **B.** reading   **C.** read   **D.** be reading

(3) Last year I often saw some people _____ the snow in the street.

    A. to sweep   **B.** swept   **C.** sweep   **D.** sweeps

(4) —We'll do what we can _____ English well this term.

    —It's high time for you to work hard.

    A. study   **B.** to study   **C.** be studied   **D.** be studying

(5) —Why are you late again?

　　—My bike broke down. I had to have it _____ .

　　A. to repair　　　B. repair　　　C. repaired　　　D. repairing

(6) There are so many kinds of watches in the shop. We can't decide _____ .

　　A. what to buy　　B. to buy what　　C. which to buy　　D. to buy which

(7) They stopped _____ , but there was no sound.

　　A. listen　　　B. listening　　　C. to listen　　　D. to listening

(8) Father often tells me _____ too much time on computer games.

　　A. don't spend　　B. not spend　　C. not to spend　　D. not spending

(9) Peter is busy _____ at school, but he never forgets _____ exercise every day.

　　A. working; doing　　　　　　B. working; to do

　　C. at work; to do　　　　　　D. at work; doing

(10) I study maths by _____ lots of exercises.

　　A. did　　　　B. doing　　　C. do　　　D. to do

(11) He was seen _____ the room just now.

　　A. entering　　B. enter　　C. entered　　D. to enter

(12) The little boy hoped _____ a new toy from his father on his birthday.

　　A. getting　　B. gets　　C. to get　　D. got

(13) The teacher told us _____ in class.

　　A. didn't talk　　B. not to talk　　C. not talk　　D. won't talk

(14) —Would you mind _____ the music?

　　—No, not at all.

　　A. turn down　　　　　　B. to turning down

　　C. turning down　　　　　D. to turn down

(15) I spent half an hour _____ my homework. What about you?

　　A. finish　　B. to finish　　C. finishing　　D. to finishing

答案・解說 (1)

(1) D (2) D (3) B (4) C (5) B (6) D (7) C (8) A
(9) C (10) A (11) B (12) B (13) A (14) B (15) C

(1) 題意：「打擾一下，你能告訴我怎麼去台北動物園嗎？」「好的，你可以搭捷運。」「疑問詞＋不定詞」是固定結構，本題中作 tell 的直接受詞。

(2) 題意：「他們向我道歉了，但我不想聽。」「別人有錯你不肯原諒是愚蠢的行為。」「It is＋形容詞＋of sb. to do sth.」意為「做某事對某人而言是…的」，也是一個常用的句型，it 是形式主詞，真正的主詞應該用不定詞 to forgive；根據句意，需要用不定詞的否定式。

(3) 題意：「好好計畫你的時間，確保自己每天都有時間能夠做自己喜歡的事情。」have time to do sth. 意為「有時間做某事」，是固定句型。

(4) 題意：「你人真好！你總是盡力在幫助我。」what you can 是 do 的受詞從句，而 help me 是 do what you can 的目的，所以用不定詞作目的副詞。

(5) 題意：「我經常上網和朋友聊天。」「你真聰明。你能告訴我怎樣上網嗎？」受詞子句用陳述語序，排除 D。「疑問詞＋不定詞」結構作 tell 的直接受詞，do 和 use 都是及物動詞，後面缺少受詞，排除 A、C 兩項。

(6) 題意：「試著多唱英語歌，你會發現學外語很有意思。」it 是形式受詞，不定詞句型作真正的受詞。

(7) 題意：「當一個志工真的很了不起。」「我想是的。我們之中有些人想當倫敦奧運會的志工。」不定詞作主詞表示一次性具體的、特定的或有待實現的動作，而動名詞則表示通常的情況，這裡的「當一個志工」是指一般的情況，所以用動名詞作主詞。want 後接不定詞作受詞，所以 C 項正確。

(8) 題意：「你為什麼這麼興奮？」「彼得邀我去阿里山旅遊。」invite sb. to do sth.「邀請某人做某事」，是固定用法，所以選 A。

(9) 題意：「最後這個男孩停止哭泣，開始笑了起來。」make 是使役動詞，後接省略 to 的不定詞作受詞補語，但是在句子轉化為被動語態時，要將省略的 to 還原，排除 A、D；stop to do sth. 意為「停下來去做某事」；stop doing sth. 意為「停止做某事」，根據題意要選 C。

(10) 題意：「你如果看了這部卡通電影，就會覺得很好笑。」在使役動詞 make 等後接不定詞作補足語時，要省略不定詞符號 to，make sb. do sth. 表示「使某人做某事」。

(11) 題意：「我可以休息一下嗎？我已經寫完報告了。」finish 後用動名詞作受詞，所以選 B。動詞原形 write 與過去分詞 written 不能作受詞；不定詞 to write 不作 finish 的受詞。

(12) 題意:「回家的路上我看到李明正在河邊玩耍。」Li Ming 與 play 是主動關係，所以選 B。感官動詞後面跟現在分詞作受詞補語，表示動作正在進行。動詞第三人稱單數形式 plays 不能作受詞補語；感官動詞後面用不定詞作受詞補語時需要省略 to；played 表示被動關係。

(13) 題意:「我們可以生火讓室內保持溫暖，這樣可以讓我們多聊一下天。」keep the room warm 是 make a fire 的目的，所以用不定詞作目的副詞。

(14) 題意:「你認為我們是走路去，還是坐公車去好呢？」「我想走路去，但是我們得搭計程車，因為我們沒時間了。」would like 後接不定詞作受詞；prefer 後接動名詞或不定詞作受詞都可以，所以 B 項正確。

(15) 題意:「休息一下如何？」「好的。我們出去散個步吧。」what about 後接動名詞形式，表示「…如何」，為固定用法。

答案 · 解說 ②

■ (1) **B** (2) **B** (3) **C** (4) **B** (5) **C** (6) **C** (7) **C** (8) **C** (9) **B** (10) **B** (11) **D** (12) **C** (13) **B** (14) **C** (15) **C**

(1) 題意:「我們想留在這裡度假。」want to do sth. 意為「想要做某事」，不定詞作 want 的受詞。

(2) 題意:「如果你每天早上做英語閱讀練習，你就會進步神速。」practise 後面只能跟動名詞，不能跟不定詞，practise doing sth. 意為「練習做某事」。

(3) 題意:「去年我常看到一些人在街上掃雪。」感官動詞 see 後面跟省略 to 的不定詞表示看見動作的全過程；跟現在分詞表示看見動作正在發生。

(4) 題意:「這學期我們將盡力學好英語。」「是該努力的時候了。」不定詞在句中作目的副詞。

(5) 題意:「你為什麼又遲到了？」「我的腳踏車壞了，我不得不修理。」使役動詞 have 後面跟過去分詞作受詞補語，意為「找人做某事」。

(6) 題意:「在商店裡有這麼多種手錶，我們無法決定要買哪一種。」「疑問詞＋不定詞」是固定結構，which「哪一種」，表示在一定的範圍內作選擇，符合題意。what「什麼」，選擇範圍不明確。

(7) 題意:「他們停下來聽了一下，但是沒有聲音。」stop to do sth. 意為「停下來去做另外一件事」；stop doing sth. 意為「停止做某事」。

(8)　題意：「爸爸經常告訴我不要花太多的時間玩電腦遊戲。」tell sb. to do sth. 意為「告訴某人做某事」，否定形式是在 to 前面加 not。

(9)　題意：「彼得在學校工作很忙，但他從來沒有忘記每天鍛煉身體。」be busy doing 表示「忙於」；forget to do sth. 表示「忘記去做某事」。

(10)　題意：「我通過大量的做題來學數學。」by 是介詞，後跟動名詞作受詞。

(11)　題意：「有人看見他剛剛進了那個房間。」感官動詞 see 用在被動語態時，它後面作受詞補語的不定詞前面應該加上不定詞符號 to。

(12)　題意：「這小男孩希望過生日時能從他爸爸那裡得到一個新玩具。」hope 後接帶 to 的不定詞作受詞，hope to do sth. 意為「希望做某事」。

(13)　題意：「老師告訴我們上課不要講話。」tell sb. not to do sth. 意為「告訴某人不要做某事」。

(14)　題意：「你介意把音樂關小一點兒嗎？」「沒問題。」mind 後接動名詞形式作受詞。

(15)　題意：「我花了半個小時做完功課，你呢？」spend...(in) doing sth. 為固定結構，意為「花……做某事」。

句子成分和
句子種類、結構

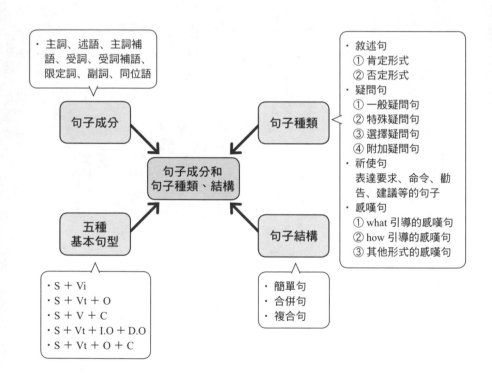

- 主詞、述語、主詞補語、受詞、受詞補語、限定詞、副詞、同位語

句子成分

句子種類

- 敘述句
  ① 肯定形式
  ② 否定形式
- 疑問句
  ① 一般疑問句
  ② 特殊疑問句
  ③ 選擇疑問句
  ④ 附加疑問句
- 祈使句
  表達要求、命令、勸告、建議等的句子
- 感嘆句
  ① what 引導的感嘆句
  ② how 引導的感嘆句
  ③ 其他形式的感嘆句

**句子成分和
句子種類、結構**

**五種
基本句型**

句子結構

- S + Vi
- S + Vt + O
- S + V + C
- S + Vt + I.O + D.O
- S + Vt + O + C

- 簡單句
- 合併句
- 複合句

Motto【座右銘】

No pains, no gains.

不勞則無獲。

構成篇章的基本單位是句子，每個句子都是由字或片語組成的，這些字或片語就是句子成分。不同的內容需要不同類型的句式結構，這些句式結構又構成英語中不同的句子類型。句子成分、種類和句型是英語句法的基礎。

按照使用目的和交際功能，句子可以分為敘述句、疑問句、祈使句和感歎句。

按照語法結構，句子可以分為簡單句、併合句和複合句。複合句包括受詞子句、副詞子句和關係子句等。

---

1 句子成分　 T-55

A

| 主詞 |

主詞是動作的執行者，是句子的主體。它表示句子所說的是誰或什麼，主要由名詞、代名詞、數詞、不定詞、動名詞、子句等來擔任。

· **Mr Smith** is always a careful driver.
└─→名詞作主詞
（史密斯先生一直是個細心的司機。）

· **He** is not only our teacher but also our friend.
└─→代名詞作主詞
（他不僅是我們的老師，也是我們的朋友。）

· **Three** is enough for each of us.
└─→數詞作主詞
（三個對於我們每個人來說就足夠了。）

· **To become a doctor** is my wish.（當醫生是我的心願。）
└─→不定詞作主詞

· **Swimming** in the sea is his favourite sport.
└─→動名詞作主詞
（海泳是他最喜愛的運動。）

· **What we need** isn't money.（我們需要的不是金錢。）
└─→子句作主詞

 敘述句中的主詞

敘述句中，主詞大多放在句首或述語之前；there be 結構中，放在 be 之後；祈使句中往往會省略。

 形式主詞 it 句型

不定詞作主詞的時候，常用形式主詞 it 句型。所以左邊的例句可以變成：

· It is my wish to become a doctor.
（我的夢想是成為一名醫師。）〔真正的主詞是 to become a doctor〕

B

述語說明主詞「做什麼」、「是什麼」或「怎麼樣」。述語部分的中心詞必須用動詞。述語動詞大多在主詞後面，有人稱、數和時態的變化。述語有簡單述語和複合述語之分。

❶ 簡單述語

簡單述語由一個動詞或片語動詞構成，它有時態、語態等。

- Today I **want** to go to a movie.

  （今天我想去看電影。）

- But I **haven't locked** the garage yet.

  （但我還沒有鎖上車庫。）

❷ 複合述語

ⓐ 由「情態動詞＋動詞原形」構成複合述詞

- Jeff **can't come** to the party.（傑夫不能來參加宴會了。）

ⓑ 由「連繫動詞＋補語」構成複合述語

- My favourite movies **are action movies and thrillers**.

  （我最喜歡的電影是動作片和恐怖片。）

- As you see, in some ways we **look the same**.

  （正如你看到的，我們在某些方面很像。）

C

述語補語

主詞補語說明主詞「是什麼」或者「怎麼樣」，由名詞、形容詞、副詞、介系詞、不定詞及相當於名詞或形容詞的字或片語來擔任。它的位置在連繫動詞之後。

- I wear colourful clothes because I want to be <u>young and beautiful</u>.

  └──→形容詞作主詞補語

  （我穿色彩鮮豔的衣服，因為我想變年輕漂亮。）

- In ten years, I'll be a <u>reporter</u>.

  └──→名詞作主詞補語

  （十年後我將成為一名記者。）

- It's <u>there</u>.（它在那邊。）

  └──→副詞作主詞補語

- I have to be <u>in bed</u> by ten o'clock.

  └──→介系詞片語作主詞補語

  （我必須在十點前上床睡覺。）

- Andy's wish is <u>to become an actor</u>.

  └──→不定詞作主詞補語

  （安迪的夢想是成為一名演員。）

- The difficulty is <u>that it is too cold during the night</u>.

  └──→子句作主詞補語

  （難點在於夜裡太冷了。）

D

| 受詞 |

受詞是動作、行為的對象，由名詞、代名詞、數詞、不定詞或相當於名詞的字或片語來擔任，它和及物動詞一起說明主詞做什麼，在一般動詞之後。作受詞的代名詞要用受格形式。受詞可分為直接受詞、間接受詞和複合受詞。（詳見「五種基本句型」部分）

▪ She visited **her uncle**.
　　　　　　　　└→名詞作受詞
（她去探望她的叔叔。）

▪ He enjoys **making friends**.
　　　　　　　　　└→動名詞作受詞
（他喜歡交朋友。）

▪ We gave **everyone** a **Christmas present**.
　　　　　　└→間接受詞　　　　　　　└→直接受詞
（我們給了每個人一件聖誕禮物。）

▪ We all find **himfunny**.
　　　　　　　　└→複合受詞
（我們發現他很風趣。）

E

| 受詞補語 |

有些動詞除需要一個受詞外，還需有個受詞補語，句子意義才能完整。受詞和受詞補語在邏輯上有主述關係，這是判斷受詞補語的主要依據。含有受詞補語的句子變為被動句時，受詞補語便成了主詞補語。

名詞、形容詞、副詞、介系詞片語、現在分詞、過去分詞、不定詞等都可以作補語。

▪ So I made her **a special house**.
　　　　　　　　　　└→名詞作受詞補語
（所以我為她蓋了一棟特別的房子。）

▪ It is enough to make her **very happy**.
　　　　　　　　　　　　　└→形容詞作受詞補語
（這足以讓她非常開心了。）

▪ He put his finger **on the map**.
　　　　　　　　　　└→介系詞片語作受詞補語
（他伸手指著地圖。）

▪ They don't allow him **to practise running** during night.
　　　　　　　　　　　　└→不定詞作受詞補語
（他們不允許他在晚上練習跑步。）

▪ You hear a group **saying things** about your friend.
　　　　　　　　　　　└→現在分詞作受詞補語
（你聽見一群人在談論你的朋友。）

限定詞

限定詞是用來修飾名詞或代名詞的成分。形容詞、代名詞、數詞、名詞、介系詞片語、不定詞或相當於形容詞的字或片語等都可以作限定詞。限定詞的位置很靈活，凡是有名詞、代名詞的地方都可以有限定詞。限定詞可分為前置限定詞和後置限定詞兩種。

❶ 前置限定詞

可以當前置限定詞的有形容詞、代名詞、數詞、名詞或名詞所有格、分詞形式等。

- **Her** name is Linda.
  └─→代名詞作限定詞
  （她的名字是琳達。）

- He has **8** tennis rackets, **9** basketballs, and **7** baseballs.
  └─→數詞作限定詞
  （他有 8 支網球拍，9 個籃球和 7 個棒球。）

- Last year my **English** class was difficult.
  └─→名詞作限定詞
  （我去年上的英語課很難。）

- The **eating** habits are very important.
  └─→現在分詞作限定詞
  （飲食習慣非常重要。）

❷ 後置限定詞

修飾some-, any-, every-, no-構成的複合不定代名詞時，以及不定詞、介系詞片語、子句作限定詞時，限定詞通常後置。

- This time I want to do **something different**.
  └─→修飾複合不定代詞
  （這次，我要做一些不一樣的事。）

- I hear that Thailand is a good place **to go sightseeing**.
  └─→不定詞作限定詞
  （我聽說泰國是適合觀光的好地方。）

副詞

副詞用來修飾動詞、形容詞、副詞或整個句子，一般表示動作發生的時間、地點、目的、方式、程度等意義，由副詞、介系詞片語、不定詞或相當於副詞的字或片語來充當。副詞一般放在句末，但有的可以放在句首或句中。

- We can **easily** become unhappy.（我們很容易變得不快樂。）
  └─→副詞作副詞
- Don't step **on the grass**.（請勿踐踏草皮。）
  └─→介系詞片語作副詞
- I need to get some money **to pay for summer camp**.
  └─→不定詞作副詞
  （我需要取得一些錢來支付夏令營的費用。）
- I can't have any pets **because my mother hates them**.
  └─→子句作副詞
  （我不能養寵物，因為媽媽不喜歡。）

H

同位語

對句子中某一成分作進一步解釋、說明，與成分在語法上處於同等地位的句子成分叫做同位語。同位語常常放在被說明的詞之後。可以作同位語的有名詞、代名詞、數詞和子句等。

- Ben Lambert, **the famous French singer**, is taking a long vacation this summer.
  （法國知名歌手本‧蘭伯特今年夏天要休長假。）
- My best friend **Mary** is quiet.
  （我最好的朋友瑪莉十分文靜。）
- We **both** like sports, although Mary is more athletic than me.
  （我們兩個都喜歡運動，雖然瑪莉比我更擅長運動。）

2 五種基本句型

 T-56

句子是由主詞、述語動詞、主詞補語、受詞、受詞補語等組成，依其組合方式可分為五種基本句型。

A

主詞＋述語（不及物動詞）
（＋副詞）（S＋Vi）

這個句型所用的動詞都是不及物動詞，後面不能接受詞，但可以用副詞修飾述語動詞或整個句子。

- The new term begins.（新學期開始了。）
  　主詞　　　述語
- The children are playing under the tree now.
  　主詞　　　述語　　　　副詞
  （孩子們現在正在樹下玩耍。）

B

主詞＋述語（及物動詞）＋
受詞（＋副詞）(S＋Vt＋O)

- The girl is learning to play the guitar.
  　主詞　　述語　　　　受詞
  （女孩正在學彈吉他。）
- We know each other very well.
  主詞　述語　受詞　　副詞
  （我們非常了解彼此。）

> **特別強調 不及物動詞相當於及物動詞**
>
> 有些不及物動詞加上介系詞就相當於一個及物動詞，後面可以加受詞。
> - You must listen to the teacher.（你必須聽老師的。）

C

> 主詞＋述語（聯繫動詞）＋主
> 詞補語（＋副詞）（S＋V＋C）

◀◀◀

- The boy   is   very well.
  主詞　　聯繫動詞　　主詞補詞
  （那個男孩很健康。）
- That sounds interesting!
  主詞　聯繫動詞　　主詞補詞
  （聽起來真有趣！）

D

> 主詞＋述語（及物動詞）＋間接受詞＋直接
> 受詞（＋副詞）（S＋Vt＋I.O＋D.O）

◀◀◀

　　在雙受詞句子中，事物是直接受詞，人是間接受詞。直接受詞表示動作的承受者、動作的物件或結果，絕大多數的及物動詞後都跟有直接受詞；間接受詞表示動作是為誰做的或對誰做的。間接受詞可以放在直接受詞前，如果直接受詞放在間接受詞前，就要由介系詞to, for等引出間接受詞。

❶ 可以改為「to 型」的句式

　　有些接雙受詞的動詞（如promise, pass, tell, bring, give等），當間接受詞位在直接受詞後面時，間接受詞前面需加to。

- She **promised** me a nice gift on Christmas Day.
  =She **promised** a nice gift **to** me on Christmas Day.
  （她答應在聖誕節送我一件精美的禮物。）
- Will you please **pass** me the book on the desk?
  =Will you please **pass** the book **to** me on the desk?
  （能否請你把桌上的那本書遞給我？）

❷ 可改為「for 型」的句式

　　有些接雙受詞的動詞（如find, buy, make等），當間接受詞位在直接受詞後面時，間接受詞前面需加for。

- I'll **find** you a good chance as long as you won't lose heart.
  =I'll **find** a good chance **for** you as long as you won't lose heart.
  （只要你有信心，我會提供一個好機會給你。）
- My parents **bought** me a nice Christmas present.
  =My parents **bought** a nice Christmas present **for** me.
  （父母為我買了一個精美的聖誕禮物。）

❸ 既可以改為「to 型」又可以改為「for 型」的動詞

有些接雙受詞的動詞（如sing, play等），當間接受詞位在直接受詞後面時，間接受詞前面可以加to也可以加for。

- **Fetch** me some wine.
  =Fetch some wine **to/for** me.
  （給我拿些葡萄酒來。）
- Will you **sing** us a song?
  =Will you **sing** a song **to/for** us?
  （你能為我們唱首歌嗎？）

E

> 主詞＋述語（及物動詞）＋受詞＋受
> 詞補語（＋副詞）（S＋Vt＋O＋C）

有些及物動詞如果只接一個受詞就不能表達完整的意思，必需要再加一個受詞補語，才能完整表達意思。這樣的受詞和受詞補語稱為複合受詞，可以由名詞、形容詞和不定詞來擔任。（詳見本章「受詞補語」部分）

- I **found it difficult** to work out the maths problem.
  （我覺得這道數學題很難解。）
- I **saw him lying on the floor** when I entered the room.
  （我進房間時看見他正躺在地上。）

★ **用法辨異**
區別雙受詞和複合受詞

★ I'll find you a suitable job. （我會給你找份合適的工作。）
〔雙受詞結構，you 是間接受詞，a suitable job 是直接受詞，二者之間沒有必然的聯繫〕
★ I find you a careless person. （我發現你是一個粗心的人。）
〔複合受詞結構，you 是受詞，a careless person 是受詞補語，受詞和受詞補語存在主述或主補關係〕

3 句子種類

A

敘述句

敘述句用來敘述一件事情或表明說話人的看法、態度等。敘述句包括肯定結構和否定結構。句末用句號，一般讀降調。

❶ 敘述句的肯定形式

- I **am** a middle school teacher.
  （我是一名中學教師。）
- They **have** visited the museum.
  （他們已經參觀了這座博物館。）
- Lucy **can** swim.
  （露西會游泳。）

 敘述句最常用

敘述句是英語中最常用的句子。

❷ 敘述句的否定形式

ⓐ be 動詞 / 助動詞 / 情態動詞＋ not...

- He **isn't** a worker.（他不是個工人。）
- You **needn't** quarrel with him.
  （你不需要和他爭吵。）
- I **haven't/don't have** time to have lunch with you.
  （我沒有時間和你吃午飯。）
- They **didn't do** the work seriously.
  （他們沒有認真做這份工作。）
- We **don't go** to school on Sundays.
  （我們星期天不必上課。）
- She **doesn't** do the cleaning every day.
  （她不是每天都打掃的。）

ⓑ none（of）, nothing, no, neither, nor, neither...nor...,
nobody, never 等表示全部否定。

- **Neither** of the answers is right.
  （這兩個答案沒有一個是對的。）
- **Nobody/No one** knows you there.
  （那裡沒有人認識你。）
- **None of** them are/is in the school.
  （他們都不在這所學校裡。）

 have 表示「有」的否定形式

have 在表示「有」時，否定形式有兩種：一種是在後面直接加 not，一種是用助動詞 do 構成。

 否定式的縮寫形式

- I am not→I'm not
- is not→isn't
- are not→aren't
- was not→wasn't
- were not→weren't
- do not→don't
- does not→doesn't
- did not→didn't
- have not→haven't
- has not→hasn't
- had not→hadn't
- can not→can't
- will not→won't
- must not→mustn't
（am not 沒有縮寫形式）

© 當 not 與 all, both, everyone, everything 等構成否定句時，表示部分否定。「few ＋可數名詞」和「little ＋不可數名詞」也可以表示否定，意為「幾乎沒有」。

- **Both of** us were **not** there.（我們兩人並非都在那裡。）
- **Not every** girl likes singing.（不是所有的女孩都喜歡唱歌。）
- **All** these flowers **aren't** roses.（並非所有的花都是玫瑰。）
- There are **few** students in the school during the summer holiday.
  （暑假期間，學校裡幾乎沒有學生。）
- There is **little** money at home.（家裡幾乎沒錢了。）

d 句子中含有某些動詞（think, believe, expect, suppose 等）時，往往將意義上屬於子句的否定轉移到主句中。

- I **don't think** there is any quick answer to the question.
  （我認為這個問題沒有直接了當的答案。）
- I **don't believe** such little animals can eat so many insects.
  （我認為這麼小的動物吃不了這麼多昆蟲。）

B

> 疑問句

疑問句是用來提出問題或表示懷疑的句子，句末用問號。
疑問句有四種類型：一般疑問句、特殊疑問句、選擇疑問句和附加疑問句。

❶ 一般疑問句

a 用 yes, no 來回答的疑問句叫做一般疑問句。基本結構為：be 動詞 / 助動詞 / 情態動詞＋主詞＋補語 / 實義動詞原形（＋其他）？如果沒有特殊含義，句末一般用升調。

 一般疑問句

「是」「有」「情」「助」
移向前，
主詞前面把身安。
一般現在和過去，
does, do, did 應先添；
再改動詞為原形，
最後再把問號點。

- —**Is** she from England?（她來自英國嗎？）
- —Yes, she is.（是的，她是。）
  —No, she isn't.（不，她不是。）
- —**Do** you work in that factory?（你在那家工廠上班嗎？）
- —Yes, I do.（是的，我是。）
  —No, I don't.（不，我不是。）
- —**Must** we set off tomorrow?（我們必須明天出發嗎？）
- —Yes, you must.（是的，你們必須。）
  —No, you needn't.（不，你們不必。）
- —**Had** they arrived before the meeting began?
  （他們在會議開始前就到了嗎？）
- —Yes, they had.（是的，他們是。）
  —No, they hadn't.（不，他們不是。）

Extension 【延伸學習】

一般疑問句也可用其他表示肯定或否定的詞回答：

- certainly（當然）
- surely（當然）
- of course（當然）
- I think so（我這樣認為）

- all right（好吧）
- certainly not（當然不是）
- not at all（一點也不）
- never（從不）

- sorry（很抱歉）
- not yet（還沒有）
- I'm afraid not（恐怕不是）

ⓑ 一般疑問句有時以否定形式出現，用來表示讚賞、責備等感情色彩或者表示提出看法、意見和建議等。

- **Isn't** she doing her homework?
  （難道她沒在做作業嗎？）
- **Didn't** I tell you what to do next?
  （我沒告訴你下一步做什麼嗎？）
- **Won't** you come to my birthday party?
  （你不來參加我的生日派對嗎？）

ⓒ 主從複合句的一般疑問句要把跟主句述語相對應的助動詞或 be 動詞、情態動詞提前，子句保持陳述語序不變。

- **I know** that she is a mother of two children.
  →**Do you know** she is a mother of two children?
  （你知道她是兩個孩子的母親嗎？）
- **We are sure** that he will come back next week.
  →**Are you sure** that he will come back next week?
  （你們確定他下週會回來嗎？）

❷ 特殊疑問句

　　特殊疑問句是對「誰、什麼、怎麼樣和什麼地方」等的詢問。特殊疑問句句末用問號，一般讀降調，回答必須是明確的，不可以簡單地用yes或no來回答。

ⓐ 特殊疑問句的構成有兩種：「特殊疑問代名詞（作主詞）＋be動詞/助動詞/情態動詞＋述語動詞（＋其他）？」和「特殊疑問詞（非主詞疑問代名詞/副詞）＋be動詞/助動詞/情態動詞＋主詞＋述語動詞（＋其他）？」。

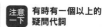

注意
一下　**有時有一個以上的疑問代詞**

特殊疑問句有時候可以有一個以上的疑問代(副)詞，有時疑問代(副)詞前還需有介系詞。

- **Who** is that girl over there?
 （那邊的那個女孩是誰？）
- **What** is flying in the sky?
 （天上飛著的是什麼？）
- **Whose bike** is this?
 （這是誰的腳踏車？）
- **Which song** do you like better?
 （你比較喜歡哪一首歌？）
- **What** does your father do?
 （你爸爸從事什麼工作？）
- **When** will you go back to your country?
 （你什麼時候回國？）
- **Where** can I get the tickets for the show?
 （我在哪裡可以買到這場表演的門票？）
- **Why** are you standing here?
 （你為什麼站在這裡？）
- **How** can we work out this problem?
 （我們如何才能解決這個問題呢？）
- **How often** do you go to the cinema?
 （你多久看一次電影？）
- **How much** does it cost?
 （它需要多少錢？）
- **How old** are you?
 （你多大年紀了？）
- **How soon** will she be back?
 （她能多快回來呢？）
- **How long** have you been in Taiwan?
 （你來台灣多久了？）
- **How far** is it from here to Hsinchu?
 （從這裡到新竹有多遠？）
- **When and where** did you first meet?
 （你們第一次見面是在什麼時候、什麼地方？）
- **To whom** is the letter written?
 （這封信是寫給誰的？）

常用必備

英語中常用的疑問詞

- 問人：who
- 問將要等候的時間：how soon
- 問物主：whose
- 問頻度：how often
- 問距離：how far
- 問事物（無選擇）：what
- 問事物（有選擇）：which
- 問地點：where
- 問數量（可數）：how many
- 問數量（不可數）：how much

- 問原因：why
- 問長度：how long
- 問方式：how
- 問一般時間：when
- 問顏色：what colour
- 問鐘點：what time
- 問價格：how much
- 問持續的時間：how long
- 問計算結果：how much

ⓑ 特殊疑問句的答語是根據特殊疑問代名詞（副）詞來確定的，因此不用 yes 或 no。回答時可用一個字或片語，也可以用一個完整的句子。

- —Who broke the window?（誰打破了窗戶？）
- —**Jack** (broke the window).（傑克。）
- —Whose car is this? （這是誰的車子？）
- —It's **Tom's**.（湯姆的。）

❸ 選擇疑問句

選擇疑問句是在句尾提出兩個或兩個以上的選項供聽話者選擇。選項用連接詞 or引出，回答時用敘述句。選擇疑問句的前半部用升調，後半部用降調。選擇疑問句有兩種形式：一般選擇疑問句和特殊選擇疑問句。

ⓐ 一般選擇疑問句

- Did the teacher solve the problem in this way **or** (in) that way?
  （老師是用這種方法，還是那種方法解出這道題目的？）
- Would you like chicken, beef **or** pork?
  （您要雞肉、牛肉，還是豬肉？）
- —Shall we go home **or** stay here for the night?
  （我們今晚要回家，還是留在這裡？）
- —Go home. （回家。）

 or 的否定句

or 如果使用在否定句時，表示「…也…（不）」的意思。

- I don't like tennis or baseball.（我不喜歡網球也不喜歡棒球。）

 巧記選擇疑問句

選擇疑問真奇妙，
問句後面加上 or。
or 的前後要對稱，
前升後降是語調。

ⓑ 特殊選擇疑問句

- **Which** is longer, the Changjiang River **or** the Nile?
  （哪一條河比較長，長江還是尼羅河？）

- **When** will you go abroad, this year **or** next year?
  （你什麼時候出國，今年還是明年？）

特別強調

- 選擇疑問句供選擇的部分必須是對等的：

  ① 句子成分對等：
     供選擇的部分同為受詞、副詞等相同的句子成分；

  ② 形式對等：
     可供選擇的部分同為名詞、介系詞片語、不定詞等相同的形式。

- 選擇疑問句的答語必須是完整的句子或其省略形式，不能用 yes 或 no 回答。

---

❹ 附加疑問句 T-58

　　附加疑問句表示詢問者已經有一定的想法，說出來為了得到對方的證實。它由兩部分組成：前一部分是一個敘述句，後一部分是一個簡略問句，中間用逗號分開。附加疑問句有兩種句型：「肯定，＋否定？」和「否定，＋肯定？」。

- —**Lucy** often **goes** to the theater, **doesn't she**?
  （露西經常去看戲劇，是嗎？）

- —Yes, she does. （是，她經常看。）

- —No, she doesn't. （不，她不常看。）

- —**She can't** speak French, **can she**?
  （她不會說法語，對嗎？）

- —Yes, she can. （不，她會。）

- —No, she can't. （是的，她不會。）

注意一下 yes 表「不」，no 表「是」

附加疑問句一般用 yes 或 no 引導的簡略答語來回答，但要注意時態及人稱代名詞的呼應。在前否定後肯定的句子中，yes 的含義是「不」，no 的含義是「是」。

注意一下 right 跟 OK

在許多情況下，也可以用 right 跟 OK 來取代附加疑問。

- This is yours, <u>right</u>?
  （這是你的，是嗎?）

ⓐ 含有特殊主詞的附加疑問句，其疑問部分需要根據具體情況而定。

① 如果敘述句部分的主詞是不定代名詞 no one, nobody, everyone, someone, everybody, somebody, none 等，其附加部分的主詞當強調全部時可用 they，當強調個體時也可以用 he。

- **No one phoned** me while I was out, did **they**?
  （我不在時沒人打電話找我，是吧？）
- **Everyone is** having a good time, aren't **they**?
  （每個人都玩得很開心，不是嗎？）
- **Someone is** expecting you, isn't **he**?
  （有人在等你，不是嗎？）
- **Everyone knows** what money means, doesn't **he**/don't **they**?
  （每個人都知道金錢代表的意義，不是嗎？）

② 敘述句的主詞中是 everything, anything, something, nothing，附加問句的主詞用 it。

- **Everything** goes well with you, doesn't **it**?
  （你一切順利，不是嗎？）
- **Nothing** has been considered about this meeting, hasn't **it**?
  （關於這次的會議，什麼都還沒仔細評估，不是嗎？）

③ 不定代名詞 one 作主詞，疑問部分的主詞在正式的場合用 one, 在非正式場合用 you。

- **One** can't be too careful, can **one/you**?
  （我們必須十分小心，對吧？）
- **One** should do one's duty, shouldn't **one/you**?
  （你必須盡責，不是嗎？）

④ 當敘述句的主詞是指示代名詞時，後面的附加問句的主詞要用相應的人稱代名詞，也就是 this 或 that 後用 it, 主詞是 these 或 those 後用 they。

- **That** was a hundred years ago, wasn't **it**?
  （那發生在 100 年前，不是嗎？）
- **Those** are yours, aren't **they**?
  （那些是你的，不是嗎？）

⑤ 以表示「存在」的 there 引導敘述句時，其後的附加問句還是用引導詞 there。

- **There** are many old city walls in Beijing, aren't **there**?
  （北京有很多古城牆，不是嗎？）

ⓑ 陳述部分含有否定詞的附加疑問句

　　陳述部分的主句帶有no, never, nothing, nowhere, rarely, hardly, seldom, few, little等否定或半否定詞時，附加問句一般用肯定式；如果陳述部分用了帶否定詞綴（首碼或尾碼）的派生詞，如helpless, hopeless, dislike, useless, unable, unfair等時，後面的附加問句要用否定式。

- She has **few** friends here, **does** she?
  （她在這裡幾乎沒有朋友，是嗎？）
- You **never** saw him, **did** you?
  （你從未見過他，對嗎？）
- Jane is **disappointing, isn't** she?
  （簡真令人失望，是吧？）
- You **dislike** playing the piano, **don't** you?
  （你不喜歡彈鋼琴，不是嗎？）

ⓒ 含有特殊動詞的附加疑問句

① 含有情態動詞 must

　　情態動詞must在附加疑問句中的用法要根據它在陳述部分中的意義來決定。

意 義	敘述句部分		附加問句部分
必須、禁止	You **must** send for a doctor immediately, （你必須去找個醫生來,） You **mustn't** walk on the grass, （不許踐踏草皮,）		**mustn't** you? （好不好?） **must** you? （知不知道?）
有必要	We **must** have a discussion this evening, （我們今晚需要開個討論會,）		**needn't** we? （是不是?）
一定、想必	對現在情況的推測	You **must be** very **tired**, （你一定很疲倦了,）	**aren't** you? （是不是?）
	對過去情況的推測	It **must have rained** last night, （昨晚一定是下雨了,）	**didn't** it? （是不是?）
	對已經完成情況的推測	He **must have studied** English for many years, （他一定學了很多年的英語了,）	**hasn't** he? （是不是?）

② 當敘述部分有半情態動詞 used to 時，疑問部分的一般動詞有兩種形式。

- But you **used to** be really quiet, **didn't/usedn't** you?
  （但你以前很文靜，不是嗎？）

③ 當敘述句中含有 had better 時，疑問部分用 hadn't 或 shouldn't。

- You'**d better** go with me, **hadn**'t you/**shouldn**'t you?
  （你最好和我一起去，不是嗎？）

④ have to 的附加疑問句部分通常用 do 的相應形式代替。

- We **have to** get up at four tomorrow, **don't** we?
  （我們明天早晨必須四點起床，不是嗎？）
- They **had to** leave early tomorrow, **didn't** they?
  （他們明天必須盡早出發，不是嗎？）

ⓓ 祈使句的附加疑問句

① 肯定祈使句後面的附加祈使問句一般用 will you 或 won't you。

- Please open the door, **will/won't you**?
  （請開門，好嗎？）

② 以 Let's 開頭的祈使句，後面的問句部分要用 shall we; 而以 Let us 或 Let me 開頭的祈使句，後面的問句部分應該用 will you。

- **Let's** go to school, **shall we**?
  （我們去上學，走吧？）
- **Let us** play soccer, **will you**?
  （我們一起去踢足球，好嗎？）

③ 否定的祈使句，問句部分可用 will you 或 can you。這時候附加部分必須是肯定式。

- Don't make much noise, **will/can you**?
  （別弄得這麼大聲，好嗎？）

ⓔ 複合句的附加疑問句

① 如果敘述部分是一個主從複合句，附加疑問句一般要和主句一致。

- **He said** that he was late for the lecture, **didn't he**?
  （他說他上課遲到了，不是嗎？）
- **She didn't** turn up until you were about to leave, **did she**?
  （直到你準備離開時她才來，是吧？）

② 當敘述部分是「I'm sure, I'm afraid, I don't think (suppose, expect, imagine, believe 等) +受詞子句」結構時，附加問句應該跟子句一致，但要注意敘述部分的否定轉移現象。

- I think **he is** clever, **isn't he**?
  （我認為他很聰明，不是嗎？）
- I don't believe **he comes from** the US, **does he**?
  （我相信他不是來自美國，對嗎？）

C

祈使句

　　表示請求、命令、邀請、祝福、勸告或建議等的句子叫祈使句。祈使句的主詞通常是第二人稱，通常會省略，所以經常以原行動詞開始。祈使句的一般動詞沒有時態與數的變化。一般用降調，句末用句號或感嘆號。

❶ 主詞為第二人稱的祈使句

　　這一類祈使句主詞往往會省略。有時為了強調是向誰提出要求或發出命令，也可以出示主詞，這時主詞一般需重讀。

- **You** be quiet for a moment.
  （請你安靜一下。）

ⓐ 肯定形式

① 動詞原形+其他成分
- **Be** careful!
  （小心！）
- **Be** sure to come on time.
  （請務必準時到達。）

② 在動詞之前加 do, 以便加強語氣。
- **Do** attend this meeting, please.
  （請務必出席這個會議。）

③ 為了使表達變得更有禮貌、更客氣或委婉，常在祈使句中加上 please。please 可以放在句末，也可放在述語之前，放在句末時常用逗號隔開。

- **Speak a little louder, please.**（麻煩講大聲一點。）
- **Please don't forget the meeting.**（請不要忘了開會。）

④ 如果祈使句有呼語，必須用逗號隔開，可以放在句首也可以放在句末。

- **Susan, come here.**（蘇珊，過來這裡。）
- **Lend me a pen, somebody.**（有誰可以借我鋼筆。）

ⓑ 否定形式

　　祈使句的否定式一般在動詞原形前加don't，也可用否定副詞never構成，以加強祈使句的否定含義。

- **Don't** be late again.（不要再遲到了。）
- **Don't** walk on the grass.（不要踐踏草皮。）
- **Never** do that again.（不要再那樣做了。）

巧學妙記　**祈使句「四說」**

動詞原形無主詞，
婉言用「請」「讓」字句；
牢牢記住這四點，
定能學好祈使句。

❷ 以 let 為開頭的祈使句

　　這類祈使句多以let作為句子的開頭，否定形式在動詞原形前加not。

- **Let me** take your temperature.（讓我為你量體溫。）
- **Let's not** waste time.（我們別浪費時間。）
- **Let them** go!（讓他們走！）

用法辨異
Let's 與 Let us 的區別

★「Let's +動詞原形」意為「讓我們…」，通常表示包括聽話者在內；「Let + us +動詞原形」意為「讓我們…」，通常不包括聽話者在內。

Let's do it together.（讓我們一起做吧。）

Let us have another go.（讓我們再試試吧。）

★由 Let's 構成的附加疑問句，其附加部分用 shall we; 由 Let us 構成的附加疑問句，其附加部分用 will you。

Let's have a rest, **shall we**?（讓我們休息一下，好嗎?）

Let us go swimming, **will you**?（我們一起去游泳，好嗎?）

❸ 其他形式的祈使句

　　祈使句除了用述語動詞表示以外，還可以用名詞、形容詞、副詞以及以no開頭的片語等充當。

- **Help!**（救命！）
- **Careful!**（小心！）
- **Faster!**（快點！）
- **Hands up!**（把手舉起來！）
- **No parking!**（禁止停車！）
- **No smoking!**（禁止吸菸！）

D

> **感歎句**
> ◀◀◀

　　感歎句是表示喜、怒、哀、樂等強烈感情的句子。感歎句一般用how或what開頭。how作副詞，修飾形容詞、副詞或句子；what作限定詞，修飾名詞（名詞前可有形容詞或冠詞）。感歎句要降調，句末用驚嘆號。

❶ what 開頭的感歎句

　　基本結構為「What＋名詞短句（＋短句）」。其中名詞短句的中心詞如果是名詞單數，要使用不定冠詞a/an；如果是名詞複數或不可數名詞，則用零冠詞。what引導的感歎句具體形式有：

> What ＋ (a/an) ＋形容詞＋可數名詞單數＋（主詞＋述語）！）
>
> What ＋形容詞＋可數名詞複數＋其他！）
>
> What ＋形容詞＋不可數名詞＋其他！

- **What** a beautiful place it is!（多美的地方啊！）
- **What** happy children (they are)!（孩子們多幸福啊！）
- **What** bad weather!（天氣真糟啊！）

❷ how 開頭的感歎句

　　基本結構為「How＋形容詞／副詞（＋短句）」或「How＋短句」。how開頭的感歎句具體形式：

> How ＋形容詞／副詞＋主詞＋述語！
>
> How ＋形容詞＋ a/an ＋可數名詞單數＋主詞＋述語！
>
> How ＋主詞＋述語！

- **How** clearly he is speaking!（他説得多清楚啊！）
- **How** beautiful a place it is!（多美的地方啊！）
- **How** time flies!（時間過得真快啊！）
- **How** beautiful (these flowers are)!
  （〈這些花〉多美啊！）

● 在複數可數名詞和不可數名詞之前不可以用「how +形容詞」構成感歎句，而應該用「what +形容詞+複數可數名詞或不可數名詞」。但「how +形容詞」可放在帶不定冠詞的名詞單數之前構成感歎句。

- What great changes we have had these years!
  （這些年我們這裡的變化真大啊！）
- How great changes we have had these years!（×）
- What good news it is! （多好的消息呀！）
- How good news it is!（×）
- How wonderful a plan you've made!
  = What a wonderful plan you've made!
  （你制定的計畫多好啊！）

❸ 其他形式的感歎句

ⓐ 敘述句、疑問句、祈使句表示感情時，句末用感嘆號，也是一種感歎句。

- They are beautiful!（它們真美！）
- Look at all those fans!（看那些扇子！）
- Stop talking!（別說話！）
- And we lost!（我們輸了！）

ⓑ 句首有感歎詞的句子也是感歎句。

- **Hey**! We won the match!
  （嘿！我們贏得比賽了！）
- **Aha**, we catch you now!
  （啊哈，我們現在抓到你了！）

ⓒ 感歎詞和片語

- Hurrah!（好哇！）
- Wait a minute!（等一下！）
- Good idea!（好主意！）
- For shame!（真丟臉！）

疑問句跟感歎句的區別

要區分由 How 引導的句子，是疑問句還是感歎句，那就從主詞跟動詞的語順，還有句尾的標點符號來判斷了。

〈疑問句〉
- How tall is he?（他有多高?）
  →動詞＋主詞

〈感歎句〉
- How tall he is!（他個子真是高啊!）
  →主詞＋動詞

感歎句

感歎句，表情感，how, what 放句前。名詞片語跟 what, how 形副緊相連。為了句子更簡潔，主謂部分也可略。

 句子結構

T-59

A

簡單句

　　只有一個主詞和一個動詞，句子的各個成分都是由單字和片語表示，可以獨立存在並表達完整的想法，這樣的句子稱為簡單句。（關於簡單句的分類詳見本章「五種基本句型」部分）

- **I put** the books on the table.
（我把書放在桌上。）
- **Both Nancy and her brother are** in the same school.
（南茜和她的弟弟在同一所學校上學。）

B

併合句

　　併合句是由兩個或兩個以上的簡單句構成的，而連接兩個簡單句由對等連接詞來擔任。併合句中各簡單句的地位同等重要。基本結構是：簡單句＋對等連接詞＋簡單句。常見的對等連接詞和連接副詞有and, but, or, for, either...or..., neither...nor..., however, not only...but also...等。這些對等連接詞可以根據意思分為以下幾種類型：

❶ 表示連續和另加含義的對等連接詞或連接副詞有 and「和」，not only...but also...「不但…而且…」，more over「而且」。

- Tom is **not only** a good basketball player, **but also** (he is) a good football player.
（湯姆不但是個出色的籃球員，也是一個出色的足球員。）

❷ 表示轉折意義的對等連接詞或連接副詞有but「但是」，yet「然而」，however「然而」。

- Michael Jackson died, **but** people still love listening to his music.
（儘管麥克傑克森去世了，但人們仍然喜愛聽他的音樂。）
- The mobile phone is very advanced; **however**, it is too expensive.
（這款手機功能更加卓越，但就是太貴了。）

❸ 表示選擇意義的對等連接詞或連接副詞有 or「或者」，either...or...「要麼…要麼…」，neither...nor...「既不…也不…」，otherwise「否則」。

- Julie must work hard, **or** she cannot go to the famous Harvard University.
（朱莉必須努力學習，否則她無法考上著名的哈佛大學。）
- You must drive the car carefully; **otherwise** you might hit somebody.
（你開車必須小心，否則可能撞到人。）

❹ 表示原因的連接詞有 for「因為」。

- He didn't come yesterday, **for** he was ill.（他昨天沒來，因為他病了。）

複合句是由一個主句和一個（或以上）的附屬子句構成的。主句是複合句的主幹部分，表達的是句子的主要意思，附屬子句是修飾主句或主句的某個成分的，所表達的是比較不重要的意思。附屬子句在主句中可以充當主詞、受詞、補語、同位語、限定詞、副詞等。

- **What he did** made his mother angry.
  └┈┈┈►主詞子句
  （他做的事情惹媽媽生氣了。）

- Parents shouldn't give their children **whatever they want**.
  └┈┈┈►受詞子句
  （父母不能放任孩子予取予求。）

- This is **because you are too careless**.（這是因為你太粗心了。）
  └┈┈┈►主詞補語子句

- Check all your answers **before you turn in your papers**.
  └┈┈┈►副詞子句
  （在你交考卷前要檢查答案。）

- The doctor is the person **who looks after people's health**.
  └┈┈┈►限定詞子句
  （醫生就是照顧人們身體健康的人。）

！ **Induct** 幫你歸納 ┆ 簡單句、併合句、複合句之間的相互轉換

- Tom is **too** young **to** go to school.
  = Tom is very young **and** he can't go to school.
  = Tom is **so** young **that** he can't go to school.（湯姆還太小，還不能去上學。）
- She got up very early to meet her parents at the station.
  = She wanted to meet her parents at the station, **so** she got up very early.
  （她很早就起床，為了去車站接她父母。）
- The football match had to be delayed, **for** it is raining heavily.
  = The football match had to be delayed **because of** the heavy rain.
  （足球賽被迫延期舉行，因為天正下著大雨。）
- Mr Zhang hurt his legs, **so** he didn't go tothe sports meeting.
  = **Because** Mr Zhang hurt his legs, he did not go to the sports meeting.
  （張老師雙腿受傷，因此沒有參加運動會。）
- **Though** he was very young, he knows a lot about computers.
  = He was very young, **but** he knows a lot about computers.
  （儘管他很年輕，但是他卻很懂電腦。）

考題演練

■（一）高中入試考古題：Choose the correct answer.（選擇正確的答案）

(1) —Mr Wang's never been to Canada, has he?

　　—_____. He went there on business last week.

　　A. No, he hasn't　　**B.** Yes, he has　　**C.** No, he has　　**D.** Yes, he hasn't

(2) _____wonderful news report he wrote! All of us were proud of him.

　　A. What a　　　　**B.** What　　　　**C.** How　　　　**D.** How a

(3) —Please _____ to return my book by Friday. I'll use it on Saturday.

　　—No problem. I'll finish reading it on Thursday.

　　A. don't forget　　　　　　　　**B.** not to forget

　　C. not forget　　　　　　　　　**D.** forget not to

(4) —Alice had nothing for breakfast this morning, _____ ?

　　—No. She got up too late.

　　A. had she　　　**B.** hadn't she　　　**C.** did she　　　**D.** didn't she

(5) —How often do you see your grandparents?

　　—_____.

　　A. Five days　　　**B.** Once a month　　**C.** In a week

(6) _____ interesting it is to go swimming in Kenting in summer!

　　A. What　　　　**B.** What an　　　　**C.** How　　　　**D.** How an

(7) _____ fine day it is! Let's go and fly a kite.

　　A. What　　　　**B.** What a　　　　**C.** How　　　　**D.** How a

(8) —_____ keep water running when you are brushing your teeth or washing your hands, Jack.

　　—OK. I know we must save every drop（滴）of water.

　　A. Why not　　　**B.** Please　　　**C.** Don't

(9) Yoga（瑜伽）helps people keep healthy and relaxed, _____ ?

　　A. does it　　　**B.** doesn't it　　　**C.** is it　　　**D.** isn't it

(10)　—You are always talking about your pet cat. What does it look like?

　　—_____ .

　　A. It likes fish

　　B. It's small and white

　　C. It likes playing with me

■（二）模擬試題：Choose the correct answer.（選擇正確的答案）

(1)　_____ interesting book it is! I want to read it again.

　　A. What an　　　　**B.** How an　　　　**C.** What　　　　**D.** How

(2)　—How often do you go to the old people's house, Tom?

　　—_____ .

　　A. Once a month　　**B.** In a month　　　**C.** After a month　**D.** For a month

(3)　The old man had to do all the farm work himself, _____?

　　A. did he　　　　　**B.** had he　　　　　**C.** didn't he　　　**D.** hadn't he

(4)　—_____ is my ball, Mum?

　　— It's under the chair.

　　A. How　　　　　　**B.** When　　　　　**C.** Where　　　　**D.** Why

(5)　—Who is the man over there? It can't be Li, _____?

　　—_____. It must be John. I saw Li in the classroom just now.

　　A. is it; Yes, it is　　　　　　　　　**B.** can it; No, it can't be

　　C. can it; Yes, it must be　　　　　　**D.** is it; No, it isn't

(6)　—_____ do you study for tests?

　　—I work with my friends.

　　A. How　　　　　　**B.** Who　　　　　**C.** When　　　　**D.** What

(7)　_____ carefully he writes in his notebook!

　　A. What　　　　　　B.What a　　　　　C.How　　　　　D.How a

(8)　The old woman never feels happy, _____?

　　A. won't she　　　　**B.** will she　　　　**C.** does she　　　**D.** doesn't she

(9)　There is a beautiful clock on the wall, _____?

　　A. isn't there　　　**B.** is there　　　　**C.** isn't it　　　　**D.** doesn't it

⑽ —_____ late for school next time.

—Sorry, I won't.

A. Don't be　　　　**B.** Don't　　　　**C.** Be　　　　**D.** Do

答案・解說 ①

▶ (1) **B** (2) **A** (3) **A** (4) **C** (5) **B** (6) **C** (7) **B** (8) **C** (9) **B** ⑽ **B**

(1) 題意:「王先生從沒去過加拿大,是不是?」「不,他去過。上週他去那裡出差了。」回答附加疑問句時, 應該根據實際情況;由答語中的「He went there on business last week.」可以知道, 應該用「Yes, 主詞 +be 動詞 / 助動詞 / 情態動詞」的結構來回答,其中 yes 譯為「不」。

(2) 題意:「他寫了一篇這麼精彩的新聞報導!我們都為他感到驕傲。」感歎句的中心詞為 report, 是單數可數名詞;而且不定冠詞置於形容詞 wonderful 之前, 所以選 A。

(3) 題意:「請別忘了星期五之前把我的書還給我。我星期六要用。」「沒問題。我星期四就會看完了。」祈使句否定形式是動詞原形前面加 don't, 所以選 A。

(4) 題意:「愛麗絲今天早上沒吃早餐, 是不是?」「是, 她起晚了。」附加疑問句的陳述部分有否定詞 nothing, 附加問句用肯定形式;句中 had 作實義動詞, 附加問句應該用助動詞 did。

(5) 題意:「你多久去看你的祖父母一次?」「一個月一次。」問句詢問的是頻率, 答句 once a month「一個月一次」, 符合題意。five days「五天」和 in a week「一周之後」都是表示時間長度的。

(6) 題意:「夏天在墾丁游泳多有趣啊!」感歎句的中心詞是形容詞 interesting, 所以用 how 引導。失分陷阱!本題要考的是根據語境判斷由 how 和 what 引導的感歎句。由 how 引導的感歎句型是「How+ 形容詞 / 副詞 +(短句)」。由 what 引導的感歎句型是「what+ 名詞片語(+ 短句)」。

(7) 題意:「天氣真好啊!我們出去放風箏吧!」感歎句的中心詞是單數可數名詞 day, 冠詞放在形容詞前面, 所以用 what 引導。

(8) 題意:「傑克, 刷牙或洗手的時候不要讓水一直流著。」「好的。我知道, 我們應該節約每一滴水。」祈使句的否定句是在句首直接加 don't 或 never。失分陷阱!本題要考的是祈使句的否定形式。祈使句由動詞原形開頭,其否定形式是「Don't+ 動詞原形」,如果沒有掌握好它的特定形式,就容易選錯。

(9) 題意:「瑜伽幫助人們保持健康和放鬆, 是不是?」附加疑問句遵循「前肯後否」原則;陳述部分的動詞為一般現在式第三人稱單數, 所以用助動詞 does 構成附加疑問句部分。

⑽　題意：「你總是談論你的寵物貓。牠長什麼樣子啊？」「很小很白。」What does...look like? 意為「…長什麼樣？」，所以選 B。

■ (1)　**A**　(2)　**A**　(3)　**C**　(4)　**C**　(5)　**B**　(6)　**A**　(7)　**C**　(8)　**C**　(9)　**A**　⑽　**A**

(1)　題意：「多有趣的書啊！我好想再看一遍。」感歎句的中心詞是 book，可以用「what ＋ a/an＋ 形容詞＋單數可數名詞＋主詞＋述語！」或「How ＋形容詞＋ a/an ＋單數可數名詞＋主詞＋述語！」；interesting 以母音開頭，所以選 A。

(2)　題意：「湯姆，你多久去一次老人之家？」「一個月去一次。」問句的特殊疑問詞是 how often，所以要用頻率回答，所以選 A。

(3)　題意：「所有的農活都要這老人自己做，是不是？」以「had to ＋動詞原形」構成的肯定句，它的附加疑問句是「didn't ＋主詞」。

(4)　題意：「媽，我的球在哪裡？」「在椅子底下。」由答句可以推想出，問的是球的位置，所以選 C。

(5)　題意：「站在那裡的那個人是誰？他不可能是小李，對嗎？」「是的，不可能。一定是約翰。我剛才看見小李在教室裡。」含有情態動詞 can 的附加疑問句，陳述部分為否定式，附加問句部分應該用肯定式；肯定回答用「Yes, it is.」；否定回答用「No, it can't be.」。

(6)　題意：「你是如何為考試做準備的？」「我和朋友一起學習。」由答語可推斷出詢問的是方式、方法，所以選 A。

(7)　題意：「他的筆記本寫得多仔細啊！」感歎句中的中心詞為副詞 carefully，所以用 how 引導。

(8)　題意：「這個老婦人從來沒有感到開心過，是不是？」附加疑問句的陳述部分帶有否定詞 never，附加問句用肯定形式，一般動詞為第三人稱單數形式，所以用 does。

(9)　題意：「牆上有個漂亮的時鐘，是不是？」there be 結構的附加疑問句，陳述部分為肯定式，附加問句部分用「be ＋ not ＋ there」。

⑽　題意：「下一次上課不要再遲到了。」「很抱歉，我不會了。」無主詞的祈使句通常句首用動詞原形，其否定形式是在動詞原形前面加 don't。be late for「遲到」，為固定搭配。

it 的用法和
there be 句型

- 人稱代名詞 it 的用法：
  代指前面的單數名詞或不可數名詞
  等所表示的事物
- 非人稱代名詞 it 的用法：
  代指天氣、時間、距離、度量衡等；
  用作形式主語或受詞

- there be 句型的用法：用於各種時態
- there be 結構的句型轉換：否定句；
  一般疑問句及其答語；特殊疑問句
  及其回答
- there be 的其他結構形式
- there be 句型與 have 的用法區別

　　it 常表示人以外的動物或物品，通常翻譯為「它」。除此之外，it 還有很多特殊用法，it 的意思應根據具體情況而定。there be 句型主要用以表達「某處／某時有某人／某物」，其基本句型為「there be ＋某物或某人＋某地或某時」，其中 there 是引導詞，沒有詞義，主詞是 be 後的名詞，述語 be 必須和主詞在數上保持一致（there be 結構中 be 動詞的確定詳見第 16 章《主述一致》）。

1 it 的用法

T-60

A

人稱代名詞 it 的
用法

❶ 代替前面（或後面）的名詞單數或不可數名詞等所表示的事物。

- I borrowed a book from the library yesterday. But I can't find **it** now.
  （昨天我從圖書館借了一本書，但我現在找不到了。）〔it 指代前面的 book〕

- Although we cannot see **it**, there is air all around us.
  （儘管我們看不到空氣，但它卻圍繞在我們四周。）〔it 指代後文的 air〕

❷ 代替有生命但不能或不必分陰陽性的個體（包括嬰兒）。

- Yesterday we saw a big camel. **It** was about 3 meters high.
  （昨天我們看到一頭大駱駝。牠大概有 3 公尺高。）〔it 指代 camel〕

- —Is someone knocking at the door?
  （有人在敲門嗎？）

- —Really? Who is **it**?
  （真的？是誰呢？）〔it 指代 someone〕

❸ 代替某些代名詞

　　　代名詞it還可用在代替指示代名詞this, that以及複合不定代名詞something, anything, nothing等。

- —What's this?
  （這是什麼？）
- —**It**'s a new machine.
  （它是一台新機器。）
- Nothing is wrong, is **it**?
  （沒出什麼問題，是吧？）

B

非人稱代名詞 it
的用法
◀◀◀

❶ 指季節、天氣、時間、距離、度量衡等。

- **It** is five kilometers from the office to my home.
  （從辦公室到我家有 5 公里。）
- **It** often rains in summer.
  （夏天經常下雨。）
- What time is **it** now?
  （現在幾點了？）

❷ 作形式主詞或形式受詞

　　　為使句子平衡，動名詞或附屬子句作主詞或受詞時，通常用it作形式主詞或形式受詞，而將真正的主詞或受詞放在句末。

- **It** is not easy **to finish the work** in two days.
  （兩天內要完成這項工作並不容易。）
- I find **it** hard **to get there** by eight o'clock.
  （我發現 8 點以前要到那裡是很困難的。）
- **It** is still unknown **whether they have ever reached the top of the mountain**.
  （還未確定他們是否曾經到過山頂。）

❸ 用在一些固定句型或搭配中，it 沒有實際意義，但不可省略。

- **Does it matter** if he can't attend our party?
  （如果他不能參加我們的派對，會有什麼問題嗎？）

there be 句型

 T-61

A

| there be 句型的用法 |

there be 句型可以用在各種時態。

❶ 一般現在式
- **There is** a lot of noise in the street.
  （街上很吵雜。）
- **There're** beautiful flowers in the hill.
  （山裡有美麗的花。）

❷ 一般過去式
- **There was** quantities of rain this fall.
  （今年秋天雨水多。）
- **There were** a quantity of people in the hall.
  （當時大廳裡有許多人。）

❸ 一般未來式
- **There'll be** much snow on high ground.
  （高地上會有更多積雪。）
- **There is going to be** a speech contest next Friday.
  （下週五將舉行一場演講比賽。）

❹ 現在完成式
- **There has never been** anybody like you.（從來沒有人像你這樣。）

B

there be 結構的句型轉換

❶ 否定句

　　there be的否定式通常在be後面加not構成。如果句中有some，一般要變成any。

- **There aren't** many people.（沒有很多人。）
- **There aren't** any children in the picture.
（照片裡沒有兒童。）

❷ 一般疑問句及其答語

　　把be提到there前，首字母大寫，句末用問號就可以了。肯定回答是「Yes, there be.」；否定回答是「No, there＋be＋not.」。

- **—Is there** a post office near here?（附近有郵局嗎？）
- —Yes, there is.（是的，有。）〔肯定回答〕
　—No, there isn't.（不，沒有。）〔否定回答〕

❸ 特殊疑問句及其回答

　ⓐ 詢問句子的主詞（包括主詞前面的修飾語）時，句型一律用「What＋be＋地點介系詞片語？」（無論主詞是單數還是複數, be 通常都用單數）。

- There are <u>some birds</u> in the tree.（樹上有幾隻鳥。）
　→**What's** in the tree?

　ⓑ 就 there be 後面的地點副詞進行詢問時，句型用「Where＋be＋主詞？」。

- There is a car <u>in the street</u>.（街上有一輛汽車。）
　→**Where is** the car?

　ⓒ 詢問可數名詞（主詞）前面的數量時，用 how many，句型結構是「How many＋名詞複數＋ be ＋ there ＋其他？」（主詞無論是單數還是複數，be 通常要用 are）。

- There are <u>20</u> classes in my school.（我們學校有 20 個班級。）
　→**How many** classes **are** there in your school?

C

there be 的其他結構形式

　　在there be結構中除了用動詞be之外，還可以用seem, appear, happen, stand等。

- **There seems** to be no one who really understand me.
（似乎沒人真正瞭解我。）
- **There stands** a temple on the top of the mountain.（山頂上有座廟。）

> there be 句型與
> have 的用法區別
> ◄◄◄

❶ 不同點

　　there be意為「存在」，強調某地有某物，不表示所屬關係；have表示所有關係，強調某人或某地有某物，這是它的基本用法。

- **There are** some trees in front of the house.
  （屋子前面有一些樹。）
- Tom **has** many friends in Taiwan.
  （湯姆在台灣有許多朋友。）

❷ 相同點

　　在表示「結構上的含有」時，既可以用there be句型，也可以用have/has來表示。

- **There are** many long rivers in China.
  =China **has** many long rivers.（中國有許多長河。）
- How many days **are there** in March?
  =How many days does March **have**?（三月份有幾天？）

❸ There be 句型中的 be 形式可以根據具體的要求，而有多種變化形式。

- There **is going to** be a school sports **meeting** next weekend.
  （下週末有一場學校運動會。）
- There **have been** no letters from my parents since I left home two years ago.
  （我離開家鄉兩年以來，都從來不曾收到父母的信。）
- There **will be** a wonderful concert this weekend.
  （本週末將有一場很棒的音樂會。）

考題演練

■ （一）高中入試考古題：Choose the correct answer.（選擇正確的答案）

(1) *Harry Potter* is so interesting a book that lots of teenagers like to read
   _____ .
   A. it   **B.** this   **C.** that   **D.** one

(2) I think _____ very important for students to study by themselves in the
   school or at home.
   A. it   **B.** this   **C.** that

(3) There _____ a basketball match between Class One and Class Three this
   afternoon.
   A. is going to be   **B.** will have
   C. are going to be   **D.** is going to have

(4) —Have you found your lost mobile phone?
   —No, I haven't found _____ , but I bought _____ this morning.
   A. one; that   **B.** that; one   **C.** it; one   **D.** one; it

(5) The doctor advised Elsa strongly that she should take a good rest, but
   _____ didn't help.
   A. she   **B.**it   **C.**which   **D.**he

(6) —Denny, someone in your class phoned you this morning.
   —Oh, who was_____?
   A. he   **B.** she   **C.** it   **D.**that

(7) _____ is impolite to cut in line when you are waiting for a bus.
   A. This   **B.** That   **C.** It   **D.**Which

(8) There _____ a talk show on TV at eight this evening.
   A. is going to be   **B.** is going to have   **C.** will have

(9) —Have you heard the good news?
   —No, what _____?
   A. is it   **B.** is there   **C.** are they   **D.** are those

(10) —Can you tell me how many colours _____ in a rainbow?
　　 —Seven.
　　 A. there are　　　 **B.** are there　　　 **C.** they are　　　 **D.** are they

■（二）模擬試題：Choose the correct answer.（選擇正確的答案）

(1) —Are there any maps on the wall?
　　 —_____
　　 A. There are some.　 **B.** Yes, there is.　 **C.** Yes, there are.　 **D.** No, there are.

(2) How many _____ are there in the picture?
　　 A. woman　　　　 **B.** women　　　 **C.** boy　　　　 **D.** milk

(3) How many classes _____ in your school last year?
　　 A. are there　　　 **B.** is there　　　 **C.** was there　　　 **D.** were there

(4) There _____ two bowls of rice on the table.
　　 A. is　　　　　 **B.** have　　　 **C.** has　　　　 **D.** are

(5) _____ anyone in the classroom just now?
　　 A. Is there　　　 **B.** Are there　　 **C.** Was there　　 **D.** Were there

(6) _____ is said that _____ tourists visit mountains there every week.
　　 A. That; thousands of　　　　　 **B.** It; five thousand of
　　 C. It; thousands of　　　　　　 **D.** This; three thousand

(7) There _____ a lot of rain in this area in August every year.
　　 A. is　　　　　 **B.** was　　　 **C.** are　　　　 **D.** were

(8) Look at the dark clouds! There _____ a storm.
　　 A. is　　　　　 **B.** will　　　 **C.** is going to be　 **D.** is going to have

(9) Look, there _____ a cat and a dog fighting under the tree.
　　 A. are　　　　 **B.** is　　　　 **C.** have　　　 **D.** has

(10) There _____ an English party in three days.
　　 A. is　　　　　　　　　　　 **B.** is going to have
　　 C. will be　　　　　　　　　 **D.** are

答案・解說 ①

▶ (1) A (2) A (3) A (4) C (5) B (6) C (7) C (8) A
(9) A (10) A

(1) 題意：「《哈利•波特》是一本非常有趣的書，許多青少年都喜歡看。」it 指同名同物單數可數名詞，符合題意。this 通常用作指示代名詞；that 代替同名異物單數可數名詞或不可數名詞，表特指；one 代替同名異物單數可數名詞，表泛指。

(2) 題意：「我認為，對學生來說，無論是在學校或是在家裡自學都是很重要的。」it 作形式受詞，真正的受詞是後面的不定詞片語 to study by themselves in the school or at home。this 和 that 不可以作形式受詞。

(3) 題意：「今天下午一班和三班將有一場籃球比賽。」表示「某地存在某事物」用 there be 結構；根據 this afternoon 及 a basketball match 可以知道用 there be 結構的將來時 there is going to be 或 there will be。

(4) 題意：「你找到你的手機了嗎？」「沒有，我沒找到，但我今天早上買了一隻。」it 指前面提到的同一事物 mobile phone；one 指與上文提到的事物屬於同一類但不是同一個。

(5) 題意：「醫生強烈建議艾爾莎要好好休息，但是並沒有任何作用。」其中 it 指的是前面整個醫生建議的內容，不是指人。

(6) 題意：「丹尼，今天早上你班上的一個同學給你打過電話。」「哦，是誰呢？」it 指性別不明確的人。

(7) 題意：「等車時插隊是沒禮貌的。」it 作形式主詞，真正的主詞是不定詞片語 to cut in line，其他選項都不可以作形式主詞。

(8) 題意：「今晚上 8 點電視將會有一個脫口秀節目。」表示某地存在某物用 there be 結構；表示「將有」用 there be 的未來式 there is going to be 或 there will be，所以選 A。

(9) 題意：「這個好消息你聽說了嗎？」「沒有，什麼消息？」it 指上文提到的 good news，一般動詞用單數形式。

(10) 題意：「你能告訴我彩虹有幾種顏色嗎？」「七種。」表示某地存在某事物，用 there be 句型；受詞子句用陳述語序，所以選 A。

答案・解說②

(1) **C** (2) **B** (3) **D** (4) **D** (5) **C** (6) **C** (7) **A** (8) **C**
(9) **B** (10) **C**

(1) 題意：「牆上有地圖嗎？」「是的，有。」問句為「Are there...?」，所以答語的肯定回答是「Yes, there are.」，否定回答是「No, there aren't.」。

(2) 題意：「照片裡有幾位女士？」由 how many 可以知道，空格處為可數名詞的複數形式，所以選 B。

(3) 題意：「去年你們學校有幾個班級？」由主詞 classes 可以知道，一般動詞應該用複數形式；由時間副詞 last year 可以知道時態為一般過去式，所以選 D。

(4) 題意：「桌子上有兩碗飯。」由單位量詞 bowl 的複數形式 bowls 可以知道用 there are。

(5) 題意：「剛才有人在教室嗎？」由 any-, no- 等構成的複合不定代名詞作主詞時，一般動詞應該用單數形式；由 just now 判斷用一般過去式。

(6) 題意：「據說，每天都有成千上萬的遊客遊覽那裡的山。」It is said that...「據說…」，是固定句型；thousand 前面有具體數字修飾時不用複數形式，沒有數字修飾時用 thousands of 結構。

(7) 題意：「每年的八月這個地區的雨水就很多。」根據 every year 可以知道，這裡需用一般現在式，所以排除 B、D 兩項；there be 句型中 be 的形式要由它後面的名詞來決定，空格後的主詞 rain 是不可數名詞，所以 be 用 is。答案是 A。

(8) 題意：「看看這密佈的烏雲，暴風雨就要來了。」表示存在或「（某時／地）有…」用 there be 句式；有跡象表示即將要發生某事用 be going to，所以選 C。

(9) 題意：「你看，樹下有一隻貓和一隻狗在打架。」there be 句型中的 be 不可以用 have/has 代替；there be 句型中主詞不只一個的時候，動詞跟最近的主詞保持一致，所以選 B。

(10) 題意：「三天後將有一個英語聚會活動。」根據時間副詞 in three days 來判斷，句子用一般未來式；there be 的一般未來式是 there will be 或 there is going to be，所以選 C。

主詞和述語
的一致

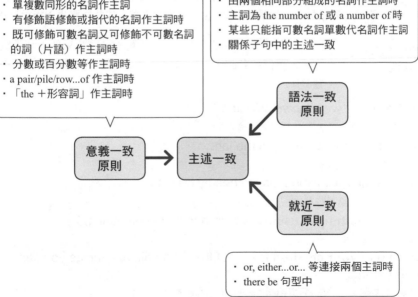

- and 連接的兩個名詞作主詞
- 表示度量、時間等的名詞複數作主詞
- 以 -ics/-s 結尾的名詞作主詞時
- 集體名詞作主詞
- 單複數同形的名詞作主詞
- 有修飾語修飾或指代的名詞作主詞時
- 既可修飾可數名詞又可修飾不可數名詞
  的詞（片語）作主詞時
- 分數或百分數等作主詞時
- a pair/pile/row...of 作主詞時
- 「the ＋形容詞」作主詞時

- 主詞為單數名詞、代名詞等時
- 主詞為複數名詞、代名詞等時
- 並列結構作為主詞時
- 意義上是複數、實際上是單數
- 由兩個相同部分組成的名詞作主詞時
- 主詞為 the number of 或 a number of 時
- 某些只能指可數名詞單數代名詞作主詞
- 關係子句中的主述一致

語法一致
原則

意義一致
原則　→　主述一致

就近一致
原則

- or, either...or... 等連接兩個主詞時
- there be 句型中

述語動詞在人稱、數及意義等方面要和作主詞的名詞、代名詞以及相當於名詞的字保持一致，這叫做主詞和述語的一致。英語中的主詞和述語的一致需要遵循一系列的原則，包括語法一致原則、意義一致原則和就近一致原則。

1 語法一致原則

語法一致原則是指述語動詞與其主詞在人稱和數上要保持一致，也就是主詞是單數形式，述語動詞也用單數形式；主詞是複數形式，述語動詞也用複數形式。

A

主詞是單數名詞、代名詞等

主詞是單數名詞或代名詞、不可數名詞、單個動詞不定詞片語、單個動名詞片語或單個附屬子句時，述語動詞一般用單數形式。

- **Mr. Black is** a well-known scientist.
  （布萊克先生是一位著名的科學家。）
- **He is** doing an experiment in the lab.
  （他正在實驗室做實驗。）
- **Some money was** spent on clothes by his wife.
  （有些錢被他的妻子花在衣服上了。）
- **To say something is** usually easier than to do something.
  （說通常比做來得容易。）
- **Reading to your children is** one of the most valuable things you can do as parents.
  （讀書給孩子聽是父母為孩子做的最有價值的事情之一。）
- **That Jack has gone abroad makes** us all surprised.
  （我們都對傑克的出國深感訝異。）

B

主詞是複數名詞、代名詞等

主詞是複數名詞或代名詞，以及and或both...and...連接的並列主詞時，述語動詞用複數形式。

- **The students are** playing football on the playground.
  （學生們正在操場上踢足球。）
- **Both my parents are** doctors.
  （我父母都是醫生。）
- **Jim and Mary are** both interested in reading.
  （吉姆和瑪莉都對閱讀感興趣。）

C

意義上是複數，實際上用單數

「one and a half+名詞複數」「a +名詞單數+ and a half（一個半）」「more than one+名詞單數（不只一個）」「many a+名詞單數（許多）」等片語作主詞時，儘管從意義上看是複數，但述語動詞要用單數形式。

- **One and a half days is** all I can spare.
  （我最多能抽出一天半的時間。）
- **An hour and a half is** long enough.
  （一個半小時的時間夠長了。）
- **More than one student has failed** the exam.
  （不只一個學生考試不及格。）
- **Many a student has joined** the party.
  （許多學生參加了派對。）

D

由兩個相同部分組成的名詞作主詞

由兩個相同部分組成的表示衣物或工具的名詞，如：glasses（眼鏡），trousers（褲子），shoes（鞋子）等作主詞時，述語動詞用複數形式。

- **These shoes need** to be repaired.（這些鞋子需要修補。）
- **His shorts are** longer than mine.（他的短褲比我的長。）

E

主詞為 the number of 或 a number of

主詞是「the number of+名詞複數」時，述語動詞用單數形式；主詞是「a number of+名詞複數」時，述語動詞用複數形式。

- **The number of people** who travel by plane in Taiwan **is** increasing.
  （在台灣，搭乘飛機旅遊的人數持續增加中。）
- **A number of other plants were** found in America.
  （在美洲還發現了許多其他種類的植物。）

F

某些只能指單數可數名詞的代名詞作主詞

有些代名詞（either, neither, each, one, the other, another, somebody, someone等）只能指單數可數名詞，當它們在句子中作主詞時，儘管在意義上是複數，述語動詞仍然要用單數形式。

- Two students entered. **Each was** carrying a suitcase.
  （兩個學生進來了。每個人提了一只箱子。）
- **Everyone seeks** happiness.（每個人都在追求幸福。）
- Both of them have arrived, and **either is** welcome.
  （兩人都到了，他們都很受歡迎。）
- **Neither was** satisfactory.（兩個都令人不滿意。）
- **Either of the two computers is** cheap.
  （兩台電腦都很便宜。）

注意 一下 一般動詞用單複數都可以

neither 後接「of + 名詞複數或複數代名詞」時，一般動詞用單複數都可以。

- Neither of my parents are/ is interested in sports.（我父母都不喜歡運動。）

G

關係子句中的主詞和述語的一致

在關係子句中，關係代名詞that, who, which等作主詞時，述語動詞的數應與先行詞的數一致。

- He is one of **the men who were** chosen to represent the group.
  （他是被選出來代表該組的人之一。）
- "Keep cool" is the first of **the rules that are** to be remembered in an accident.
  （「鎮定」是事故發生時應當切記的首要原則。）

2 意義一致原則

 T-63

有些名詞形式是單數，但表示複數意義；有些名詞形式是複數，卻表示單數意義。這種情況，述語動詞要採用意義一致的原則，也就是述語動詞的數必須和主詞的意義一致。

A

and 連接的兩個名詞作主詞

and連接的兩個名詞作主詞，述語動詞一般用複數，但and後的名詞前面沒有冠詞，指同一個人或同一件事，述語動詞應該用單數形式。

- **Li Lei and Jack are** good friends.（李雷和傑克是好朋友。）
- **A cart and horse was** seen in the distance.（看見遠處有輛馬車。）
- **A famous singer and dancer is** coming to our school.
  （一個著名的歌唱家兼舞蹈家要來我們學校。）

B

表示度量、時間等
的名詞複數作主詞

如果名詞片語的中心詞是表示度量、時間、價格、距離等的名詞複數時，述語動詞一般用單數形式。

- **Twenty years is** a long time.
（二十年是一段很長的時間。）
- **Ten dollars is** all I have left.
（我只剩下十美元了。）
- **A thousand miles is** not a long way for a plane.
（一千英里對於飛機來說不是一段很遠的距離。）

C

以 -ics/-s 結尾的
名詞作主詞

一些以-ics結尾的表示學科的名詞，如politics, economics, physics, mathmatics(maths)等，以及一些以-s結尾的名詞，如news（新聞），James（詹姆斯）等，屬於不可數名詞或專有名詞的詞作主詞時，述語動詞用單數。

- **Physics is** a science to the unknown world.
（物理是一門通向未知世界的科學。）
- **The news is** important for us.
（這則消息對我們來說很重要。）
- **James is** going to spend his holiday in Hawaii.
（詹姆斯要去夏威夷度假。）

D

集合名詞作主詞

❶ police, cattle, people 等集合名詞作主詞時，述語動詞用複數。
- **People** often **eat** sandwiches for lunch at work.
（人們上班時常吃三明治當午餐。）
- **The police have** caught the thief.
（警方抓住了那個賊。）

❷ 有些集合名詞，如 family, team, class, army, enemy, audience, company, government, group, commitee 等作主詞時，如果作為一個整體看待，述語動詞用單數形式；如就其中成員而言，述語動詞用複數。
- My **family** is a happy one.
　　→看作整體
（我家是一個快樂的家庭。）
- The whole **family** are having lunch.（全家人正在吃午飯。）
　　　　→強調個體成員

315

E

單複數同形的名詞 作主詞

單複數同形的名詞作主詞，應該根據表達的意義來決定述語動詞的數。

- **These means are** very good.（這些方法很好。）
- **Such a means is** really unpleasant.
  （這樣的方法確實令人感到不快。）

 ## 常用必備
常見單複數同形的名詞

- sheep（綿羊）
- means（方法）
- Chinese（中國人）
- crossroads（十字路口）
- deer（鹿）
- works（工廠）
- Japanese（日本人）
- series（系列）
- fish（魚）
- species（種類）
- Swiss（瑞士人）

F

有修飾語修飾或指 代的名詞作主詞

many, a great many, numbers of, a few, few, several等修飾或指代複數可數名詞作主詞時，述語動詞用複數形式；much, a great deal of等詞修飾或指代不可數名詞作主詞時，述語動詞用單數形式。

- **A great many people are** often willing to become white collar.
  （許多人都希望成為白領階級。）
- **Much money has** been spent on it.（把許多錢花費在這上面了。）
- **A great deal of rice was** taken from the country to the city by railway.
  （大量米糧經由鐵路從鄉下運往城市。）

G

既可修飾可數名詞，又可修飾不 可數名詞的詞（片語）作主詞

some(of), any(of), all(of), more, most(of), the rest(of), a lot of, lots of, plenty of等既可以修飾或指代可數名詞，又可以修飾或指代不可數名詞作主詞，述語動詞的單複數形式由被修飾或指代的名詞決定。

- **A lot of workers are** on strike for better pay.
  （許多工人為了爭取更高的酬勞而罷工。）
- **Lots of equipment is** needed in the factory.（工廠裡需要許多設備。）
- **All was** quiet in the street.（當時街上一切平靜。）
- **None of the money is** mine.（這筆錢沒有一分一毫是我的。）

H

分數或百分數等作主詞

分數或百分數等作主詞時，述語動詞要與它們所指代的名詞的數一致。

- **Nearly 50% of the land is** now suitable to grow plants.
（現在有將近 50% 的土地適合種植農作物。）
- **Two thirds of these tasks have** been done.
（這些任務已經完成了三分之二。）

I

a pair /pile/row...of 作主詞

「a pair /pile/row...of+複數可數名詞」作主詞，或「a pile of +不可數名詞」作主詞，述語動詞由pair/pile/row等的單複數形式而定。

- **One thousand pairs of** pants **are** made in our department each day.
（我們部門每天生產 1,000 條褲子。）
- **A pair of glasses is** lying on the floor.（地上有一副眼鏡。）
- There **are two piles of** stones on the way.（路上有兩堆石頭。）

J

「the＋形容詞」作主詞

「the+形容詞」作主詞時，如果指一類人，其述語動詞用複數形式；如果指抽象概念，述語動詞用單數形式。

- **The young are** more active than the old.（青年人比老年人更積極。）
- **The beautiful is** not always useful.（好看的並不都是有用的。）

K

並列結構作主詞

由as well as, with, along with, like, together with, rather than, except, but, including, plus, besides, in addition to, no less than等引起的結構跟在主詞後面，不能看作是並列主詞，主詞如果是單數，述語動詞仍然用單數形式。

- **Tom** as well as his parents **knows** it.
（湯姆和他父母都知道這件事。）
- **Nobody** but the twins **is** waiting at the bus stop.
（只有這對雙胞胎在車站等車。）
- **Mike**, like his brother, **enjoys** playing football.
（邁克像他哥哥一樣喜歡踢足球。）
- **Our school**, with some other schools, **was** built in the 1980s.（我們學校和其他一些學校建於一九八〇年代。）
- **The man** together with his wife and children **sits** on the sofa watching TV.（那個人和他妻子、孩子坐在沙發上看電視。）

3 就近一致原則

就近一致原則是指述語動詞的數與並列主詞中最靠近它的那個主詞保持一致。

A

or, either...or... 等連接兩個主詞
◀◀◀

當兩個主詞由 or, either...or..., neither...nor..., not only...but also..., whether...or...連接時，述語動詞和其最靠近的主詞保持一致。

- **Not only I but also Tom and Mary are** fond of watching television.
  （不僅我，湯姆和瑪莉也都喜歡看電視。）
- **Either I or Mary has** the chance to work in this company.
  （不是瑪麗就是我有機會在這家公司上班。）
- **Neither** Friday **nor Sunday is** OK.
  （星期五和星期天都不行。）

失分陷阱 not only...but also... 的動詞易選錯

由 not only...but also... 連接並列主詞時，述語動詞就最近的主詞「Tom and Mary」一致，所以用複數的 are。

B

there be 句型中
◀◀◀

there be句型中，be的單複數形式取決於它後面的主詞，如果它後面是由and連接的並列主詞，就應該跟最靠近的那個主詞保持一致。

- **There is a supermarket** and four small shops near here.
  （附近有一家超市和四家小商店。）
- **There are four chairs** and a table in the room.
  （房間裡有四把椅子和一張桌子。）

巧學妙記

主詞和述語的一致

不定詞、不可數，時間距離為單數；幾加幾等於幾，複合代詞同上述；
主詞若用 and 連，同一概念也用單；倘若概念不相同，動詞複數才能用。
主詞若用 neither...nor..., either...or..., not only...but also... 等詞連，就近原則記心間。
有些名詞述常複，people, police 請記住。以上幾點供參考，規律還靠平時找。

考題演練

(1) The news _____ very interesting! Tell me more!

    A. is   B.are   C.were   D.was

(2) I hear one third of the books in Taipei Public Library _____ new. Let's borrow some.

    A. is   **B.** are   **C.** was   **D.** were

(3) —A number of students _____ in the dinning hall.

    —Let me count. The number of the students _____ about 400.

    A. are; is   **B.** is; are   **C.** are; are

(4) The Greens _____ dinner in the kitchen now.

    A. is having   **B.** having   **C.** are having

(5) In the coming summer holidays, my family _____ going to take a one-week trip to Kinmen.

    A. is   B.are   C.was   **D.** were

(6) How time flies! Three years _____ really a short time.

    A. is   B.are   C.was   **D.** were

(7) The woman behind the girls _____ a famous actress.

    A. is   B.are   C.has   **D.** have

(8) —He is a doctor and his brother is a doctor, too.

    —You mean both he and his brother _____ doctors, right?

    A. is   B.be   C.are   **D.** was

(9) Now the students each _____ an English-Chinese dictionary.

    A. has   B.have   C.is having   **D.** are having

(10) Either Tom or she _____ going to the party next week. One of them must stay at home.

    A. are   B.was   C.is

(1) All the students and their teachers _____ interested in the film they saw yesterday evening.

    A. is   **B.** will be   **C.** was   **D.** were

(2) Listen! Someone _____ in the next room.

    A. cry   **B.** is crying   **C.** are crying   **D.** crying

(3) —How much _____ the shoes?

    —Five dollars _____ enough.

    A. is; is   **B.** are; is   **C.** are; are   **D.** is; are

(4) There _____ a lot of snow in this area in winter every year.

    A. is   **B.** was   **C.** are   **D.** were

(5) Physics _____ more interesting than maths, I think.

    A. are   **B.** is   **C.** was   **D.** were

(6) In fact, there wasn't so much _____ in the city as they had expected.

    A. rain   **B.** fish   **C.** problems   **D.** cars

(7 Nobody except you _____ late for the meeting yesterday afternoon.

    A. was   **B.** were   **C.** is   **D.** are

(8) Neither Linda nor Ann _____ to school by bus.

    A. is   **B.** are   **C.** goes   **D.** go

答案・解說 ①

■ (1) **A** (2) **B** (3) **A** (4) **C** (5) **B** (6) **A** (7) **A** (8) **C**
(9) **B** (10) **C**

(1) 題意:「這則消息很有趣!多講些給我聽吧!」news 是不可數名詞,意為「新聞,消息」,作主詞時,動詞用單數。

(2) 題意:「我聽說台北國家圖書館裡有的書是新書。我們去借一些吧。」由題意可以知道,用一般現在式,且一般動詞與 of 後面的名詞一致,所以述詞用 are。

(3) 題意:「餐廳裡有許多學生。」「讓我數數。學生人數是 400 左右。」「a number of+ 名詞複數」作主詞,動詞用複數;「the number of+ 名詞複數」作主詞,動詞用單數。

(4) 題意:「格林一家人正在廚房吃飯。」在姓氏的複數形式前用定冠詞 the 表示「一家人」或「夫婦倆」,作主詞時,動詞用複數。

(5) 題意:「在即將到來的這個暑假,我們一家人打算去金門度一星期的假。」集合名詞 family 作主詞時,如果作為一個整體看待,動詞用單數;但是,如果著重在組成該集體的各個成員時,動詞用複數。本題側重指家裡的各個成員,所以動詞用複數;又根據句首的時間副詞可以知道答案要選 B。

(6) 題意:「時光飛逝!三年一眨眼就過了。」一段時間作主詞,視為一個整體,動詞用單數;又因講述的是客觀情況,所以用一般現在式。

(7) 題意:「在女孩們後面的女士是一位著名的演員。」behind the girls 作限定詞,修飾 the woman;the woman 作主詞,一般動詞用單數,且用聯繫動詞。

(8) 題意:「他是個醫生,他弟弟也是個醫生。」「你的意思是說,他和他的弟弟都是醫生,對不對?」以 both...and... 連接的名詞性片語作主詞時,動詞用複數形式。

(9) 題意:「學生們現在每人都有一本英漢詞典。」句子的主詞是 students,each 作主詞的同位語,所以動詞用複數形式;根據時間副詞判斷用一般現在式,所以選 B。

(10) 題意:「湯姆或她下週得去參加晚會,他們其中一人必須留在家裡。」either...or... 在連接並列主詞時,動詞的單複數取決於與它靠得最近的主詞的單複數,而且這句是將來時。

答案・解說②

█ (1) **D** (2) **B** (3) **B** (4) **A** (5) **B** (6) **A** (7) **A** (8) **C**

(1) 題意：「所有的學生和他們的老師對昨晚的電影都很感興趣。」主詞為 and 連接的兩個並列成分，動詞用複數形式；據題意為一般過去式，所以選 D。

(2) 題意：「聽！隔壁有人在哭。」主詞 someone 意為「某人」，是表示單數意義的不定代名詞，作主詞時動詞也用單數形式；listen 放在句首大多是現在進行式的標誌，所以選 B。

(3) 題意：「這雙鞋多少錢？」「五美元就行了。」問句中的主詞 the shoes 是複數可數名詞，動詞 be 要用 are；表示數量、價格等的複數名詞片語作主詞時，應看作一個整體，動詞用單數形式，所以選 B。

(4) 題意：「這地區每年冬天都會降大量的雪。」根據 every year 可以知道，這裡需要用一般現在式，所以排除 B、D 兩項；there be 句型中 be 的形式要由後面的名詞來決定，主詞 snow 是不可數名詞，所以用 is。

(5) 題意：「我認為物理比數學有趣多了。」表示學科的名詞 physics，雖然是以 -s 結尾，但意義上是單數，作主詞時，動詞用單數形式，所以選 B。

(6) 題意：「事實上，這個城市的降雨量沒有他們所預料的那麼大。」there be 句型中 be 的形式要跟它後的名詞保持人稱和數的一致，be 動詞為單數，而且有 so much 修飾，空格處應該填不可數名詞，所以選 A。

(7) 題意：「昨天下午的會議，除了你以外沒有任何人遲到。」由句末的 yesterday afternoon 可以知道，這一句是一般過去式；名詞或代名詞後面有 except 介系詞片語時，動詞應該和它前的名詞或代名詞在人稱和數上保持一致。

(8) 題意：「琳達和安上學都不搭公車。」neither...nor... 並列兩個名詞作主詞時，動詞的數要跟最靠近的主詞保持一致。

受詞子句

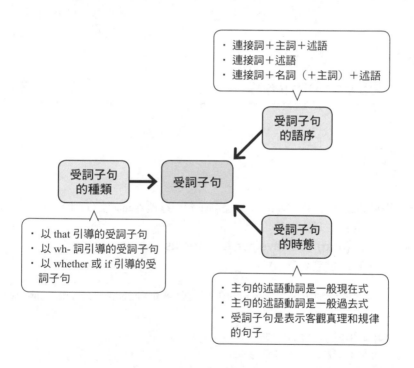

- 連接詞＋主詞＋述語
- 連接詞＋述語
- 連接詞＋名詞（＋主詞）＋述語

受詞子句的語序

受詞子句的種類 → **受詞子句**

- 以 that 引導的受詞子句
- 以 wh- 詞引導的受詞子句
- 以 whether 或 if 引導的受詞子句

受詞子句的時態

- 主句的述語動詞是一般現在式
- 主句的述語動詞是一般過去式
- 受詞子句是表示客觀真理和規律的句子

受詞子句就是在複合句中起受詞作用的子句。受詞子句有三種類型：以從屬連接詞 that 引導的受詞子句、以 wh- 詞（連接代名詞或連接副詞）引導的受詞子句、以從屬連接詞 whether 或 if 引導的受詞子句。受詞子句可以作及物動詞的受詞、介系詞的受詞和形容詞的受詞。有時可用 it 代替受詞子句，這時將子句放在句尾。

受詞子句的種類

T-65

A

以 that 引導的受詞子句
◀◀◀

❶ that 引導的通常是由敘述句充當的受詞子句。這裡的 that 沒有實際意義，在口語和非正式文體中可以省略。

- I'm glad **(that)** you have come to see us.
（我很高興你來看我們。）

❷ 由 that 引導的受詞子句，其主句的動詞主要是 think, hope, say, tell, know, see, hear, mean, feel, wish 等。

- I **hope that** you can pass the exam.
（我希望你能通過這次的考試。）
- We all **know that** success calls for hard work.
（我們都知道成功需要付出辛苦的努力。）

❸ 由 that 引導的受詞子句，其主句的動詞也可以是聯繫動詞 be 加 afraid, sorry, sure, glad, happy, angry, worried 等形容詞。一般而言，這些形容詞大都描述主詞的精神狀態或感情狀態。其後的 that 子句說明產生這些情緒的原因。

- It**'s true that** some ads can be very useful.
  （確實，有時候廣告很有用。）
- I**'m afraid that** you can't smoke here.
  （抱歉，你不能在這裡抽菸。）

❹ 不能省略 that 的情況

ⓐ 子句的主詞是 that/this 時，that 不可以省略。

- The teacher said **that** that word was wrong.
  （老師說那個單字是錯的。）
- He said **that** this was not his book but his sister's.
  （他說這不是他的書，而是他姐姐的書。）

ⓑ 如果出現兩個或兩個以上的 that 受詞子句，且由對等連接詞連接時，只有第一個 that 可以省略，其餘需要保留。

- She said **(that)** she would come and **that** she would also bring her son.
  （她說她要來，還要帶她的兒子來。）

ⓒ 如果 that 子句中含有主從複合句時，that 不可以省略。

- Our teachers believe **that** if we did that, we would concentrate more on our studies.
  （我們老師確信如果我們那麼做，我們會更專心學習。）

ⓓ 主子句之間有插入語時，that 不宜省略。

- It says here, on this card, **that** it was used in plays.
  （卡片上寫著那是用於以前的遊戲裡。）

ⓔ 當 it 作形式受詞，後接 that 引導的受詞子句時，that 不宜省略。

- We have made **it** clear **that** we will learn to deal with various difficult problems.
  （我們已經聲明，我們將學會處理各種難題。）

B

以 wh- 詞引導的
受詞子句
◀◀◀

wh-子句原本是特殊疑問句，變成受詞子句後，語序由原來的疑問語序變成敘述語序，連接代名詞或連接副詞作引導詞，而且在受詞子句中充當句子成分。

常見的連接代名詞有what, who, whom, whose, which；連接副詞有when, where, how, why, how many, how much, how old, how long等。

❶ 連接代名詞引導的受詞子句

連接代名詞在受詞子句中可作主詞、受詞、主詞補語和限定詞等，不能省略。

- But they are always talking about **what** will happen if I don't succeed.
  └────→作主詞
  （但他們總是談論如果我沒成功會怎麼樣。）

- You know **what** you want.
  └──→作受詞
  （你知道你要的是什麼。）

- You can tell **which** planet is Mars because it is bright red in the night sky.
  └────→作限定詞
  （你可以分辨出哪個是火星，因為在夜空中它是鮮紅色的。）

- Could you tell me **whose** these books are on the desk?
  └────→作限定詞
  （你能告訴我書桌上的這些書是誰的嗎？）

- I don't know **whom** you should depend on.
  └──→作受詞
  （我不知道你應該依靠誰。）

- Do you know **who** has won the match?
  └──→作主詞
  （你知道誰贏了比賽嗎？）

❷ 連接副詞引導的受詞子句

連接副詞在受詞子句中作副詞，不可省略。

- Could you please tell me **where** I can get a dictionary?
  （請告訴我在哪裡可以買到字典嗎？）

- We decided to talk to some students about **why** they go there.
  （我們決定和一些同學討論一下他們為什麼會去那裡。）

- They haven't decided **how** they will go to Brazil.
  （他們還沒決定如何去巴西。）

- He didn't tell me **how often** he went to the cinema.
  （他沒告訴我他多久去一次電影院。）

❸ **連接代名詞或連接副詞引導的受詞子句的動詞**

　　可用連接代名詞或連接副詞引導的受詞子句的動詞或片語動詞有see, say, tell, ask, answer, know, decide, find out, show, remember, choose, understand等。

- Could you **tell** me who he is?
（你能告訴我他是誰嗎？）
- They haven't **decided** how they will go to Brazil.
（他們還沒決定如何去巴西。）

❹ **特殊疑問句變受詞子句的注意事項**

ⓐ 在引導詞上，要將疑問代名詞或疑問副詞變成連接代名詞或連接副詞，引導受詞子句。

- Whose bike is this? Does anybody know?
→ Does anybody know **whose** bike this is?
（有誰知道這輛腳踏車是誰的？）

ⓑ 受詞子句的時態應該跟主句保持一致。

- When will the train arrive? He asked me.
→ He asked me when the train **would** arrive.
（他問我火車什麼時間抵達。）

ⓒ 在語序上，要將疑問句語序改為敘述句語序。

- Which one do you like best? She asked me.
→ She asked me **which one I liked best**.
（她問我最喜歡哪一個。）
- Who can answer the question? The teacher asked.
→ The teacher asked **who could answer the question**.
（老師問誰能回答這個問題。）

 特殊疑問詞作主詞
特殊疑問詞在句中作主詞，變成受詞子句時語序不變。

ⓓ 特殊疑問句變成受詞子句後，用問號還是用句號完全取決於主句的句式。

- I don't know **when** we shall start tomorrow.
（我不知道我們明天什麼時候出發。）
- Do you know **when** we shall start tomorrow?
（你知道我們明天什麼時候出發嗎？）

C

一般疑問句變成受詞子句後，語序由原來的疑問語序變成敘述語序，並由連接詞if或whether引導，if和whether都可以作受詞子句的引導詞，意為「是否」，在一般情況下可以互換。

- Please let us know **if/whether** it's best to travel by plane.
  （請讓我們知道搭飛機是不是最佳的旅遊方式。）
- Could you please tell me **if/whether** there are any good museums around here?（能請你告訴我這附近是否有好的博物館呢？）

❶ 在下列五種情況下，只能用 whether，不能用 if：

ⓐ 在帶 to 的不定詞前。

- He doesn't know **whether to go** to the cinema or **to watch** TV at home.
  （他不知道該去看電影還是該在家看電視。）

ⓑ 在介系詞後面。

- I'm thinking **of whether** we should go fishing.
  （我正在想我們是不是該去釣魚。）
- I'm not interested **in whether** she'll come or not.
  （不管她來或不來，我都不感興趣。）

ⓒ 直接與 or not 連用時。

- I can't say **whether or not** he will come on time.
  （我不確定他能否準時抵達。）
- I don't know **whether or not** they will come to help us.
  （我不知道他們會不會來幫我們。）

ⓓ 在動詞 discuss 後面的受詞子句中。

- We **discussed whether** we would have a sports meeting next week.
  （我們討論了下週是否舉行運動會。）

ⓔ 受詞子句提前時只能用 whether。

- **Whether this is true or not**, I can't say.
  （這是不是真的，我不確定。）

ⓕ 用 if 會引起歧義時。

- Could you tell me **whether** you know the answer?
  （能告訴我你知不知道答案嗎？）〔也可譯為：你能告訴我你是否知道答案嗎？〕
- Could you tell me **if** you know the answer?
  （如果你知道答案，可以告訴我嗎？）

❷ 在下面兩種情況下用 if，不用 whether：

ⓐ 引導條件副詞子句時。

- **If** you say to your teacher "Where is my book?" , this will sound rude.
（如果你對你的老師說「我的書在哪裡？」，這樣聽起來很沒禮貌。）

- **If** you're even fifteen minutes late, your friend may get angry.
（如果你遲到 15 分鐘，你的朋友可能會生氣。）

ⓑ 引導否定概念的受詞子句時一般用 if。

- He asked me **if** I **hadn't** finished my homework.（他問我是不是沒做完作業。）

 # 受詞子句的語序

 T-66

在受詞子句中需用敘述句語序，不用倒裝語序。

A

> 連接詞＋主詞＋述詞

連接詞在子句中作受詞、副詞或主詞補語。常見的連接詞有 that（不作成分）, who/whom, what, which, how many, how much, when, why, how, where, if/whether（不作成分）等。

- Excuse me, I wonder **if** you can help me.
（打擾一下，能不能請你幫我。）
- Ads also tell you **when** stores are having sales.
（廣告還能告訴你商店什麼時候有特價商品。）
- He didn't tell me **how often** he went to the cinema.
（他沒告訴我他多久去一次電影院。）

B

> 連接詞＋述詞

連接詞在子句中作主詞。常見的連接詞有 who, what, which等。

- Do you know **who** will be our new English teacher next year?
（你知道明年誰擔任我們英文課的新老師嗎？）

C

> 連接詞＋名詞
> （＋主詞）＋述詞

連接詞在子句中作受詞、主詞補語或主詞的限定詞。常見的連接詞有 whose, what, which, how many, how much等。

- I'm not sure **which** watch is better. （我不確定哪支手錶比較好。）
- We haven't decided **how many** presents we should buy.
（我們還沒有決定應該買多少禮物。）

3 受詞子句的時態

T-67

受詞子句的述語動詞的時態常常受到主句述語動詞的影響，因而在使用時要注意主子句兩部分的時態保持一致。

A

> 主句的述語動詞是
> 一般現在式

當主句的述語動詞是一般現在式的時候，其受詞子句的時態可以是任何適當的時態。

- I **wonder** how far **it is** from here to Keelung.
  （我想知道從這裡到基隆有多遠。）
- I **feel they didn't** think at all.（我覺得他們根本沒考慮。）
- I **think there will be** more tall buildings.
  （我認為將有更多的高樓大廈出現。）

B

> 主句的述語動詞是
> 一般過去式

當主句的述語動詞的時態是一般過去式的時候，其受詞子句的時態一般要用某一適當的過去時態。

- I **told** them that I **worked** hard at school.
  （我告訴他們，我在學校很努力學習。）
- She **said** she **was having** a party for Lana.（她說她當時正在為拉娜舉行派對。）
- Lana **said** that she **wouldn't go** to Marcia's house on Friday night.
  （拉娜說星期五晚上她不去瑪西雅家了。）

C

> 受詞子句是表示客觀
> 真理和規律的句子

當受詞子句是表示客觀真理和規律的句子時，時態要用一般現在式。

- The teacher told us the earth **moves** around the sun.
  （老師告訴我們地球繞著太陽轉。）
- He said that light **travels** much faster than sound.
  （他說光比聲音傳播得快多了。）

巧學妙記

受詞子句

受詞子句三注意，時態、語序、引導詞。
主句若是過去式，主從時態要一致。受詞表達是真理，一般現在代過去。
引導詞也不難，敘述要用 that 連。一般問句表「是否」，if 或 whether 來引導。
特殊問句作賓從，疑問詞引導就能行。還有一點要說明，敘述語序要記清。

考題演練

■ （一）高中入試考古題：Choose the correct answer.（選擇正確的答案）

(1) I can't remember _____ I put the book, and I need it for my homework now.

    A. where   **B.** how   **C.** what   **D.** why

(2) Most children are interested in amazing things, and they wonder _____.

    A. when can they see UFOs

    B. how can elephants walk on tiptoe

    C. why do fish sleep with their eyes open

    D. why there is no plant life without lightning

(3) —I wonder_____.

    —I'm afraid we'll be late.

    A. how we can be on time

    B. what we are going to do

    C. why we get to school late

    D. if we will arrive at the meeting on time

(4) —Could you please tell me _____?

    —Sorry, you can turn to Mr Lee for help.

    A. how long can man live without water

    B. whether Yao Ming would play for Rockets or not

    C. how I can keep myself safe from the flu

    D. why did a serious traffic accident happen in there

(5) —Do you know _____ tomorrow?

    —At 8 o'clock.

    A. when did she come   **B.** when she came

    C. when will she come   **D.** when she will come

(6) —Do you know _____ the Great Wall is?

    —I think it's more than 5,000 kilometers long.

    A. how deep   **B.** how wide   **C.** how far   **D.** how long

(7) We'll plant trees tomorrow, and I don't know _____ Tom will come and join us.

    A. if   **B.** which   **C.** what   **D.** where

(8) I didn't see Laura at the party last night. Do you know_____?

    A. why didn't she come   **B.** what happened

    C. when would she arrive   **D.** where she has been

(9) I don't know the girl in red. Could you tell me _____?

    A. what is her name   **B.** how old is she

    C. who is she   **D.** where she comes from

(10) —May I come in? I'm sorry I am late.

    —Come in, please. But could you please tell me _____?

    A. how do you come to school   **B.** what were you doing then

    C. who you talked with   **D.** why you are late again

▶（二）模擬試題：Choose the correct answer.（選擇正確的答案）

(1) He said he _____ the teacher about it.

    A. has told   **B.** tells   **C.** is telling   **D.** had told

(2) The teacher said that the moon _____ the earth.

    A. circles   **B.** circled   **C.** circling   **D.** circle

(3) She didn't tell us _____.

    A. how is the patient   **B.** how old was the patient

    C. how old the patient was   **D.** how was the patient

(4) —Do you know _____? I'm going to see him.

    —Sorry, I don't know.

    A. where does Mr Li live   **B.** where did Mr Li live

    C. where Mr Li lives   **D.** where Mr Li lived

(5) Great changes have taken place in that country. Who can tell _____ it would be like in _____five years.

    A. how; other   **B.**what; more   **C.**how; another   **D.**what; another

(6) Please tell me _____ the Central Hospital.
　　A. how can I get to　　　　　　　　**B.** how get to
　　C. how I can get to　　　　　　　　**D.** I how get

(7) Can you tell me _____ lives in the house?
　　A. whom　　　　**B.** who　　　　**C.** whose　　　　**D.** which

(8) —Have you finished the work yet?
　　—No. Can you tell me _____?
　　A. how should I do next　　　　　　**B.** what I should do it next
　　C. how I should do it next　　　　　**D.** what should I do next

(9) —Excuse me. Could you tell me _____?
　　—Yes. There is a video shop on River Road.
　　A. where can I buy some CDs　　　　**B.** where I can buy some CDs
　　C. when can I buy some CDs　　　　　**D.** when I can buy some CDs

(10) I always remember what she _____ when I saw her for the first time.
　　A. does　　　　**B.** is doing　　　　**C.** was doing　　　　**D.** has done

1

2

3

4

5

6

7

8

9

10

11

12

13

14

15

16

17

18

19

20

答案・解說 ①

■ (1) **A** (2) **D** (3) **D** (4) **C** (5) **D** (6) **D** (7) **A** (8) **B**
(9) **D** (10) **D**

(1) 題意：「我不記得把書放在哪裡了，我現在寫作業需要它。」受詞子句中缺少地點副詞，所以選 A。how 表示方式；what 不作副詞；why 表示原因。

(2) 題意：「大多數的孩子對奇特的事物感興趣，他們想知道為什麼沒有閃電植物就不能生存。」受詞子句用陳述語序，排除 A、B、C 三項。

(3) 題意：「我想知道我們是否能準時參加會議。」「恐怕我們會遲到。」根據答語中的 we'll be late 可以知道，D 項「我們是否能準時參加會議」，符合題意。A 項意為「我們如何才能準時趕到」，表示方式；B 項意為「我們打算做什麼」，表示要做的事情；C 項意為「我們為什麼上學遲到」，表示原因。

(4) 題意：「你能告訴我怎樣才能預防流感嗎？」「對不起，你可以找李先生幫忙。」受詞子句應該用陳述語序，排除 A、D;根據答語 you can turn to Mr Lee for help 可以知道，問句是尋求幫助，所以選 C。

(5) 題意：「你知道明天她什麼時候到嗎？」「8 點。」受詞子句用陳述語序，排除 A、C;根據時間副詞 tomorrow 及主句時態可以知道，應該用一般未來式，所以選 D。

(6) 題意：「你知道長城有多長嗎？」「我想它有 5,000 多公里長。」根據答語中的 more than 5,000 kilometers long 可以知道，詢問的是長度，用 how long。how deep「多深」；how wide「多寬」；how far「多遠」。

(7) 題意：「我們明天要種樹，我不知道湯姆是否會來加入我們。」受詞子句有對某情況的是還是不是的不確定含義，所以用 if「是否」。which「哪一個」;what「什麼」;where「什麼地方；哪裡」。

(8) 題意：「我昨天晚上在派對上沒看到蘿拉。你知道發生什麼事了嗎？」受詞子句用陳述語序，排除 A、C 兩項；D 項時態不對，所以選 B。

(9) 題意：「我不認識那個穿紅衣服的女孩。能告訴我她是哪裡人嗎？」受詞子句用陳述語序，排除 A、B、C 三項。

(10) 題意：「我可以進來嗎？很抱歉我遲到了。」「請進。但能告訴我你為什麼又遲到了嗎？」受詞子句用陳述語序，所以排除 A、B 兩項；根據主句時態判斷子句用一般現在式，所以選 D。could 在這裡不是過去式，而是表示客氣、委婉的語氣。

答案・解說②

■ (1) **D** (2) **A** (3) **C** (4) **C** (5) **D** (6) **C** (7) **B** (8) **C**
(9) **B** (10) **C**

(1) 題意：「他說他已經把這件事告訴老師了。」主句是過去時態，子句也應該是過去的一種時態，所以選 D。

(2) 題意：「老師說月球繞著地球轉。」如果受詞子句表示的是客觀事實、自然現象等，子句應該用一般現在式；the moon 為單數形式，動詞應該用單數形式。

(3) 題意：「她沒有告訴我們這個病人的年齡。」受詞子句用陳述語序，所以選 C 項。

(4) 題意：「你知道李先生住哪裡嗎？我要去看望他。」「抱歉，我不知道。」特殊疑問句作 know 的受詞，要用陳述語序；根據語境可以知道應該用一般現在式。

(5) 題意：「那個國家已經發生了巨大變化。誰能斷定 5 年以後會是什麼樣子。」疑問代名詞 what 作 like 的受詞，引導受詞子句；「another+ 基數詞（one 除外）+ 名詞複數」表示「另外的（多少）…」。

(6) 題意：「請告訴我，我該怎麼去中心醫院。」受詞子句中用陳述語序，即「連接詞+主詞+述詞」，所以選 C。

(7) 題意：「你能告訴我誰住在這間房子裡嗎？」受詞子句的連接詞要在子句中作主詞，who 符合題意。whom 在子句中只能作受詞；whose 在子句中只能作限定詞；which「哪一個」，不符合題意，所以選 B。

(8) 題意：「你工作做完了嗎？」「沒有，你能告訴我接下來怎麼做嗎？」受詞子句應用陳述語序，所以排除 A、D 兩項；B 項 what 作為連接代名詞在子句中作受詞，應該把 it 去掉；C 項 how 作為連接副詞在子句中作副詞，是正確的表達方式。

(9) 題意：「打擾了，你能告訴我哪裡可以買到雷射唱片嗎？」「在河流路這條街上有一家唱片行。」受詞子句要用敘述句語序，根據答語可以知道是對地點的詢問，所以選 B。

(10) 題意：「我永遠記得我第一次見她時她在做什麼。」表達過去某一時刻正在進行的動作用過去進行式，所以選 C。

副詞子句

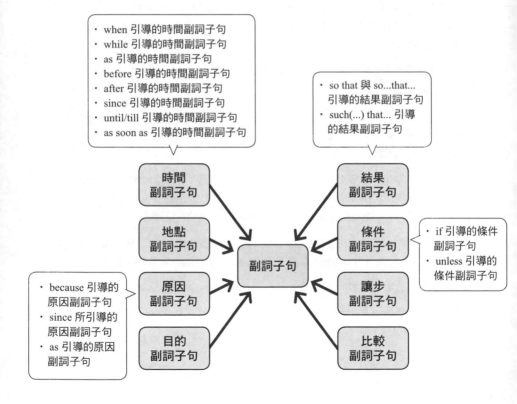

- when 引導的時間副詞子句
- while 引導的時間副詞子句
- as 引導的時間副詞子句
- before 引導的時間副詞子句
- after 引導的時間副詞子句
- since 引導的時間副詞子句
- until/till 引導的時間副詞子句
- as soon as 引導的時間副詞子句

- so that 與 so...that... 引導的結果副詞子句
- such(...) that... 引導的結果副詞子句

時間副詞子句

結果副詞子句

地點副詞子句

條件副詞子句

- if 引導的條件副詞子句
- unless 引導的條件副詞子句

副詞子句

- because 引導的原因副詞子句
- since 所引導的原因副詞子句
- as 引導的原因副詞子句

原因副詞子句

讓步副詞子句

目的副詞子句

比較副詞子句

　　副詞子句就是在句中起副詞作用的子句。由於功能跟副詞非常相近，所以有時也被稱為副詞性子句。一般可分為時間副詞子句、地點副詞子句、原因副詞子句、目的副詞子句、結果副詞子句、條件副詞子句、讓步副詞子句、比較副詞子句等。

　　副詞子句可以位於句首、句中或句尾。位於句首時，通常有逗號和主句隔開；位於句中時，子句前後需用逗號；位於句尾時，子句的前面可以不用逗號。

時間副詞子句

A

when 引導的時間副詞子句

　　when意為「當…時」，引導時間副詞子句，表示主句的動作和子句的動作同時或先後發生。子句可以用持續性動詞，也可以用終止性動詞。

- She was only twelve **when** she won the diving prize in Australia.
  （當她在澳洲贏得跳水獎項時只有 12 歲。）
- **When** Linda shouted his name, some people looked at her.
  （當琳達大喊他的名字時，一些人看向她。）
- We were having fun in the playground **when** the bell rang.
  （鈴響時我們正在操場上玩耍。）
- He was working at the table **when** I went in.
  （我進去的時候他正在桌前工作。）

Extension【延伸學習】

when 也可以作對等連接詞，表示一個動詞正在進行的時候，突然間發生了另外一件事。

I was fishing by the river **when** someone called for help.
（我在河邊釣魚時，突然有人喊救命。）

B

| while 引導的時間副詞子句 |

while引導的時間副詞子句，常譯為「與…同時；在…期間」，子句中常用持續性動詞或表示狀態的詞。

注意一下 **while 也可以作對等連接詞**

while 也可以作對等連接詞，表轉折關係，相當於 but，譯為「然而」。

· I like tea while she likes coffee.(我喜歡喝茶，而她喜歡喝咖啡。)

• He rushed in **while** we were discussing the problems.
（我們正在討論問題時，他衝了進來。）

• I met her **while** I was at school.
（我在學校遇見了她。）

C

| as 引導的時間副詞子句 |

as引導時間副詞子句，可以表達「當…時」、「一邊」、「隨著」等意思。

注意一下 **as, when 和 while 的區別**

三者都表示主、子句的動作或狀態同時發生，但差別在：

■ 如果主、子句表示的是兩個同時進行，而且是對比的短暫性動作，含有「一邊…一邊…」意思時，用 as。

· She sang as she went along.
（她邊走邊唱。）

■ 如果表示主子句的動作不是同時發生，而是有先後順序，一般用 when。

· I will go home when he comes back.
（他回來時，我就回家去。）

■ 如果表示時間較長的狀態，一般用 while的。

· I always listen to the radio while I'm driving.(我總是一邊開車一邊聽收音機。)

• **As** the sun rose, the fog disappeared.
（太陽一出來霧就散去了。）

• John sings **as** he works.
（約翰一邊工作一邊唱歌。）

• **As** I grew older, my interest in radio grew.
（隨著年齡的增長，我對收音機也越來越感興趣。）

D

| before 引導的時間副詞子句 |

before意為「在…之前」，引導時間副詞子句時，表示主句的動作發生在子句的動作之前。

• We went skating in the afternoon **before** the party started.
（下午派對開始前我們去滑冰了。）

• It was ten years **before** we met again.
（十年後我們才重逢。）

E

| after 引導的時間
副詞子句 |

after意為「在…之後」，引導時間副詞子句時，表示主句的動作發生在子句的動作之後。

- Our country and families took good care of us **after** we returned.
（我們回來後，我們國家及家人把我們照顧得很好。）

- He called me **after** he had finished his work.
（工作結束後，他打了電話給我。）

F

| since 引導的時間
副詞子句 |

這時候since常譯為「自從…」，表示自從過去的一個時間點到目前（說話時間）為止的一段持續時間。主句一般用現在完成式，子句用一般過去式。

- He **has been** in Taipei **since** he **was** born.
（他從一出生就住在台北。）

- He**'s been** collecting kites **since** he **was** ten years old.（他從 10 歲起就開始收集風箏。）

 It is/has been+ 時間段 +since 子句

「It is/has been +時間段+ since 子句」常譯為「自從…有多長時間了」。

- It's been five days <u>since</u> they landed on Mars.（自從他們登陸火星已有 5 天了。）

G

| until/till 引導的時
間副詞子句 |

until/till意為「直到…時」，引導時間副詞子句時，表主句的動作發生在子句的動作之前。當主句的述語動詞是持續性動詞時，主句常用肯定形式；當主句的述語動詞是非持續性動詞時，主句常用否定形式，not... until... 意為「直到…才…」。

- You must wait **until/till** it's exactly twelve o'clock.
（你必須等到 12 點整。）

- He **didn't** go to bed **until/till** he finished his homework.
（他做完作業後才去睡覺。）

H

| as soon as 引導的
時間副詞子句 |

as soon as意為「一…就…」，表示子句的動作一發生，主句的動作馬上就發生。

- **As soon as** the party began, my best friend arrived.
（派對一開始，我最好的朋友就到了。）

 常用副詞子句的時態

主句動作過去式，子句時態要一致。主句動作將發生，將來時態常常用，時間條件子句中，現在時態要記清。

地點副詞子句

在句中作地點副詞的子句稱為地點副詞子句。

常由where, wherever（=no matter where）, anywhere, everywhere, nowhere等引導。地點副詞子句可以置於句首、句中或句尾。

- Put it **where** we can see it.
（把它放在我們看得到的地方。）
- I will follow you **wherever** you go.（無論你到哪裡，我都會追隨你。）

 原因副詞子句

在句中作原因副詞的子句稱為原因副詞子句。

原因副詞子句可以置於句首，也可以置於句尾。

A

because 引導的原因副詞子句

because是表示因果關係的語氣最強的字，用來回答why的問句，所引出的原因往往是聽話人所不知道或最感興趣的。because引導的原因副詞子句，往往比主句顯得更重要。

- —Why did you take a taxi?
（你當時為什麼搭計程車？）
- —**Because** I wanted to get there quickly.
（因為我想儘快到那裡。）
- They had to walk home **because** the last bus had left.
（因為最後一班車開走了，所以他們只好走路回家。）

B

since 引導的原因副詞子句

since表示人們已知的事實、不需要強調的原因，所以常譯成「既然…」，通常放在句首。since引導的子句是次要的，重點在強調主句的內容。

- **Since** he was busy, he didn't come.
（他因為忙而沒來。）
- **Since** you are free tonight, why not drop in and play chess with me?
（既然你今晚沒事，為什麼不順道來跟我下棋呢？）

注意
一下 **不能在同一句子裡**

because 和 so 不能同時用在一個句子裡。

失分
陷阱 **because 表直接原因**

副詞子句由從屬連接詞引導，從屬連接詞在句中不作句子成分，只具有連接作用。because 引導的原因副詞子句，表示直接的原因。

注意
一下 **since 跟 as**

如果 since 跟 as 表示原因時，通常放在句首。

C

as 引導的原因副詞子句

as與since的用法差不多，所引出的理由在說話人看來已經很明顯，或已為聽話人所熟悉而不需要用because加以強調。

- I left a message **as** you weren't there.

  （你不在，我於是留了字條。）

- **As** all the seats were full, he stood up.

  （由於所有的位子都坐滿了人，所以他站著。）

4 目的副詞子句

 T-71

在句中作目的副詞的子句稱為目的副詞子句。

常用來引導目的副詞子句的連接詞有so, so that, in order that等。子句中多有can, will, may, should等情態動詞。目的副詞子句通常置於主句之後。in order that意為「為了」，常用在正式文體，可以置於句首，也可以置於句尾，而so that往往只置於句尾，但也有置於句首的。so that片語中有時可省略that。

- He wants to give most of his money away **so that** he can help the poor people.

  （他想把他的大部分錢都捐出去幫助窮人。）

- She worked hard **so that** she could become a doctor.

  （她為了成為醫生而努力學習。）

- They left early **in order that** they would arrive on time.

  （他們早早動身以便準時到達。）

5 結果副詞子句

在句子中作結果副詞的子句稱為結果副詞子句。

結果副詞子句一般置於句尾。常用來引導結果副詞的連接詞或片語有so that, so... that..., such that, such... that...等。

A

> so that 與 so...that... 引
> 導的結果副詞子句

❶ so that 引導結果副詞子句，意為「因此；所以」。在口語中，that 常省略。

- No one can run faster than a car **so (that)** he thought he would win the bet.
  （沒人能跑得比汽車快，所以他認為這個打賭會贏。）
- We arrived early in the morning, **so that** we caught the first bus.
  （我們早上起得很早，所以趕上了首班公車。）

❷ so...that... 引導結果副詞子句，意為「如此…以至於…」，在口語中，that 常可省略。so...that... 可以構成如下結構：

$$
so + \begin{cases} 形容詞 / 副詞 \\ many/few （＋可數名詞複數） \\ much/little （＋不可數名詞） \\ 形容詞＋ a/an ＋可數名詞單數 \end{cases} + （that）＋ 子句
$$

- It was **so cold that** he had to buy a coat.
  （天很冷，他不得不買了件大衣。）
- The driver drove **so slowly that** I caught up with him at last.
  （那個司機開得很慢，所以我才能追得上他。）
- He made **so many mistakes that** he failed the exam once again.
  （他答錯太多部分以至於再次不及格。）
- There's **so little time left that** we have to speed up.
  （幾乎沒時間了，我們只好加快速度。）
- He is **so kind a teacher that** all of the students love him.
  （他是一位如此親切的老師，因此所有學生都喜歡他。）

B

such（...）that... 引導的結果副詞子句

such (...) that...引導結果副詞子句，主要構成如下結構：

such ＋ { a/an ＋形容詞＋可數名詞單數
形容詞＋可數名詞複數
形容詞＋不可數名詞 } ＋（that）＋ 子句

- Kathy is **such a lovely girl that** we all like to play with her.
（凱西很可愛，我們都喜歡和她玩。）
- These were **such difficult questions that** none of us could answer.
（這些問題這麼難，以至於我們沒人能回答。）
- We had **such terrible weather that** we couldn't get there on time.
（天氣這麼糟使得我們沒能準時到那裡。）

6 條件副詞子句

T-73

在句子中作條件副詞的子句稱為條件副詞子句。

條件副詞子句可以置於句首，也可以置於句尾，有時還可以置於主詞和述詞之間。條件副詞子句由if, unless等從屬連接詞引導，if表示肯定的條件，unless表示否定的條件。在條件副詞子句中，用一般現在式代替一般未來式，一般過去式代替過去未來式。

A

if 引導的條件副詞子句

if 是引導條件副詞子句最常用的連接詞，表示在某種條件下某事很可能發生。

- **If** I play well, I'll be the star of the concert.
（如果我演奏成功，我將會成為音樂會的明星。）
- **If** she's the star of the concert, her parents won't send her away.
（如果她成為這場演奏會的明星，她父母就不會把她送走。）

Extension 【延伸學習】

- if子句還表示不可實現的條件或根本不可能存在的條件，也就是一種虛擬的條件或假設，子句多用一般過去式或過去完成式。
  - **If** I were you, I'd wear a shirt and a tie.（如果我是你，我就穿襯衫打領帶。）
  - What would you do **if** someone asked you to be in a movie?
  （如果有人請你演電影，你該怎麼辦?）

B

unless 引導的條件
副詞子句
◀◀◀

unless意為「除非」、「若不」、「除非在…的時候」，相當於if...not...。

- I won't pass the exam **unless** I work hard.（除非我努力，否則會不及格。）
- I can't go shopping in big stores **unless** I travel for a couple of hours.
  （除非我走幾個小時的路，否則我無法去大商店買東西。）
- I shall go there tomorrow **if** I'm **not** too busy.
  =I shall go there tomorrow **unless** I am too busy.（如果不忙，明天我會去的。）

7 讓步副詞子句

 T-74

表示讓步的副詞子句常用從屬連接詞although或though引導，都作「雖然；儘管」講，一般情況下可以互換使用，只是although語氣較重，大多置於句首。though/although引導讓步副詞子句時，主句如用yet或still引出，更加強調對比性，但不可以出現but。

- **Although/Though** it's hard work, yet I enjoy it.
  （儘管這是一件苦差事，但我很樂意做。）
- **Although/Though** it's raining, the football match was still going on.
  （雖然在下雨，球賽仍在進行。）
- Air exists everywhere **although/though** we can't see it.
  （儘管我們看不到，空氣卻是無處不在。）

8 比較副詞子句

 T-75

在句子中作比較副詞的子句稱為比較副詞子句。

比較副詞子句一般位於句尾。比較副詞子句主要運用於形容詞或副詞的比較句型中。同級比較常用as... as...結構；不同級比較常用not as/so...as...結構；差級或高級比較常用...than...結構。

- This kind of cloth feels **as** soft **as** silk.（這種料子摸上去如絲綢般柔軟。）
- He plays football **as** well **as** his brother does.（他足球踢得跟他哥哥一樣好。）
- Kathy is **not as/so** hardworking **as** her workmates.
  （凱西不像她的同事那樣努力。）
- I know you better **than** he knows you.（我比他更瞭解你。）

巧學
妙記
!

副詞子句

副詞子句有多種，時間、條件、原因、結果最常用。

時間子句常用 when；because 表原因；

副詞子句條件表，if 前面來引導；結果副詞也不難，

請把 so... （that/such... （that 來分辨。）

主句通常前面走，子句緊緊跟在後；子句如在主句前，子句之後加逗點。

18
副詞子句

1

2

3

4

5

6

7

8

9

10

11

12

13

14

15

16

17

18

19

20

考題演練

（一）高中入試考古題：Choose the correct answer.（選擇正確的答案）

(1) You won't feel happy at school _____ you get on well with your classmates.
   A. though   **B.** when   **C.** unless   **D.** because

(2) He didn't go to school yesterday _____ he was ill.
   A. because   **B.** because of   **C.** if   **D.** so

(3) I really enjoyed your lecture, _____ there were some parts I didn't quite understand.
   A. because   **B.** unless   **C.** though   **D.** after

(4) _____ China is growing stronger and stronger, Chinese is taught in more and more countries.
   A. If   **B.** Unless   **C.** As   **D.** Although

(5) —What should I do here?
   —Just put all the things _____ they were.
   A. where   **B.** when   **C.** whose   **D.** which

(6) _____ you do, don't miss this exhibition, for it's so hard for me to get the tickets.
   A. Whatever   **B.** However   **C.** Whenever   **D.** Whether

(7) —Hurry up. The bus is coming.
   —Oh, no. We mustn't cross the street _____ the traffic lights are green.
   A. after   **B.** while   **C.** since   **D.** until

(8) —Did you call Sara back?
   —I didn't need to, _____ we'll have a meeting together tonight.
   A. though   **B.** unless   **C.** because   **D.** if

(9) "Mary, turn off the water _____ you are brushing your teeth." "Sorry, I'll do it at once."
   A. until   **B.** while   **C.** during

(10) There were no doctors in the poor area, _____ the medical team had to work hard.

A. so **B.** though **C.** unless

■（二）模擬試題：Choose the correct answer.（選擇正確的答案）

(1) Nancy enjoyed herself so much _____ she visited her friends in Sydney last year.

A. that **B.** which **C.** when **D.** where

(2) Jim has been in the factory for two years _____ he graduated.

A. when **B.** since **C.** as soon as **D.** as

(3) She raised her voice _____ everyone in the room heard her.

A. so that **B.** as soon as **C.** no matter **D.** even though

(4) While I _____ with my friend, she came in.

A. am talking **B.** was talking **C.** talked **D.** am going to talk

(5) —Father's Day is coming. What will you say to your father?

—I'll say "I love you, Dad" as soon as he _____ up.

A. will wake **B.** wake **C.** wakes **D.** woke

(6) _____ they arrived early at the airport, they nearly missed their flight.

A. If **B.** Because **C.** As soon as **D.** Although

(7) —What would some students like to do after finishing their education?

—They would like to start to work _____ they needn't depend on their parents completely.

A. as soon as **B.** so that **C.** before **D.** while

(8) He was _____ tired _____ he fell asleep as soon as he lay down.

A. too; to **B.** so; that **C.** such; that **D.** enough; that

(9) Henry won't deal with his problems _____ he can regard them as challenges.

A. after **B.** unless **C.** but **D.** even though

(10) I don't know if my uncle _____. If he _____, I will be very happy.

A. comes; will come **B.** will come; will come

C. comes; comes **D.** will come; comes

18
副詞子句

1
2
3
4
5
6
7
8
9
10
11
12
13
14
15
16
17
18
19
20

答案 · 解說 ①

■ (1) **C** (2) **A** (3) **C** (4) **C** (5) **A** (6) **A** (7) **D** (8) **C**
(9) **B** (10) **A**

(1) 題意：「如果你與同學相處不好，那麼在學校你就不會覺得快樂。」unless「如果不，除非」，符合題意。though「雖然，儘管」；when「當…時候；這時」；because「因為」。

(2) 題意：「他昨天沒去上學，因為他病了。」由題意可以知道，前後兩句存在因果關係，because「因為」，符合題意。because of 後不能接句子；if「如果；是否」；so「所以」。

(3) 題意：「我真的很喜歡你講的課，儘管有些部分我不太懂。」由題意可以知道，前後兩句之間是讓步關係，用 though「儘管」引導。because「因為」；unless「除非」；after「在…之後」。

(4) 題意：「隨著中國日漸強大，學華語的國家也越來越多。」as 引導時間副詞子句，意為「隨著」，符合題意。if「如果」；unless「除非」；although「儘管」。

(5) 題意：「我在這裡應該做什麼？」「只要把所有東西放回原處就可以了。」子句表示放所有東西的地點，所以用 where「在…地方」引導地點副詞子句。when 引導時間副詞子句；whose, which 不引導副詞子句。

(6) 題意：「無論你做什麼，不要錯過這次展覽，因為對我來說拿到這些票實在太難了。」whatever「無論什麼」，既可以引導讓步副詞子句也可以在子句中作 do 的受詞，符合題意。however「無論怎樣」；whenever「無論什麼時候」；whether「是否」，這三項均不可在子句中作受詞。

(7) 題意：「快點，公車來了。」「噢，不。紅綠燈變綠了我們才能過馬路。」not...until「直到…才」，為固定搭配。after「在…之後」；while「當…時候」；since「自從」。

(8) 題意：「你給薩拉回電話了嗎？」「不用回了，因為今天晚上我們一起開會。」because「因為」，符合題意。though「雖然」；unless「除非」；if「如果」。

(9) 題意：「瑪麗，刷牙的時候要關上水龍頭。」「抱歉，我會馬上關。」while「當…時候」，符合題意。until「直到」；during 為介系詞，意為「在…期間」。

(10) 題意：「在這個貧困的地區沒有任何醫生，所以醫療隊不得不努力工作。」so 表示結果，引導結果副詞子句。though 表示讓步；unless 表示條件。

答案 · 解說 ②

■ (1) **C** (2) **B** (3) **A** (4) **B** (5) **C** (6) **D** (7) **B** (8) **B**
(9) **B** (10) **D**

(1) 題意：「南茜去年去悉尼拜訪她的朋友時玩得相當開心。」when「當…時候」，引導時間副詞子句。that 引導受詞子句，可省略；which「哪一個，哪一些」；where「哪裡」，引導地點副詞子句。

(2) 題意：「自從畢業以來，吉姆已經在工廠待兩年了。」since 引導時間副詞子句，意為「自從」，主句用現在完成式，子句用一般過去式。when「當…時候」；as soon as「一…就…」；as「當…時候；因為」，它們引導時間副詞子句時，主句一般不用現在完成式。

(3) 題意：「她提高嗓音，使得房間裡所有的人都聽見了。」so that「以致」，引導結果副詞子句，符合題意。so that 還可以引導目的副詞子句，但子句中常有情態動詞；as soon as「一…就…」；no matter「無論」，後面需要接疑問詞；even though「即使」。

(4) 題意：「當我和朋友說話時，她進來了。」while 引導的時間副詞子句，主句用過去式，子句用過去進行式。

(5) 題意：「父親節要到了。你會對你的父親說什麼呢？」「我會在他醒來的時候對他說『爸爸，我愛你』。」主句是一般未來式，子句用一般現在式表示將來時，所以選 C。

(6) 題意：「儘管他們很早就到了機場，但他們幾乎錯過了班機。」although「儘管」，引導讓步副詞子句，符合題意。if「如果」，引導條件副詞子句；because「因為」，引導原因副詞子句；as soon as「一…就…」，引導時間副詞子句。

(7) 題意：「一些學生畢業以後想做什麼呢？」「他們想開始工作這樣就不必再全部依靠父母了。」空格後的句子是前句的目的，so that 引導目的副詞子句，所以選 B。

(8) 題意：「他累壞了，以致於躺下就睡著了。」tired 是形容詞，用 so 修飾。such 修飾的中心詞為名詞；enough 修飾形容詞後置；too...to... 不合題意。

(9) 題意：「亨利是不會處理他的問題的，除非他能把問題當作一種挑戰。」unless「除非」，引導條件副詞子句，符合題意。after「在…之後」，引導時間副詞子句；but 為對等連接詞，不引導子句；even though「儘管」，引導讓步副詞子句。

(10) 題意：「我不知道我叔叔是否會來。如果他來，我會很開心。」第一個 if 意是「是否」，引導受詞子句，這裡結合句意可以知道用一般將來式；第二個 if 意為「如果」，引導條件副詞子句，主句用了一般未來式，所以這裡用一般現在式表示將來。

關係子句

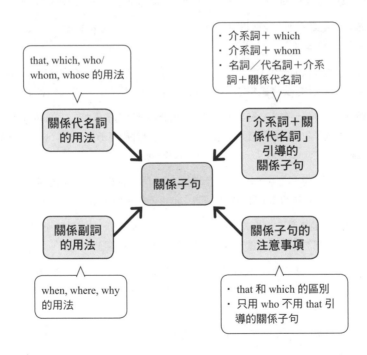

that, which, who/ whom, whose 的用法

關係代名詞 的用法

・ 介系詞＋ which
・ 介系詞＋ whom
・ 名詞／代名詞＋介系 詞＋關係代名詞

「介系詞＋關 係代名詞」 引導的 關係子句

關係子句

關係副詞 的用法

關係子句的 注意事項

when, where, why 的用法

・ that 和 which 的區別
・ 只用 who 不用 that 引 導的關係子句

　　在複合句中，修飾某一名詞或代名詞的子句叫做關係子句。關係子句所修飾的詞叫先行詞；關係子句一般用關係代名詞或關係副詞來引導，關係詞在先行詞與關係子句之間起連接作用，同時又作子句中的一個成分。

　　引導關係子句的關係代名詞有 that, who, whom, whose, which 等；關係副詞有 when, where, why 等。具體如下表所示：

關 係 詞		所修飾的先行詞	在子句所作的成分
關係代名詞	who	人	主詞、受詞
	whom	人	受詞
	which	物	主詞、受詞
	that	人或物	主詞、受詞
	whose	人或物	限定詞
關係副詞	when	時間名詞	時間副詞
	where	地點名詞	地點副詞
	why	原因名詞	原因副詞

1 關係代名詞的用法

A
that 的用法

that既可以指人也可以指物，指人時有時可與who, whom互換，指物時有時可與which互換。在子句中可作主詞、受詞、主詞補語。

- His father works in a factory **that/which** makes cars.
  └──→作主詞，指物
  （他父親在一家汽車製造廠工作。）
- The lady **(that/who/whom)** I want to visit taught me English at that time.
  └──→作受詞，指人
  （我要去拜訪的那位女士曾在當時教過我英語。）
- The school **(that/which)** we visited yesterday is a good one.
  └──→作受詞，指物
  （我們昨天參觀的學校是所好學校。）
- She is all **that** a teacher should be.
  └──→作主詞補語，指人
  （她具備了所有當老師應具備的條件。）

特別強調

- 關係代名詞作介系詞的受詞時，介系詞不可提到 that 之前，如果介系詞提前則用 which 或 whom。
  - The man **on whom** the whole family rely died in a traffic accident yesterday.
  - =The man **whom/that** the whole family rely on died in a traffic accident yesterday.
  （昨天那個死於交通事故的人是他們全家的依靠。）

B
which 的用法

which一般指物，在關係子句中作主詞、受詞、主詞補語，作受詞時可以省略（放在介系詞後除外）。which也可以代替整個主句。

- The book **which/that** tells us many things is very interesting.
  └──→作主詞
  （那本書很有趣，告訴我們許多事情。）
- The watch **(which/that)** I gave you was worth $10.
  └──→作受詞
  （我送你的那支表值 10 美元。）
- The sun heats the earth, **which** makes it possible for man to live.
  └──→代替整個主詞
  （太陽提供地球熱能，使得人類能夠居住。）

C

who/whom 的用法

who, whom都可指人。who在關係子句中作主詞、受詞、補語，whom在關係子句中作受詞。作受詞的關係代名詞who, whom可以省略。在現代英語裡，who也可代替whom在子句中作動詞的受詞。

- The man **who** lives in that house is my uncle.
  └──→作主詞
  （住在那間房的人是我叔叔。）
- Tom is the boy **(who/whom)** we saw in the shop.
  └──→作受詞
  （湯姆就是我們在商店裡看見的那個男孩。）
- He didn't become the person **who** his father wanted him to be.
  └──→作主詞補語
  （他沒有成為他父親心目中的兒子。）
- The man **(who/whom)** you looked for yesterday has already come.
  └──→作受詞
  （你昨天找的那個人已經來了。）

特別強調 whom 不能用 who 代替

whom 在子句中作介系詞的受詞，且介系詞提到 whom 前面時，不能用 who 代替。
- I have many friends to whom I will send postcards.
  （我有許多需要寫賀卡的朋友。）

D

whose 的用法

whose在關係子句中作限定詞，可以指人也可以指物。

- Chaplin was a great actor **whose** name is well-known all over the world.
  └──→指人
  （卓別林是一位名聞世界的偉大演員。）
- We have English classes in the classroom **whose** door is broken.
  └──→指物
  （我們在那個門壞了的教室裡上英語課。）

注意一下 whose 相當於 of which

可以指人，也可以指物的 whose，指物時相當於 of which。
- The house whose doors are green is an office building.
  （門是綠色的那棟房子是辦公大樓。）

2 關係副詞的用法

關係副詞在關係子句中充當副詞，一般不可省略。

A

| when 的用法 |

when指時間，在子句中作時間副詞，它的先行詞通常為 time, day, morning, night, week, year等。

- I'll never forget the days **when** we worked together.
  （我永遠不會忘記我們一起工作的那些日子。）
- He came at a time **when** we needed help.
  （他在我們需要幫忙的時候來了。）

B

| where 的用法 |

where指地點，在子句中作地點副詞。它的先行詞通常有 place, factory, street, house, room, city, town, country等。

- Have you been to the seaside **where** we can enjoy swimming.
  （你去過那個我們可以盡情游泳的海濱了嗎？）
- This is the city **where** I have worked for 20 years.
  （這就是我工作了 20 年的城市。）
- Potatoes can be grown in places **where** it is too cold to grow rice.
  （有些太冷不能種水稻的地方可以種馬鈴薯。）

C

| why 的用法 |

why指原因或理由，在關係子句中作原因副詞，它的先行詞通常為reason。

- I don't know the **reason why** she looks unhappy today.
  （我不知道為什麼她今天看起來不太高興。）
- Who can tell me the **reason why** the train was delayed?
  （誰能告訴我火車延誤的原因？）

3 「介系詞＋關係代名詞」引導的關係子句

● T-78

A

介系詞＋ which

❶ 「介系詞＋ which」相當於一個關係副詞，介系詞的選用由 which 所代替的名詞在構成介系詞片語時與介系詞的固定搭配所決定。

- We don't know the time **when/at which** the meeting will begin.
  （我們不知道會議開始的時間。）〔at the time→at which=when〕
- This is the house **where/in which** Shakespeare was born.
  （這是莎士比亞出生的那間房子。）〔in the house→in which=where〕

❷ which 所修飾的先行詞為由介系詞構成的片語動詞的受詞。這一結構中，介系詞的選用取決於句中的片語動詞或固定搭配中所需要的介系詞。

- This is the subject **about which** we might **argue** for a long time.
  =This is the subject **which/that** we might **argue about** for a long time.
  （這是一個我們可能會長期爭論不休的問題。）

B

介系詞＋ whom

當關係代名詞替代的是人而不是物，並在關係子句中作介系詞受詞時，要用whom。這一結構中，介系詞的選用取決於句子中相關結構所需要的介系詞搭配。

- They are the girls **with whom** my daughter goes to school.
  =They are the girls **(who/whom/that)** my daughter goes to school with.
  （她們就是那些跟我女兒一塊去上學的女孩。）
- This is the hero **of whom** we are proud.
  =This is the hero **(who/whom/that)** we are proud of.（這一位就是我們引以為榮的英雄。）

> **特別強調** 「動詞+介系詞」片語，不可拆開
> 有些「動詞+介系詞」片語，如 look for, look after, call on 等不可拆開把介系詞置於關係代名詞之前。
> - Is this the watch which he is <u>looking for</u>?（這是他正在找的那支手錶嗎?）

C

名詞 / 代名詞＋介系詞＋關係代名詞

- I bought a dozen of eggs, **half of which** were broken when I got home.
  （我買了一打雞蛋，等我到時已經打破一半了。）

355

4 關係子句的注意事項

A

| that 和 which 的區別 |

that和which在引導關係子句修飾物時，一般沒有區別，但在下列情形下不宜互換：

❶ 只用 that 不用 which 引導的關係子句

ⓐ 先行詞是不定代名詞 all, little, few, much, something, anything, everything, nothing, none, some 等時。

- As we all know, **all that** can be done has been done.

（眾所周知，所有能做的都已經做了。）

- Here is **everything that** makes us happy.

（這就是能使我們快樂的一切。）

ⓑ 先行詞被 all, every, no, some, any, little, much, the only, the very, the right, the last, few, just 等修飾時。

- **All the books that** you offered has been given out.

（你提供的全部書籍都已經分發出去了。）

- Where is **the very CD that** I bought just now?

（我剛才買的那片 CD 在哪裡？）

- It is **the only word that** I don't know in the passage.

（這是這段話裡唯一一個我不認識的單字。）

ⓒ 先行詞前有序數詞或形容詞最高級修飾，或先行詞本身就是序數詞或形容詞最高級時。

- This is **the best film that** has been shown so far in the city.

（這是這座城市到目前為止放映過最好的電影。）

- The children like **the second lesson that** is about "the basketball match."

（孩子們喜歡有關「籃球賽」的第二課。）

- He was **the first that** gave us some useful advice.

（他是第一個提供我們一些有效建議的人。）

ⓓ 當先行詞既有人又有物時。

- We talked about **the persons and things that** we remembered.
（我們談論起我們記憶中的那些人和事。）
- **The character and event (that)** the author described in his book are very interesting.（作者在他的書裡所描寫的那些人和事非常有意思。）

ⓔ 當主句是以 which 開頭的特殊疑問句時。

- **Which** of us **that** knows something about physics cannot join electric wires?（我們之中有誰懂物理但不會接電線的？）

❷ 只用 which 不用 that 引導的關係子句

ⓐ 用於介系詞後，跟介系詞一起引導關係子句時。

- The house **in which** they are living was built 50 years ago.
（他們現在住的房子是 50 年前蓋的。）
- Taiwan has hundreds of mountains, **of which** Mt.Yu is the highest one.（臺灣有數百座山，玉山是其中最高的一座。）

ⓑ 先行詞本身是 that 時。

- What's **that which** flashed in the sky just now?
（剛才天空中一閃而過的是什麼東西？）
- I don't like **that which** he did.（我不喜歡他做的那件事。）

B

只用 who 不用 that
引導的關係子句
◀◀◀

❶ 先行詞如果是指人的不定代名詞或指示代名詞，如 one, anyone, no one, all, nobody, anybody, none, those 等，不宜用 that。

- **Anyone who** wants to pass the exams must work hard every day.
（任何想通過考試的人都必須每天努力學習。）
- **Those who** have good manners will be respected.
（那些有禮貌的人會受到人們的尊重。）

❷ 當先行詞指人並含有較長的後置限定詞，或在被分割的關係子句中時。

- The professor is coming soon **who** will give us a talk on how to learn English.（即將教導我們如何學習英語的教授就快來了。）
- The boy was crying hard **who** lost his way while looking for his mother.
（那個找媽媽時迷了路的小男孩正哭得聲嘶力竭。）

考題演練

■ （一）高中入試考古題：Choose the correct answer.（選擇正確的答案）

(1) There are lots of things _____ I need to prepare before the trip.
    A. who   **B.** that   **C.** whom   **D.** whose

(2) The first thing _____ my brother is going to do this afternoon is to write a letter.
    A. which   **B.** that   **C.** why   **D.** who

(3) —Who is your new head teacher this semester?
    —The woman _____ is wearing a red skirt.
    A. whom   **B.** who   **C.** whose   **D.** which

(4) Tony, tell me the result of the discussion _____ you had with your dad yesterday.
    A. what   **B.** which   **C.** when   **D.** who

(5) John is the boy _____ legs were badly hurt in the accident.
    A. whose   **B.** that   **C.** who   **D.** which

(6) Jane is one of the students in the class _____ have ever been to the United States.
    A. who   **B.** whose   **C.** which   **D.** whom

(7) One of the most interesting places in Taipei _____ are often visited by foreigners is the National Palace Museum.
    A. what   **B.** who   **C.** that   **D.** /

(8) —Do you know the man _____ is reading the book over there?
    —Yes, he's Mr Green, our PE teacher.
    A. which   **B.** what   **C.** whom   **D.** who

(9) —Is there anyone here _____ name is Betty?
    —Sorry, I don't know.
    A. who   **B.** which   **C.** whom   **D.** whose

■（二）模擬試題：Choose the correct answer.（選擇正確的答案）

(1) I began to work in Shanghai in the year _____ Hong Kong was returned to China.
    A. that   B. which   C. where   D. when

(2) Jim dislikes people _____ talk much but never do anything.
    A. whom   B. when   C. whose   D. who

(3) The only thing _____ we could do was to ask the police for help.
    A. which   B. who   C. that   D. whom

(4) I have been to that tall and modern building _____ my father works.
    A. which   B. that   C. where   D. when

(5) —What do you think of the book *A Haw Tree* written by a woman writer?
    —It reminds me of the days_____I spent in the countryside.
    A. when   B. that   C. who   D. where

(6) This is the town in _____ I was born.
    A. that   B. who   C. which   D. whom

(7) I like music _____ I can dance to.
    A. what   B. who   C. that   D. when

(8) We should learn from those _____ are always ready to help others.
    A. who   B. whom   C. they   D. that

(9) All the apples _____ fell down from the tree couldn't be eaten.
    A. which   B. /   C. that   D. they

(10) This is the biggest lab _____ we have ever built in our university.
    A. which   B. what   C. that   D. where

■ (1)　**B**　(2)　**B**　(3)　**B**　(4)　**B**　(5)　**A**　(6)　**A**　(7)　**C**　(8)　**D**
(9)　**D**

(1)　題意：「有非常多的事情需要我在旅行前做準備。」關係子句缺少受詞，且先行詞為指物的 things，所以選 that。who, whom 引導關係子句時，先行詞一般指人；whose 在關係子句中作限定詞。

(2)　題意：「我弟弟今天下午要做的第一件事就是寫信。」關係子句中一般動詞 do 後缺少受詞，先行詞前有序數詞修飾，只能用 that 引導。

(3)　題意：「誰是你們這學期的新校長？」「穿紅色短裙的那位女士。」關係子句缺主詞且先行詞為指人的名詞 woman，關係代名詞可用 who/that，且不能省略。

(4)　題意：「東尼，告訴我你跟你爸爸昨天討論的結果。」關係子句中動詞 had 缺少受詞，先行詞是指事物的名詞 discussion，所以用 which 引導。what 不引導關係子句；when 在子句中作時間副詞；who 引導關係子句，先行詞須是指人的名詞或代名詞。

(5)　題意：「約翰就是那個在交通事故中腿部嚴重受傷的男孩。」所選項引導關係子句，修飾先行詞 boy，並在子句中作限定詞，所以用 whose。that, who, which 引導關係子句時，在子句中作主詞、受詞、補語等。

(6)　題意：「簡是她們班上去過美國的學生之一。」關係子句缺少主詞，先行詞又是指人的名詞，所以用 who 引導。whose「誰的」，在子句中作限定詞；which 引導關係子句，先行詞指事物；whom 在子句中作受詞。

(7)　題意：「台北最有趣且經常有外國人去遊覽的景點之一就是故宮博物院。」關係子句缺少主詞，先行詞是指物的名詞，所以用 that 引導。作主詞的關係代名詞不可以省略。

(8)　題意：「你知道那邊正在看書的那個男人是誰嗎？」「知道，是格林先生，我們的體育老師。」關係子句缺主詞，先行詞為指人的名詞 the man，應該用 who/that 引導，且關係詞在關係子句中作主詞不可省略。

(9)　題意：「這裡有沒有叫貝蒂的人？」「抱歉，我不知道。」關係子句的主詞 name 前缺少限定詞，所以用關係代名詞 whose。who 引導關係子句時，先行詞為指人的名詞或代名詞；which 引導關係子句時先行詞是指物的名詞；whom 在子句中作受詞。

答案・解説②

(1) **D** (2) **D** (3) **C** (4) **C** (5) **B** (6) **C** (7) **C** (8) **A**
(9) **C** (10) **C**

(1) 題意:「香港回歸中國的那一年,我開始在上海工作。」先行詞為表示時間的名詞 year,關係子句中缺少副詞,所以用 when 引導關係子句。

(2) 題意:「吉姆不喜歡那些只說話不做事的人。」先行詞 people 指人,子句中缺少主詞,所以用 who 來引導。whom 只能作受詞;when 作時間副詞;whose 作限定詞。

(3) 題意:「我們唯一能做的就是找警察幫忙。」先行詞 thing 指物,被 the only 修飾,關係代名詞只能用 that。

(4) 題意:「我曾去過我父親工作的那座摩天大樓。」building 是表示地點的名詞,關係子句中缺少地點副詞,所以用 where 來引導。which 指物;that 指人或物;when 指時間。

(5) 題意:「你覺得某位女作家寫的《山楂樹》怎麼樣?」「這本書讓我想起了我在鄉下的那段時光。」關係子句的先行詞 the day 在子句中作受詞而不是時間副詞,因此用 that 而不用 when。

(6) 題意:「這是我出生的城鎮。」先行詞 the town 是指地點,關係詞應用 where, where 相當於「in+ which」結構,所以選 C。

(7) 題意:「我喜歡可以隨著節奏跳舞的音樂。」先行詞 music 指物,應選用關係代名詞 that 或 which,所以選 C。

(8) 題意:「我們應該向那些樂於助人的人學習。」先行詞是指人的代名詞,且在子句中作主詞,所以用關係代名詞 who。

(9) 題意:「所有從樹上掉下來的蘋果都不能吃了。」先行詞 apples 指物且被不定代名詞 all 修飾,故子句的引導詞只能用關係代名詞 that。

(10) 題意:「這是我們大學所蓋的最大的一間實驗室。」先行詞被形容詞最高級修飾時,關係子句的引導詞只能用關係代名詞 that。

直接引語和間接引語

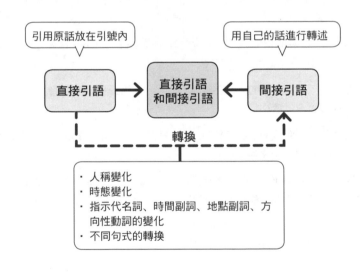

Motto【座右銘】

Chances favour the minds that are prepared.

機會總是降臨到做好準備的人身上。

直接引語就是直接引用別人所說的話，需要用引號；間接引語是轉述別人說的話。把直接引語變成間接引語時，間接引語大多以受詞子句的形式表現出來。直接引語和間接引語的特點如下表：

引　語	特　點
直接引語	被引用的話放在引號內；被引用的話是原話，不作任何改動；引用的話之前用「，」或「：」；引用的話結束後，需用「.」、「！」、「？」等標點符號。常用的引述動詞有 say（說道），ask（問道），shout（喊道），cry（喊道），order（命令），smile（微笑道），laugh（大笑道）等。
間接引語	在引述述語和被引用的話語之間不用逗號、冒號、引號等；有時態的變化；有人稱、時間、地點等的變化。常用的引述動詞有 say（說道），ask（問道），shout（喊道），cry（喊道），order（命令）等。

1 直接引語與間接引語的轉換

 T-80

直接引語轉換成間接引語時，句子要做相應的變化，主要是人稱代名詞、語序、時態的調整，主子句之間還要有相應的連接詞。

A

人稱變化

◀◀◀

❶ 變為間接引語時，如果直接引語的主詞是第一人稱，需要和主句的主詞保持一致。

- **She** said to him, "**I** like these flowers."
  →She told him **that she** liked those flowers.
  （她告訴他，她喜歡那些花。）

❷ 變為間接引語時，如果原話是針對轉述人說的，直接引語中的主詞是第二人稱的，轉換為第一人稱。

- **She** said, "Are **you** interested in chemistry?"
  → She asked me if/whether **I** was interested in chemistry.
  （她問我對化學是否感興趣。）

❸ 變為間接引語時，如果原話是針對第三人稱說的，直接引語中的主詞是第二人稱的，轉換成第三人稱。

- I asked him, "Will **you** stay at home or go to school?"
  → I asked him whether **he** would stay at home or go to school.
  （我問他要留在家裡還是去學校。）

❹ 變為間接引語時，如果直接引語的主詞是第三人稱，人稱不變。

- Nancy told her parents, "**He** is a nice boy."
  → Nancy told her parents that **he** was a nice boy.
  （南茜告訴她父母說他是一個不錯的小夥子。）

特別強調 **其他人稱的轉換**

人稱的轉換還包括人稱代名詞、所有格代名詞、反身代名詞等。

· He said to me,
"I broke your CD player."
→He told me that he had broken my CD player.（他告訴我他弄壞了我的 CD 機。）

B

時態變化

◀◀◀

❶ 時態需要變化的情況

如果主句的一般動詞是一般過去式，直接引語變為間接引語時，子句的一般動詞在時態方面的變化如下：

直接引語	一般現在式	現在進行式	現在完成式	一般過去式	過去完成式	一般未來式
間接引語	一般過去式	過去進行式	過去完成式	過去完成式	過去完成式（不變）	過去未來式

- She said, "I **am** your mother's friend."
  → She said she **was** my mother's friend.
  （她說她是我媽媽的朋友。）
- Nina told me, "Lisa **is spending** her holiday in Hawaii."
  → Nina told me that Lisa **was spending** her holiday in Hawaii.
  （妮娜告訴我麗莎正在夏威夷度假。）
- Nell said, "I **have worked out** this problem."
  → Nell said that she **had worked out** that problem.
  （尼爾說她已經解開那道題了。）
- Martin told me, "I **rang** Alice yesterday."
  → Martin told me that he **had rung** Alice the day before.
  （馬丁告訴我，他前一天給艾麗絲打電話了。）
- Bob told me, "I **had studied** French for years before I went to France."
  → Bob told me that he **had studied** French for years before he went to France.
  （鮑伯告訴我，他去法國之前已經學習法語很多年了。）
- Hayley said to me, "I **will meet** you at the airport tomorrow."
  → Hayley said to me that she **would meet** me at the airport the next day.
  （海莉跟我說她第二天要在機場接我。）

補充：時態變化

直接引語	shall	should	will	would	may	might	can	could
間接引語	should	should（不變）	would	would（不變）	might	might（不變）	could	could（不變）

❷ 時態不需要變化的情況

ⓐ 如果主句的一般動詞是現在時或一般未來式，直接引語變是間接引語時，子句的時態無需變化。

- He **says**, "I **will go** for a walk after dinner."
  → He **says** he **will go** for a walk after dinner.
  （他說他晚飯後要去散步。）

- If you ask him, he **will say**, "I **don't know** how to do it."
  → If you ask him, he **will say** (that) he **doesn't know** how to do it.
  （如果你問他，他會說他不知道怎麼做。）

ⓑ 如果主句的一般動詞是過去時態，直接引語是客觀真理、自然現象、客觀規律等時，在變為間接引語時，時態不變。

- Mother **told** me, "One and one **is** two."
  →Mother **told** me that one and one **is** two.
  （媽媽告訴我一加一等於二。）

- He **said to** me, "The capital of Canada **is** Ottawa."
  →He **told** me that the capital of Canada **is** Ottawa.
  （他跟我說加拿大的首都是渥太華。）

ⓒ 直接引語是一般過去式且與具體的過去的時間副詞連用時，變為間接引語時仍然用一般過去式。

- Chloe said, "The story **took place** in the 1930s."
  →Chloe said that the story **took place** in the 1930s.
  （克洛伊說這個故事發生在一九三〇年代。）

C

指示代名詞、時間副詞、地
點副詞、方向性動詞的變化

T-81

	直 接 引 語	間 接 引 語
指示代名詞	this 這個	that 那個
	these 這些	those 那些
時間副詞	now 現在	then 那時
	today 今天	that day 那天
	this evening 今晚	that evening 那晚
	yesterday 昨天	the day before 前一天
	yesterday morning 昨天早晨	the morning before 前一天早晨
	last night 昨晚	the night before 前一天晚上
	two days ago 兩天前	two days before 兩天前
	next week 下週	the next week /the following week 第二週
	tomorrow 明天	the next day/the following day 第二天
	the day before yesterday 前天	two days before 兩天前
	the day after tomorrow 後天	in two days' time/two days after 兩天後
地點副詞	here 這裡	there 那裡
方向性動詞	bring 帶來	take 帶走
	come 來	go 去

- Nell said, "I'm **now** reading a novel."
  →Nell said that she was **then** reading a novel.
  （妮爾說她那時正在讀小說。）
- He asked me, "What shall we do **this evening**?"
  →He asked me what we should do **that evening**.
  （他問我那天晚上我們該做些什麼。）
- She asked her mother, "Did you go shopping **yesterday**?"
  →She asked her mother if she had gone shopping **the day before**.
  （她問她媽媽前一天是否去購物了。）

- Joanna said, "Mr Black is going to attend the meeting **next week**."
  →Joanna said that Mr Black was going to attend the meeting **the next week**.
  （瓊安娜説布雷克先生第二週要參加那場會議。）
- He said, "I will come back **tomorrow**."
  →He said that he would come back **the next day**.
  （他説他第二天會回來。）
- Toby said to me, "**This** is the nearest post office."
  →Toby said to me **that** was the nearest post office.
  （托比告訴我那就是最近的郵局。）
- Kerry told me, "**These** books were borrowed **ten days ago**."
  →Kerry told me that **those** books had been borrowed **ten days before**.
  （克里告訴我那些書是十天前借的。）
- Helen told me, "I will **come** to the party **tonight**."
  →Helen told me that she would **go** to the party **that night**.
  （海倫告訴我她那天晚上會去參加派對。）
- My brother asked me, "Could you **bring** the basketball to school?"
  →My brother asked me if I could **take** the basketball to school.
  （我哥哥問我可不可以把籃球帶到學校去。）

D

句式的轉換

❶ 直接引語是敘述句時

將直接引語中的敘述句轉化為間接引語時，將敘述句轉變成由that引導的受詞子句，that可省略，主句引述動詞主要為say, tell, repeat, answer, reply, explain, think, suggest等。

- Chad said, "I will go to senior high school next year."
  →Chad said **(that)** he would go to senior high school the next year.
  （查德説他明年就要上高中了。）

❷ 直接引語是疑問句時

由疑問句轉變而來的間接引語必須用敘述句語序，句尾用句號。主句引述動詞是say時，要改為ask, wonder, don't know, want to know, be not sure, be puzzled等。

 當直接引語為敘述句，變成間接引語時 去掉引號加 that, 人稱變化要靈活, 時態向前退一步, 副詞變化按規定。

368

ⓐ 一般疑問句，需改為由 if/whether 引導的受詞子句。

- Bridget said, "Do all of you often play with your friends? "
  →Bridget asked **if/whether** all of us often played with our friends.（布麗姬特問我們是否經常和朋友們玩。）

ⓑ 附加疑問句改為由 if/whether...or not 引導的受詞子句。

- He asked me, "You study English, don't you? "
  →He asked me **if/whether** I studied English **or not**.
  （他問我是否學過英語。）
- My friend asked me, "When do you go swimming? "
  →My friend asked me **when** I went swimming.
  （我朋友問我什麼時候去游泳。）

ⓒ 選擇疑問句改為用 whether...or... 引導的受詞子句。

- I asked Sally, "Will you stay with me or go by yourself on a picnic?"
  →I asked Sally **whether** she would stay with me **or** go by herself on a picnic.
  （我問莎莉，她要和我待在一起呢，還是自己一個人去野餐。）

ⓓ 特殊疑問句改為由原疑問詞作連接詞來引導的受詞子句。

- "Who has broken this cup? " Mum asked me.
  →Mum asked me **who** had broken that cup.
  （媽媽問我誰打破了那個杯子。）

 注意語序的變化
把特殊疑問句轉換為間接引語時，要以疑問句開頭，並改為敘述句語序。

 改為敘述句，句前加 if 或 whether
如果引用的句子是一般疑問句，要轉換成間接引語時，句子前面要加上 if 或 whether，並把一般疑問句改為敘述句。

巧學妙記 當直接引語為一般疑問句或附加疑問句，變成間接引語時
去掉引號加 if/whether，敘述語序要記住，時態人稱和副詞，小心變化別馬虎。

 當直接引語是特殊疑問句，變成間接引
直接去引號，敘述莫忘掉，小心助動詞，丟它最重要。

❸ 直接引語是祈使句時

　　祈使句變為間接引語時將祈使句的一般動詞變成不定詞，作受詞補語，原主句引述動詞 say 需改為 ask, tell, order, beg, warn, advise 等。否定句需要在不定詞前加上 not。

- "Hand in your papers! " The teacher said to us.
  →The teacher told/asked us **to hand in** our papers.
  （老師要我們把考卷交上來。）
- "Don't make so much noise, John," one of them said.
  →One of them told/asked/ordered John **not to make** so much noise.
  （其中一個人告訴約翰不要大聲吵鬧。）

20 直接引語和間接引語

- 表示建議的祈使句可以改成 "suggest/advise that... +（should） + ..." 結構。）

"Try one more time and see what will happen," the teacher said.

→The teacher **advised that** they **(should)** try one more time and see what would happen.

（老師建議他們再試一次，看結果如何。）

巧學妙記

當直接引語是祈使句，變成間接引語時

去掉引號要加 to；ask, order 須記住，

直引若是否定式，not 加在 to 前部。

❹ 直接引語是感歎句時

感歎句變為間接引語時可用what或how引導，也可用that引導。

▪ "What a clever boy you are!" They all shouted.
  →They all said **that** he was a clever boy.
  →They all said **what** a clever boy he was.
  （他們都說他是個聰明的男孩。）

考題演練

■（一）高中入試考古題：Choose the correct answer.（選擇正確的答案）

(1) —What did the teacher say to you just now?
   —She asked _____.
   A. where did I learn English   B. where I learned English
   C. where do I learn English   D. where I learn English

(2) Chen Guangbiao says he _____ all his money to charities when he dies.
   A. leaves   B. left   C. will leave   D. would leave

(3) The woman asked the policeman where _____.
   A. the post office is   B. the post office was
   C. is the post office   D. was the post office

(4) He said that light _____ much faster than sound.
   A. has travelled   B. went   C. travels   D. travelled

(5) My friend asked me, "Do you help your parents with the housework on weekdays?"（改寫句子，句意不變）
   My friend asked me _____ I _____ my parents with the housework on weekdays.

(6) She asked me, "Will you go to the cinema tomorrow? "（改為受詞子句）
   She asked me_____ I_____ go to the cinema the next day.

(7) "Put your school bag on the desk." Mother said to Jack. （改為間接引語）
   Mother told Jack _____ his school bag on the desk.

(8) A: Mr. Liu said to us, "I'll go to Hawail next week. "（根據 A 句完成 B 句）
   B: Mr. Liu told us_____ go to Hawail the next week.

(9) Mike says, "I like seeing action movies. "（改為同義句）
   Mike says that _____ seeing action movies.

(1) "I am having supper," he said.

He said that _____ having supper.

(2) "I've seen the film, " Gina said to me.

Gina _____ me that she _____ the film.

(3) "I went home with my sister, " she said.

She said that _____ home with her sister.

(4) The teacher said, "The sun is bigger than the moon."

The teacher said that the sun _____ bigger than the moon.

(5) "I met her yesterday, " he said to me.

He told me that he _____ met her the day _____.

(6) "You can come here before five, " he said.

He said that I_____before five.

(7) "I bought the computer two weeks ago, " she said.

She said that she_____bought the computer two weeks_____.

(8) "Did you read the book last week?" he said.

He _____ I had read the book the week _____.

解答・解說①

▶ (1) **B**　(2) **C**　(3) **B**　(4) **C**　(5) if/whether; helped
(6) if/whether; would　(7) to put　(8) he would　(9) he likes

(1) 題意：「剛才老師跟你說了什麼？」「她問我英語是在哪裡學的。」受詞子句中用敘述語序，排除 A、C 兩項；主句用一般過去式，子句用過去的時態，所以選 B。

(2) 題意：「陳游標說他死後會把他所有的錢捐給慈善機構。」由時間副詞 when he dies 可以知道，「捐獻所有的錢」是將來要發生的事，所以應該用未來式；又因為主句用的是一般現在式，所以子句用一般將來式。

(3) 題意：「這個婦女問警察郵局在哪裡。」受詞子句用陳述語序，排除 C、D；主句時態為一般過去式，子句應用過去的相應時態，所以選 B。

(4) 題意：「他說光比聲音的傳播速度要快許多。」受詞子句為客觀事實或真理，子句時態不受主句時態的限制，用一般現在時。

(5) if/whether; helped

(6) if/whether; would

(7) to put

(8) he would

(9) he likes

解答・解說②

▶ (1) he was　　(2) told; had seen

(3) she had gone　　(4) is

(5) had; before　　(6) could go there

(7) had; before　　(8) asked if/whether; before

構詞法

　　語言中詞的總和構成詞彙，但是詞彙並不是一堆雜亂無章、互不相關的群體，而是一個嚴密的體系，在這個體系中，詞與詞之間有著各種各樣的聯繫。英語中把這些聯繫的規律總結起來的方法就是構詞法。構詞法主要有合成法、轉化法、派生法和縮略法。

A
合成法
◀◀◀

　　合成法就是指由兩個或兩個以上的單字合成新字。合成法可以合成名詞、形容詞等。

❶ 合成名詞

□ supermarket（超級市場）　□ postman（郵差）

□ police officer（警官）　□ reading room（閱覽室）

□ sitting room（客廳）　□ classroom（教室）

❷ 合成形容詞

□ one-eyed（獨眼的）　□ hand-made（手工的）

□ blue-eyed（碧眼的）　□ second-hand（二手的）

□ man-made（人工的）　□ good-looking（好看的）

□ snow-covered（被雪覆蓋的）

> **注意一下**
> 英語中還有合成代詞, 如 everyone nothing；合成介詞, 如 within, without；合成副詞, 如 downstairs, sometimes；合成動詞, 如 overwork。

B
轉化法
◀◀◀

　　不借助詞綴，把一個單字從一種詞類轉化成另一種詞類的方法就是轉化法。由於詞類轉化的結果，英語中就形成了大量外形相同但詞類不同的詞，即同形異類詞。

❶ 名詞轉換為動詞

▪ e-mail（電子郵件）－ to e-mail Tom（給湯姆發電子郵件）

▪ film（電影）－ to film this story（拍攝這個故事）

❷ 形容詞轉換為動詞

- wrong（錯誤的）— wrong sb.（冤枉某人）
- free （自由的）— free the slaves （解放奴隸）

❸ 動詞轉換為名詞

- smell（聞起來）— a terrible smell（難聞的氣味）
- doubt（懷疑）— without any doubt（毫無疑問）

❹ 形客詞轉換為名詞

- daily（日常的）— Apple Daily（蘋果日報）
- final（最後的）— a maths final（數學決賽）

C

派生法

派生法又叫詞綴法，即在一個單字前或後加上首碼或尾碼，構成新的單字，派生法是英語構詞法中最活躍的一種，因此由派生法派生的單字相當多。

❶ 首碼

首　碼			例　詞	
表示否定	un–	形容詞	unhappy（不高興的） unwilling（不願意的）	unusual（不平常的） unlucky（不走運的）
		副詞	unusually（不平常地） unexpectedly（未料到地）	unluckily（不走運地） unhappily（不高興地）
	dis–	形容詞	dishonest（不誠實的）	discouraged（洩氣的）
		動詞	disappear（消失）	dislike（不喜歡）
		名詞	discomfort（不適）	dishonesty（不誠實）
	mis–	動詞	misunderstand（誤解）	misspell（拼錯）
	im–	形容詞	impossible（不可能的）	impolite（無禮的）
	in–		incorrect（不正確的）	incomplete（不完全的）
	ir–		irresponsible（不負責任的）	irregular（不規則的）
表示重複	re–	動詞	rewrite（重寫）	rebuild（重建）
表示「使」	en–	動詞	enrich（使富有）	enlarge（擴大）
			encourage（鼓勵）	encode（編碼）

❷ 尾碼

尾　碼	例　詞		
名詞尾碼	**-er**	traveller（旅行者）	hunter（獵人）	reader（讀者）
	-or	actor（男演員）	director（導演）	inventor（發明家）
	-ress	actress（女演員）	waitress（女服務員）	
	-ese	Taiwanese（臺灣人）	Japanese（日本人）	
	-an	Australian（澳大利亞人）		
	-ist	artist（藝術家）	pianist（鋼琴家）	typist（打字員）
	-ment	agreement（同意）	movement（運動）	treatment（對待）
	-ion	operation（手術）	celebration（慶祝）	congratulation（祝賀）
	-ship	friendship（友誼）	leadership（領導）	relationship（關係）
	-hood	childhood（兒童時代）	neighborhood（附近）	
	-th	truth（真理）	youth（年輕人）	warmth（溫暖）
	-dom	freedom（自由）	wisdom（智慧）	kingdom（王國）
	-ing	feeling（感覺）	building（建築物, 房屋）	dancing（舞蹈）
	-ness	kindness（和藹）	illness（疾病）	brightness（明亮）
形容詞尾碼	**-able/-ible**	comfortable（舒適的）	enjoyable（愉快的）	terrible（可怕的）
	-al	natural（自然的）	musical（音樂的）	national（國家的）
	-ic/-cal	scientific（科學的）	medical（醫學的）	chemical（化學的）
	-ish	foolish（愚蠢的）	childish（孩子氣的）	womanish（女人氣的）
	-ful	careful（仔細的）	beautiful（美麗的）	hopeful（有希望的）
	-less	careless（粗心的）	hopeless（沒有希望的）	useless（無用的）
	-ly	friendly（友好的）	motherly（母親般的）	brotherly（兄弟般的）
	-en	wooden（木製的）	woolen（羊毛製的）	golden（金色的）
	-y	cloudy（多雲的）	sunny（陽光明媚的）	foggy（多霧的）
	-ous	dangerous（危險的）	famous（著名的）	humorous（幽默的）
	-ed	excited（感到興奮的）	tired（疲勞的）	interested（感興趣的）
	-ing	interesting（令人感興趣的） exciting（令人興奮的）		moving（打動人的） tiring（令人疲勞的）

副詞尾碼	–ly	badly （糟糕地）	silently （沉默地）	smartly （敏捷地）
	–ward(s)	northward(s) （朝北）	southward(s) （朝南）	upward(s) （向上）
動詞尾碼	–en	deepen （加深）	widen （加寬）	weaken （使變弱）

D

縮略法

◀◀◀

縮略法是把原有的詞彙通過縮短，在讀音和寫法上呈現新的形式。這種構詞方式用得很普遍，特別是近幾年來，隨著科技的迅速發展，產生了很多新的縮略詞。縮略法構詞主要有如下幾種：

❶ 剪切法

剪切法的含義是從某個詞的完整形式中刪除一個或多個音節。

剪切原詞的開始部分	剪切原詞的末尾部分
bicycle–cycle （腳踏車）	examination–exam （考試）
airplane–plane （飛機）	photograph–photo （圖片）
taxicab–cab （計程車）	taxicab–taxi （計程車）
telephone–phone （電話）	laboratory–lab （實驗室）

❷ 混成法

混成法是由兩個詞混合或緊縮而成為一個複合詞的方法。這種複合詞都保留了原來兩個詞中各一部分，其後半部分表示主體，前半部分表示屬性。

- breakfast+lunch→ brunch （早午餐）
- smoke+fog→ smog （煙霧）
- news+ broadcast→ newscast （新聞廣播）

❸ 首字母結略語

大量的縮略語是其所含各個成分的第一個字母或多個字母構成的，由這種方式構成的詞叫作首字母縮略語。首字母縮略語分為兩類：按首字母拼讀的縮略語和像單字一樣拼讀的首字母縮略語。

- **W**orld **T**rade **O**rganization － **WTO** （世界貿易組織）
- **W**orld **H**ealth **O**rganization － **WHO** （世界衛生組織）
- **B**ritish **B**roadcasting **C**orporation-**BBC** （英國廣播公司）
- **V**ery **I**mportant **P**erson － **VIP** （重要人物）
- **A**sia-**P**acific **E**conomic **C**ooperation － **APEC** （亞太經濟合作組織）

不規則動詞表

原　形	過 去 式	過 去 分 詞
babysit（臨時照顧〈小孩〉）	babysat	babysat
be（am, is, are）(是)	was/were	been
bear（負荷；生育）	bore	borne, born
beat（打）	beat	beaten
become（成為）	became	become
begin（開始）	began	begun
blow（吹）	blew	blown
break（打碎）	broke	broken
bring（帶來）	brought	brought
build（建築）	built	built
burn（燒）	burnt, burned	burnt, burned
buy（買）	bought	bought
catch（捉住）	caught	caught
choose（選擇）	chose	chosen
come（來）	came	come
cost（價值；花費）	cost	cost
cut（切, 割）	cut	cut

dig（挖, 掘）	dug	dug
do(does)（做）	did	done
draw（拉；繪製）	drew	drawn
dream（致, 夢想）	dreamt, dreamed	dreamt, dreamed
drink（喝, 飲）	drank	drunk
drive（驅趕；駕駛）	drove	driven
eat（吃）	ate	eaten
fall（跌, 落, 降）	fell	fallen
feel（感覺；摸起來）	felt	felt
fight（戰鬥；打架）	fought	fought
find（發現；找到）	found	found
fly（飛）	flew	flown
forget（忘記）	forgot	forgotten
freeze（結冰；凍）	froze	frozen
get（得到）	got	got, gotten
give（給）	gave	given
go（去）	went	gone
grow（生長）	grew	grown
hang（懸掛）	hung	hung
have(has)（有）	had	had
hear（聽見）	heard	heard
hide（隱藏）	hid	hidden
hit（打擊；碰撞）	hit	hit
hold（握住；舉行）	held	held
hurt（感到疼痛；受傷）	hurt	hurt
keep（保持）	kept	kept

know（知道, 認識）	knew	known
lay（放置）	laid	laid
learn（學習）	learnt, learned	learnt, learned
leave（離開;留下）	left	left
lend（借出;出租）	lent	lent
let（讓）	let	let
lie（躺）	lay	lain
light（點燃;照明）	lighted, lit	lighted, lit
lose（失去）	lost	lost
make（製造;使得）	made	made
mean（意味著）	meant	meant
meet（遇見;會晤）	met	met
mistake（誤會, 弄錯）	mistook	mistaken
pay（支付）	paid	paid
put（放）	put	put
read（讀）	read	read
ride（騎;乘）	rode	ridden
ring（鳴響）	rang	rung
rise（升起）	rose	risen
run（跑）	ran	run
say（說）	said	said
see（看見）	saw	seen
sell（賣, 銷售）	sold	sold
send（送;派遣）	sent	sent
set（安置）	set	set
shake（搖動;震動）	shook	shaken

shine (發光;照射)	shone	shone
shoot (射擊)	shot	shot
show (展示)	showed	shown, showed
shut (關)	shut	shut
sing (唱)	sang	sung
sit (坐)	sat	sat
sleep (睡)	slept	slept
smell (嗅, 聞)	smelt, smelled	smelt, smelled
speak (講話)	spoke	spoken
spell (拼寫)	spelt, spelled	spelt, spelled
spend (花費)	spent	spent
spread (散佈)	spread	spread
stand (站立, 忍受)	stood	stood
steal (偷)	stole	stolen
sweep (掃)	swept	swept
swim (游泳)	swam	swum
take (拿走)	took	taken
teach (教)	taught	taught
tear (扯;撕)	tore	torn
tell (告訴)	told	told
think (想;認為)	thought	thought
throw (扔)	threw	thrown
understand (理解)	understood	understood
wake (醒)	woke	woken
wear (穿;磨損)	wore	worn
win (獲勝, 贏)	won	won
write (寫)	wrote	written

Shan Tian She

【英檢攻略 08】

完全攻略英檢初級
文法及練習 109
一國中文法大全
（必勝問題＋全解全析）

附贈
朗讀版光碟 1MP3

■著者
星火記憶研究所・馬德高◎著

■發行人
林德勝

■出版發行
山田社文化事業有限公司
106 臺北市大安區安和路一段 112 巷 17 號 7 樓
電話　02-2755-7622
傳真　02-2700-1887

■郵政劃撥
19867160號　　大原文化事業有限公司

■總經銷
聯合發行股份有限公司
新北市新店區寶橋路 235 巷 6 弄 6 號 2 樓
電話　02-2917-8022
傳真　02-2915-6275

■印刷
上鎰數位科技印刷有限公司

■法律顧問
林長振法律事務所　林長振律師

■出版日
2015年11月　初版

■一書＋朗讀版1MP3　定價
新台幣369元

■ISBN
978-986-246-432-8

■本書錄音內容只有例句，不包括單字部分。